及物的批评

南志刚 著

长江文艺出版社

图书在版编目（CIP）数据

及物的批评 / 南志刚著. -- 武汉：长江文艺出版社，2020.10
ISBN 978-7-5702-1459-4

Ⅰ.①及… Ⅱ.①南… Ⅲ.①中国文学－文学评论—文集 Ⅳ.①I206-53

中国版本图书馆 CIP 数据核字（2020）第 016859 号

责任编辑：谈 骁	责任校对：毛 娟
封面设计：祁泽娟	责任印制：邱 莉　王光兴

出版：长江出版传媒　长江文艺出版社

地址：武汉市雄楚大街 268 号　　邮编：430070

发行：长江文艺出版社

http://www.cjlap.com

印刷：武汉市籍缘印刷厂

开本：880 毫米×1230 毫米	1/32	印张：10.5	插页：4 页
版次：2020 年 10 月第 1 版		2020 年 10 月第 1 次印刷	
字数：232 千字			

定价：49.00 元

版权所有，盗版必究（举报电话：027—87679308　87679310）
（图书出现印装问题，本社负责调换）

南志刚，1964年生，文学博士，陕西渭南人，宁波大学人文与传媒学院教授，宁波大学学报编辑部副主任，宁波市文艺评论家协会主席，浙江省中国当代文学研究会副会长。独著、主编、参编有《叙述的狂欢与审美的变异》《浙东文化与秦晋文化比较研究》《文学通论》《中国现代文学史》《走向开放与创造》《中外文学比较史1949—2000》《马克思主义文艺理论发展史》《法兰克福学派美学思想论稿》等教材、专著11部，在《文学评论》《人民日报》《光明日报》《文艺报》《中国文学研究》《文艺争鸣》《当代作家评论》发表学术论文、译文、文学评论等70余篇。

调整文学批评准星　与文学创作一起成长
——《及物的批评》序言

我是1980年进入大学中文系学习的,大学毕业以后被分配到一所师范专科学校中文科担任文艺理论、中国现当代文学的教学任务,一直到现在没有离开过大学,其间完成了文艺学硕士研究生、中国现当代文学博士研究生和中国现当代文学博士后的学习。在大学中文系学习,受到相对系统的文学教育;到大学教学,讲授文学的系统知识,接触的文学作品是古今中外的名家名作;文艺理论和美学所讲授的基本为最普遍、最完善的艺术规范和艺术标准。在大学的"象牙塔"里封闭久了,形成一套很"高级"的文学眼光,只认伟大作家的经典作品,偶尔看到不够经典、不够高级的文学作品,也因套用经典、伟大的标准而忽视它们。实际上,经典作家有一个成长过程,伟大作家在成就"伟大"之前,往往经历过曲折复杂的写作历程,不少作家甚至走过弯路;实际上,伟大作家并非每一部作品都能够成为经典,伟大作家并非"一出手"就可以造就经典,经典作品都是建立在更多幼稚的、模仿的习作基础上;实际上,许多优秀作家,乃至伟大作家都有写作生命周期,伟大作家写出平庸之作并不鲜见。

长期在大学课堂上徜徉于文学史所提供的知识谱系,远离文学发生现场,看不到许多普通作者在文学之路上艰苦跋涉,不能设身处地理解青年作家的甘苦,偶尔写作一点针对当下文学现场或身边作家的评论,也是用"高深"的理论和标准生搬硬套,不切实际,隔靴搔痒。

近年来,因为工作的关系,相对多地接触了一些作者,特别是青年作者,阅读了他们的作品,也比较多地与他们交流。渐渐发现,在大学的象牙塔里所养成的文学眼光和文学标准,放在这些作家和作品身上,常常缺乏有效性,我的说法对于他们的写作没有帮助,对他们的作品也没有多少"阐释性"。我渐渐明白:作家有一个成长的过程,伟大作家应该是从文学爱好者中产生出来的,没有天生的伟大作家。经典作品的诞生需要许多条件,其中一个重要条件就是反复训练。运用文学理论和文学史提炼出来的文学标准和文学眼光,会形成从经典理论到经典作品,从经典作品到经典理论的循环,而对文学"基层"的作家及其作品,常常是"不及物"的。一旦失去了对批评对象的准确把握,文学批评将成为什么样子?可想而知。诚然,作家需要批评家的指导,文学作品需要文学批评的引导和检验。而批评家,何尝不需要作家?文学批评何尝不需要文学作品?批评家和作家,都需要"知音"式的交流与互动。那种"高大上"的文学批评,自我限制于高空之上,不接地气,罔顾文学"基层"的芸芸众生,对文学生态的建设作用极其有限。于是,我拿出一部分精力关注基层文学生态,面对非伟大作家、非经典作品发出一些声音,真诚地和作家交朋友,耐心地发现作品的闪光点和不足处，基于文本提出针对性意见，希望对作家有所帮助。在这个过程中，我也逐渐从"经典理论到经典作品"的循环中走出来，根据作家和文本的具体情况调整"准星"，将经典理论和经典作品的标准"换算"成具体的感受，通过研讨会、改稿会，不失时机地向作者提出建议，并虚心听取作者意见，取长补短。有些作者的文学阅读量很大，通过相互交流，我也从作者身上学习到很多，深化了我的文学体验，加强了我对经典理论和经典作品的理解。我和作者一起成长，文学批评和文学创作一起成长。我所写的批评文章，能够得到作者的认可，能够对当下的基层文学创作有所帮助，于心甚慰。

现在，这本《及物的批评》就是我近年来调整文学批评"准星"、与文学创作一起成长的见证。

《及物的批评》主要收录2017—2018年所写的文学批评文章，其中大部分在"非核心"期刊发表过，有一部分是参加作品研讨会、改稿会上的发言，属于"会议论文"，也算公开过。基本内容分为三个部分。第一部分是《文学港》杂志专栏"好看"的批评文章。"好看"是《文学港》杂志从2017年第1期设置的栏目，所发表的作品多为散文，作者既有宁波作家，也有在全国有一定影响力的资深作家。因为每个月都要定时交稿，来不及做更多的资料查询工作，我写作这些评论时基本思路是见物不见人，即根据《文学港》编辑部提供的文本，集中于文本解读，适当超出文本谈谈阅读感受，不触碰"作家论"的范畴。多篇文章以"有感"的方式呈现，基本为阅读过程中随机产生的，没有经过理论淘洗，也不进行学理性定位，期望以真切而具体的文本感受，与作者和读者交流。按照《文学港》栏目设置要求，每篇评论2000字左右，实际写作过程中，尽管我"喋喋不休"，有些篇目超出预定字数太多，还是觉得没有充分展开，不免留下遗憾。

第二部分是"作家面对面"，即在作家作品研讨会和改稿会上的发言稿，这些研讨会和改稿会都有作者在场，每一次都与作家面对面。我所参加的作家作品研讨会，一般都是在作品出版或发表之后，相关部门组织文学研讨活动，往往带有"恭喜"的气氛，我也是从文学批评的角度重点挖掘作品的成功之处，肯定的意见多一些。许多次在研讨会之后，我都会和作者面对面进一步交流，或者表达对作品的不同看法，或者对作家今后的写作提出一点意见，供作家参考。这些意见，未必会体现在批评文本中。相对于作品研讨会，改稿会的气氛要活泼许多，主办者目的在于征求对文本的修改意见，我也主要针对作品存在的具体问题提出建议，以利于作者下一步修改。《及物的批评》中收录改稿会上的发言比较少，并不是我有意"隐藏"，而是因为大部分改稿会上讨论过的作品，经过作者修改很快出版了，就用作品研讨会上的发言覆盖了改稿会上的发言。《借〈海上九章〉谈诗歌》一文相对特殊。我一直从事小说批评，对于诗歌领域不敢贸然触碰，承蒙老虎兄弟信任，通过微信发送来《海上九章》，让我谈谈意见。我也是通过微信逐条发送，简单谈谈对于诗歌的肤浅理解，纯属私人交流。后来，诗人钱丽娜知道了这个消息，嘱咐我拿出来分享，征得老虎同意后，在钱丽娜主持的交流刊物上露面。

第三部分是文艺散论,"收编"了一些学术会议发言稿、学术著作评介和学术论文,有些已经发表出来,有些没有公开发表过。这些文章,有些是旧作,一直躺在抽屉里,如《黄莺扰梦阻辽西——金昌绪〈春怨〉解析》初稿写于2004年,《一场饶有趣味的论争:战争与抒情的二律背反》初稿写于2012年。有些文章偏重于学术性思考和学理性梳理,行文相对长一些,算是一种学术论文吧。有些文章是对当代文学研究新成果的评述,属于一种学术推介。有些文章是参加学术性会议的发言稿,偏重于提出"意见",这些"意见"的展开和论证,有待于今后的工作。《让我听懂你的语言:一片乡土一首歌》成稿于西双版纳采风途中,既不是研讨会发言,也不属于学术思考,纯属有感而发,因无法归入第一编第二编,只好归入"文艺散论"中,是一种无奈之举。

近年来,接触青年小说作者比较多,通过与他们交流,感觉到大家对小说这种文体的理解不完全相同,甚至出现较大分歧。在这里,我想谈谈个人对小说的粗浅理解。我觉得首先需要定位:小说是一门艺术,不是应用文体。作为一门语言艺术,至少要讲理,须有调,要充分发挥描写的功能。

小说要讲理。宇宙古今,千变万化,逃不出一个"理"字。人做任何事情都要讲理,有理走遍天下,无理寸步难行。有人以为小说是想象和情感的产物,运用的是艺术思维,忽视了小说艺术创造中理的存在。殊不知,想象与情感也是要遵循理才能运行的。我理解小说之理,包括天理、事理、情理和势运之理。天理就是自然之逻辑,日月星辰,山川河谷,昼夜交替，四季转换，乃是天理。事理就是人们的日常生活逻辑，衣食住行，饥饿就要吃饭，干渴需要饮水，寒冷加衣，暑热降温，父母兄弟姐妹，亲戚邻里朋友，男大当婚，女大当嫁，乃日常之事，是人类社会文化得以发展的最基本逻辑，既有伦理规则，也有言行修养。情理就是情感运行逻辑，喜怒哀乐怨，七情六欲，人皆有之。情到深处，超越日常事理，情到极处，万事皆空，浓情与寡情，情绪与情思，都是人之常情。势运之理，乃发展变化之基本逻辑，天地有势运，人生有势运，社会变迁有势运，文化消长亦有势运，此小说作者不可不明。天理、事理、情理、势运之理，不能照搬进小说文本，而要有机融合，结合具体叙述对象，转换而成为文理。此四理通，则文理通，四理融，则文理丰。文理通达丰赡，则文本自成一世界，具有内在运行逻辑，在文本世界里，诸理相互融合，相互补充，协调共生，内部运行无阻无碍，外部指向无凝滞感无违和感。是为讲理。

小说须有调。汪曾祺回忆沈从文先生的教诲，强调小说贴着人物写，要把人物写活，写立体，没有调是不可能的。我理解小说的调包括声调、腔调、情调、格调。声调是小说叙述声音，由叙述人完成，古代小说中常常带有"口吻"，现代小说更多体现为叙述者讲述故事的话语特征。腔调是人物的个性化语言，必须符合人物的身份、年龄、性格、修养，不同腔调的人物之间进行交流，小说所展示的生活面才会宽阔起来、丰富起来。金圣叹说："《水浒》所叙，叙一百八人，人有其性情，人有其气质，人有其形状，人有其声口。夫以一手而画数画，则将有兄弟之形；一口而吹数声，斯不免再映也。施耐庵以一心所运,而一百八人各自入妙者,无他,十年格物而一朝物格,斯以一笔而写百千万人,固不以为难也。""腔调"让人物活灵活现,如果没有"腔调",小说中的人物都说一样的话,发出同样的声音,读起来就会索然无味。情调就是小说的整体情感基调,包括叙述人的情感选择和人物的情感表达,这是小说作为一门艺术的灵魂。我始终相信,小说要讲故事,但仅有故事是远远不够的,讲述故事是为了表达感情,情感浓郁的小说传达出抒情意味。作家选择的情感类型、情感向度和深度、情感表达方式,都会对读者产生影响,有情才能动人,动人才能"传之弥远"。格调是小说家所展示出的整体精神高度和趋向,小说作为一门艺术,是趋向"雅"的,有雅趣方能雅致,用雅言传达雅思,唯雅可以澡雪精神、荡涤魂魄、美化人伦。趋雅并不意味着小说不能写俗人俗事,而是要以雅御俗、以雅理俗、以雅滤俗,此中意味,不可不察。

充分发挥描写的功能。作为叙事文体的小说,可以有故事,但故事本身不是小说,讲好故事才是小说。讲故事也要有技术,不顾一切,埋头讲故事,忘记了描写的功能,将文本写成"光秃秃"的故事主干,没有枝叶,也是可怕的。我理解的小说要枝繁叶茂,要节外生枝,要旁逸斜出。适当的时候,让故事停下来,用"偷得半日之闲"的文笔,仰观天空,俯察地理,游走于故事之外,调色于山水之间,何其乐哉?精雕细刻式描写,包括环境描写、器物描写、人物描写,都是必要的。这不仅关涉叙事的趣味性,也关涉叙事的真实性和真切性。有些小说的人物在空气中行动,因为没有环境和背景,没有穿衣服,赤裸裸地行走于故事之中,作者专注于呈现故事情节,反而使故事"孤立"了,影响文本效果。

落霞与孤鹜齐飞,秋水共长天一色。以《及物的批评》为契机,我期望与作者携手进步,文艺创作和文艺批评一起成长,共筑文艺的"秋水长天"。

南志刚
2019年3月22日于宁波大学

目 录

第一辑 《文学港》"好看"栏目集评

活色生香的乡村记忆
　　——评干亚群的散文集《梯子的眼睛》……… 3
线索·距离·姿态
　　——读俞妍的小说集《蜗牛》小感 ………… 9
散淡拾趣事　近乡情更切
　　——读方向明的《故乡书》…………………… 14
用简单而执着的想象构筑圆满的生态世界
　　——《水妖喀喀莎》读后 ……………………… 18
瞧，这个人！
　　——周晓枫的《宿命》读后 …………………… 22
自由洒脱的笔记
　　——读陆春祥的《坚瓠里的思想》有感……… 27
探寻心灵深处的"罗马城" ……………………… 31
恍若梦境的"一地鸡毛"
　　——读南树的《小闲奇遇记》………………… 36
物态·人情·心境
　　——读赖赛飞的散文《荡漾》（外两题）……… 40

生态写作的难度
　　——读阿贝尔的《火溪·某年夏》有感……………… 44
调动多种手段转述乡村知识
　　——读《北纬三十度的海味》……………………… 48
生命中不能承受之重
　　——马小淘《失重》读后…………………………… 53
没有诗的远方
　　——读杨胜应的《我的1997》……………………… 57
好一场大雪！
　　——读路也的散文《小雪与大雪》………………… 61
用沉重的挽歌再一次拉响警报
　　——读赖赛飞的《你有一封鸡毛信》有感………… 65
游走在危险边缘的灰色人生
　　——读李强的《骗中局》…………………………… 69
细碎之处方见真人
　　——读《祖父一百多年里的若干个片段》有感…… 73
谁说冲动是魔鬼？
　　——读朱零的散文《买房记》……………………… 79
集腋成裘终有时
　　——读滕刚的《异乡人》有感……………………… 85
回到or重构？
　　——由《回到我们的世界》所想到………………… 89
循着节气变化寻找乡村生活的节奏
　　——宋长征《一枕夏深》读后……………………… 93
复活玲珑感性的诗心，践行"侥幸而伟大的批评"
　　——读胡亮的《窥豹录》（节选）………………… 98

放低姿态叙述令人忧虑的往事

　　——读谢志强的《艾城奇人异事（十八段）》……… 104

怀旧的快乐与感伤：关于时间的叙述

　　——读陈烽的《岁时帖》有感 ……………………… 110

第二辑　作家面对面：研讨会发言稿

用自由跳脱的语言叙述被动拘谨的人物

　　——李金波《舅舅大人在上》《我姐》研讨会发言…… 117

冷面杀手雷默

　　——雷默小说集《追火车的人》研讨会发言 ………… 126

有根的写作

　　——彭素虹《我们》研讨会发言 ……………………… 130

借《海上九章》谈谈诗歌

　　——致 tiger 的信 ……………………………………… 134

批评标尺与史料价值

　　——读胡遐的《精神的孤独与挣扎》………………… 143

紧紧攫住历史深处的孤独

　　——帕蒂古丽的《最后的王》读后 …………………… 148

小视角还原大时代

　　——读郁伟年先生的《朝歌晚唱》有感 ……………… 152

干净清爽的叙事

　　——读袁晓君的治愈系小说《十五岁的天空》有感 … 157

站在高处　把节运气　叙说中国文化基因

　　——读韩光智的散文集《中国年轮》有感 …………… 164

文明冲突中的生态立场和人道立场
　　——读帕蒂古丽的散文《肉与铁的对峙》………… 168
小说贴着人物写
　　——《杨卓娅短篇小说集》读后 ………………… 176
用"温情叙事"沟通两个世界
　　——徐海蛟《孩子的世界你不懂》研讨会发言 … 190
有情调的行当书写
　　——在吴新星《苏三不要哭》研讨会上发言 …… 196
用富有书卷气的本色书写呈现"地火"力量
　　——读晓风的中短篇小说集《儒风》……………… 208

第三辑　文艺散论

黄莺扰梦阻辽西
　　——金昌绪《春怨》解析 ………………………… 217
归来的叙述：真实与清白
　　——丁玲的《意外集》与《魍魉世界》………… 227
一场饶有趣味的论争：战争与抒情的二律背反 ………… 238
《中国当代文学史料丛书·通俗文学史料卷》编写说明 … 250
当代文学史研究"战略转移"的整体性亮相 …………… 256
中国特色文学批评话语的内源性传统与价值追求
　　——中国特色哲学社会科学话语体系思考 ……… 263
胸中有大义　笔下有乾坤 ………………………………… 273
纪实笔法·历史意识·想象空间
　　——宁波市文艺奖获奖作品评述 ………………… 277

在工具理性与伦理理性之间游走的科幻文学
　　——2018年宁波文学周·科幻文学研讨会发言 …… 287
泰华诗人曾心的"中国性"
　　——2017年宁波"文学的海上丝绸之路研讨会"
　　发言 …………………………………………… 290
是否存在"我们这个时代的文学生活"？
　　——在"我们这个时代的文学生活·工作坊"发言 … 295
狂人：一个世纪的进化与循环
　　——浙江大学纪念《狂人日记》发表100周年学术
　　研讨会发言 …………………………………… 299
回归民族文化原本，探究中国悲剧精神
　　——"传承与创新：中国现代文艺批评与传统理
　　论资源研讨会"上发言 ……………………… 302
让我听懂你的语言：一片乡土一首歌
　　——西双版纳采风记之一 …………………… 312

后记 ……………………………………………… 315

第一辑

《文学港》"好看"栏目集评

活色生香的乡村记忆
——评干亚群的散文集《梯子的眼睛》

20世纪中国乡村是动荡的乡村,尤其是后三十年,农村社会结构、管理体制和农民生活方式用"日新月异""一日千里"来形容,一点都不过分。曾经安详宁静和谐、生机勃勃的乡村,在我们的记忆中渐行渐远,代之而起的是大量农民工进城,青壮年远离,儿童和老人留守着寂寞、衰败、孤独的乡村世界。尽管有些乡村出现了高楼洋房、宽阔马路和公共交通,然而"人气"的缺失是不争的事实。对于我们这些乡村出生、乡村长大的"新城市人"而言,儿时的乡村影像恍若隔世。现代性让我们的乡村记忆越来越模糊。所以,散文集《梯子的眼睛》让我感动,它唤醒了我几乎忘却的儿时记忆,那人、那事、那景、那鸡鸭、那牛羊,熟悉的景象、言语、情景随着干亚群的叙述,像蒙太奇一样来到眼前,带着我来到曾经活色生香的乡村世界。

《梯子的眼睛》是干亚群的乡村世界。在这个世界里,有淳朴的乡民、逗趣的村事、精湛的手艺、情态各异的家畜家禽,还有个性鲜明的乡村语言。干亚群的叙述平静而节制,浓浓乡情和灵动文字相得益彰,将乡村生活的一派嬉闹、乐观、生机盎然叙述得活灵活现。这个世界阵容庞大,内涵丰富:村官、报道员、群众、血气方刚的小伙子、焦急等待揭鸡佬的妇女、牧羊人、育牛人、养狗人、喂猪者、养鸡者、看鸭者等组成的村民，篾匠、修伞匠、揭鸡佬、磨刀人等组成的走街串巷的匠人、牛、羊、猪、狗、鸡、鸭、老鼠、蚂蚁、蝉、壁虎等组成的动物昆虫，还有小姑娘们爱的雪花膏、蝴蝶结、毛线针等。干亚群简练的笔触，将这么丰富的世界叙述得活色生香：人物活色生香，景象活色生香，语言活色生香。

　　细致入微的观察能力是文学成功的基础，只有长期观察生活，熟悉生活，抓住事物的突出特征，进而运用富有表现力的语言传达出来，才能引发读者的阅读兴趣。干亚群善于抓住人物突出特征，寥寥几笔就将人物的外貌特征和精神状态勾画出来，人物动作、语言、情态、神态浑然一体，妙趣横生。《老蒋牧羊》中，老蒋接受报道员采访时，正说得兴起，"突然一个喷嚏，唾沫星子沾在年轻报道员身上。老蒋忙用手去擦，伸出一半，担心自己的手不干净，赶紧朝手心里吐了一口，揉搓了几下，准备再伸出手"，一个下意识的动作，把老蒋憨厚、着急的情态活脱脱地带到我们面前。

　　干亚群对手工艺人的动作描写细腻到位，在她的笔下，篾匠、补碗匠、补缸匠、修伞人、揭鸡佬的动作都活灵活现。"磨刀师傅眯起眼睛，用手指头在刀锋上轻轻刮一下，如果觉得不满意，他还会继续磨，直到他眯缝的眼睛忽然张开了，说明这把菜刀差不多了。""磨刀师傅看人的目光有些特别，他看人时目光只停留在嘴巴上，就跟他磨刀时只盯刀刃一样。我有时有一种莫名其妙的担忧，担心他看着看着，把人的嘴唇看薄了。"这样的描写看似简单，实则不易，必须建立在生活体验的基础上，没有长期细致的观察，没有对乡村生活的执着热情，根本看不出来，写不出来。

文学语言最重要的美学特征就是有质感,能够通过语言叙述将事物的内在肌理叙述出来,诱导读者通过有形的描述,体验"无形"的物态,干亚群表现出这种成熟的文学语言运用能力。声音本来是无形的,只能作用于人的听觉,干亚群却能让我们很清晰地看到"声音",用心灵体会这些声音。《梯子的眼睛》中描述了很多种声音,手工艺人走街串巷的吆喝声、母亲的训斥声、磨刀声、鸡鸭老鼠的叫声、乡村播音员的广播声、单田芳的评书声、村民的吵闹声、群猫夜晚的叫声、狗吠声、鸡鸣声等等,干亚群或用巧妙的比喻,或用出人意料的补叙,或用某种外力动作,对声音进行"艺术化"处理,表现力极强。如写两个村民抱怨老鼠整夜不歇的叫声:一个说,老鼠声有五个手指头宽;一个说:老鼠声起码有三锄头深,特咬人,似乎咔嚓咔嚓逼过来,而人是吧嗒吧嗒往后退。这样的句子还有:"猫的声音很快会厚得像九斤重的棉被。"用宽、深、厚来写老鼠、猫的声音,不仅把老鼠、猫彻夜不歇的叫声描述出来,也把村民的抱怨而又无奈的心情展示出来。女儿不小心打破了碗,母亲立刻斥责女儿,小女孩委屈懊恼地抽泣,"有抽泣声贴着水面隐隐飘过来",声音贴着水面飘过来,颇有意味。牧羊的老蒋喜欢听单田芳的评书,牧羊时从来不数羊,只要播放单田芳的评书,老蒋的羊就自动围拢过来。"老蒋特意跑到老葛家,说:'单田芳的评书不仅我喜欢,连我家的畜生都喜欢。'老蒋一想,感觉表达上有问题,于是又改口,'不仅是我家畜生喜欢,连我也喜欢。'"这种不经意间有语病的表达方式,让人忍俊不禁。在老蒋的感觉里,单田芳先生的嗓音就是宽银幕。用"宽银幕"来形容单田芳先生的嗓音,不是说声音宽,而是强调声音"走心",在那样的年代里,乡村电影极少出现"宽银幕",作者用"宽银幕"三个字就把老蒋"爱之深"写出来,富有时代特征。

干亚群对声音有独特的感觉,善于对"声音"做文章,常常通过简练的引申,把"声音"的意义呈现出来。《万家的狗》描述万家的狗吠声,颇值得玩味:"村里人发现万家的狗够意思,村长走过,它叫五声;队长走过,它叫三声;其他人路过,它一律叫四声。于是,村里人对村长与队长晚上的活动掌握得一清二楚。"狗吠声有了官民之分、级别之变,简单几句,耐人寻味。而当村里狗多起来,群狗狂吠之时,万家的狗反而不叫了:"这狗越活越老成,见人也不再叫,拿眼睛瞧你一下,然后转过头,慢慢从你身边走过。那眼神似乎不像狗,倒像一位慈祥的老人。"狗终于"老成"了、成熟了,就不像狗了,其中的况味,不难索解。《磨剪刀 戗菜刀》中叙述磨刀师傅与刀之间的"和谐":"在磨刀石上蘸上水后,磨刀师傅两手按住刀来回地磨。刚开始声音有些粗,后来越来越细,听起来有点像'是是是',似乎磨刀师傅说了什么,刀应承了下来。"需要特别点出的是,干亚群不仅善于发挥声音的"额外"功能,还善于通过声音达到抒情效果,《我们的世界在它的眼睛里》叙述分产到户过程中,生产队将仅有的两头牛也分给了个人,养牛人的心情、叙述人的心情可想而知,但作者没有直接写人的心情,而是通过牛的无声加以表达:"两只牛黑黑地站在栏前,嘴里不停地在咀嚼,却没有一丝声音,像绅士一样。"这样叙述了还不够,作者继续写道,自己小时候,常被妈妈告诫:吃饭时不准出声音,但总做不到,牛却做到了,其中的感情不言自明。《拉晒耙》中写的乡村喇叭播音员的声音:"女播音还在播报,一条一条,说的都是农家农田那些土得掉渣的内容,可到了她的嘴巴里那些土渣,像是竹筛筛过一样,从筛眼里纷纷往下掉,只剩下饱满的、结实的事儿。"这不仅仅是播音员的声音,还是村民的感觉,是村民喜欢乡村播音员的表现,也是乡村生活的有机组成部分。

视角独特、构思巧妙是《梯子的眼睛》又一引人注目之处。有人说散文"形散而神不散",也有人主张"形散而神亦散",散文的主要特征就是"散",选择的视角相对宽泛,关键是"妙",通过特定的视角发现人所不能发现世界本相。《叫着叫着,春天来了》选取了一个饶有趣味的视角——老鼠和猫的叫声,表现当代乡村生活变迁和农民心态的不断调整。大家饿得前胸贴后背,哪里有老鼠的声音?偶尔在夜深人静中听到老鼠的叫声,循声而去,居然从童家翻出半袋玉米。分田到户之后,农民渐渐有了粮食,老鼠也就滋生了,但大家对老鼠"讳莫如深",即使家里被老鼠翻箱倒柜,也要"遮遮掩掩",生怕别人知道家有余粮。后来,队长发话:该养群猫了。家家纷纷养猫防鼠。开始猫还是顾家的,还是抓老鼠的,尽管夜晚猫的叫声恼人,大家还是忍受了。后来,猫也变了,不再顾家,而是热衷于走亲访友,也不再抓老鼠,只剩夜半猫叫了,"叫着叫着,春天来了"。中国当代乡村几十年的生活变迁,就在这老鼠和猫的叫声中呈现出来,视角之独特,构思之精巧,令人慨叹。《拉晒耙》并没有写农事活动,而是一次"新闻事件"。"老葛"无意间遇到领导,被"中山装"问:农民收入怎么样?生产积极性是不是空前高涨?老葛不知所对,冒出一句:就像拉晒耙。老葛没想到上了新闻,当他反应过来自己是"新闻人物",让老婆听新闻时,这条新闻已经过去了。从此,老葛就等着广播重播这条新闻,但播音员好像永久忘记了这条新闻,再也不播报。于是，老葛不断地找队长，找村支书，一再说明自己上新闻了。一条简单的新闻，连老葛的名字也没有提到，对老葛产生了这么深刻的影响。

《梯子的眼睛》为我们呈现出温馨、嬉闹、和谐、充满活力的乡村，与当下乡村的冷清、寂寞、孤独形成鲜明对照。我想，这份活色生香的记忆不仅属于干亚群，也属于所有同龄人，属于具有乡村记忆的人，属于这个时代。它是一个逝去时代的纪念，弥足珍贵。

（原刊于《文学港》2015年第4期）

线索·距离·姿态
——读俞妍的小说集《蜗牛》小感

俞妍善于讲述青春期"创伤"的故事,特别是在线索铺设和叙述距离方面,用心经营,不懈探索,从而保障小说的"技术含量"。《蜗牛》就是一本有技术含量的短篇小说集,值得阅读,耐得咀嚼。

短篇小说由于篇幅短、容量小,一般截取生活横断面,人物形象少,故事线索单纯。阅读俞妍的《蜗牛》,我的文学理论知识受到挑战。《蜗牛》可不全是生活的"横断面",纵向展开的篇目占到一半以上,精心进行故事线索铺设,将短篇小说写成多重线索的交织体,汇集成有一定生活容量的片段,呈现出短篇不短、内涵扩展的特点,显示作者相对成熟的故事编织能力。

《蜗牛》采用了三条线索交织衔接、相互掩护而又不断"证明"的方法,将树青的忧郁讲述得别有趣味:"收到美琪的短信已是半月前的事了。树青一直犹豫着要不要前去参加她的生日派对。"一开始就交代出主线索——树青和美琪的故事,又明确掐断了这个线索(让它潜伏着),通过另外两条线索的分解、缠绕,不断显现出树青和美琪的故事。故事主线索刚一露头就果断剪断,这不仅需要勇气、自信,更需要良好的驾驭能力。果然,紧接着俞妍很自然地过渡到第二个线索：树青与音像店陌生女孩的故事，多次讲述树青到音像店购买光盘，和陌生女孩交流音乐的话题，其触发动因恰恰是第一条线索，因为美琪喜欢音乐，尤其喜欢唐俊乔的笛子独奏集，音像店已经成为树青习惯性去处，通过到音像店听音乐、买光盘，表现树青的怀旧与忧郁，延续扩展第一条线索的"功能"，达到对树青和美琪故事的"侧面"叙述。小说的第三条线索属于"办公室的故事"，发生在树青、小米和小陆之间，尽管树青与小米同处一间办公室午休，也曾出现过暧昧的气息，但因为第一条线索美琪的存在，树青主动"撤离"办公室，构成对第一条线索的"侧面"叙述。通过两条线索的相互补充、扭断与衔接，俞妍巧妙地把一开始剪断的主线索叙述出来了，尽管美琪始终没有正面出现，树青和美琪的故事也没有展开，但"美琪"却无处不在，所有人物的关系都集中于树青与美琪的关系，可以说"美琪"是树青的"心象"，是树青生命中挥之不去的青春记忆，是树青自我心灵的纠结。这个故事原来很简单，就是树青对青春记忆既欲遗忘又欲拾取的矛盾。如果这个故事正面展开、直接叙述，就会缺少故事应有的趣味，俞妍用两条线索侧面讲述的方法，增添了故事的可读性，扩展了故事的生活内涵。

《裂瓷》可以理出四条故事线索：一是主人公珊珊和丈夫余晖的故事，这是贯穿小说始终的故事线索，是小说的开头和结尾，但在小说中间基本没有出现；二是珊珊、芸芸、小梅青春少女时期的故事，小说是通过今天的珊珊、芸芸去看望小梅（坟茔）而展开对青春创伤的延时性叙述；三是今天的珊珊和芸芸的故事，涉及珊珊家庭生活和芸芸婚姻状况；四是珊珊、芸芸和小梅哥哥的故事，这个故事跨越两个时间段，珊珊少女时代和今天，尽管在整个故事中着墨不多，但透露的信息很重要。小说从丈夫回来后珊珊的失眠开始,到珊珊"裂瓷"结束,中间穿插了各具内涵的三条线索,俞妍叙述起来张弛有度、纹丝不乱,线索的交织与分解,次线索、隐蔽性线索对主线索、显在性线索起到了很好的掩护作用和揭示作用,有力强化了小说的主旨,营造了故事氛围,增强了故事的可读性。在短篇小说中编织诸多线索,将主要线索隐藏起来,通过其他线索对主线索进行有效叙述,扩展故事的张力,提升读者的探索性阅读兴趣,《蜗牛》无疑是成功的。

  在小说写作中,叙述主体担任故事叙述的任务,读者阅读的故事不可能是原生态的故事,而是由叙述者讲述出来的"故事",叙述人在故事中所处的"位置",就是作者(审美主体)与故事(审美对象)之间的距离,它决定着讲述故事的视角和诸多"功能"配置组合,叙述者操纵着故事。因此,米歇尔·福柯断言:作者死了。然而,美国小说理论家韦恩·布斯认为作者是隐含的叙述人,她把叙述者比喻为风筝,无论飞得多高,风筝的线总掌握在作者手中。俞妍在《蜗牛》中与故事保持着清醒的、适度的距离,分寸感拿捏得很到位,可以用"恰如其分"来评价。这个恰如其分,理论上说说容易,但要在每一篇小说中实践起来,难度是非常大的,唯其如此,方才显示出《蜗牛》的成熟之处。

  巧妙选取叙述视角是俞妍与故事保持距离的方法之一。阅读《蜗牛》明显地感觉到俞妍是一个相对成熟的短篇小说作者,她没有单纯地采用现代小说常用的"我"作为叙述视角,而是根据故事类型和创作意图,选取最恰当的叙述视角,从而最大限度地展示"故事性"。《游戏》的叙述视角选择就体现了俞妍的用心,让我不由自主地想起了茨威格的《家庭女教师》。《游戏》的故事并不复杂,爸爸、妈妈、堂哥之间发生的故事,在成年人的视域里,一眼就可以看穿,但俞妍选择一个小孩——小夏——作为故事观察点的时候,这个老套的故事就显示出了超越故事本身的"趣味性",并且引出一个额外的话题:成人故事对少年小夏成长的影响。小说中,小夏多次提到妈妈的粉色短袖,那是妈妈去见堂哥的"标志服",这件粉色短袖和妈妈约会后红扑扑的脸,是小夏对大人"情事"的深刻记忆。整个故事通过小夏失母——寻母——惧父——发现(二次发现)——小秋——揭秘的过程,透过儿童的眼睛,把成人世界讲述得有滋有味。

  延时性叙述是俞妍与故事保持适度距离的又一种方法。我注意到一个有趣的现象:俞妍在讲述男人(包括孩子和成人)创伤故事的时候,一般采用"现时"体验的直接呈现,现场感非常强,甚至不乏"现场直播"的片段:如对树青因失恋而引发的忧郁叙述(《蜗牛》),对童童青春期心灵创伤的叙述(《潜水》),对"他"离妻别子归来寻找儿子的叙述(《看招》),对孤儿院长大的横河故事的叙述(《逃离》),俞妍都没有回避"事发现场"。而讲述女人(特别是少女时代)创伤故事的时候,则更多采用延时性叙述的方法,通过主人公多年以后"反刍"当时体验,隐晦曲折地将创伤事件讲述出来。将创伤现场延时到多年以后的"反刍"叙述过程,相对于具有强烈刺激的"现场直播"显得委婉含蓄,用"今天"体验去观照往日记忆,创伤记忆成为今日体验的有机组成部分,显现这种创伤对人物成长的"内在驱动力",遽然减轻了人物和读者的"压力"。也许是俞妍对女性人物的一种自我保护吧。

  整体来说,《蜗牛》是一本"用心"的短篇小说集,俞妍的"用心"表现在诸多方面：比如善于营造故事气氛，让故事始终处于一种神秘、探秘的氛围中（《面具》《脸谱》等）；比如善于选取具有生活意味的细节，既能直接切入故事本质，又能及时跳出故事（《顺眉》《胶水》《裂瓷》等），比如善于通过身体机能的细微体验表现人物心理欲望，等等。限于篇幅，此不赘述。

我相信，只要坚持"用心"的写作姿态，俞妍一定会在小说艺术方面取得更好成绩。

（原刊于《文学港》2016年第5期）

散淡拾趣事　近乡情更切
——读方向明的《故乡书》

"故乡"是中外文学的永恒主题。千百年来，不知有多少他乡游子书写自己的"故乡"：离乡之悲、他乡之苦、思乡之情、归乡之念，形形色色的"乡愁"覆盖了诗歌、散文、小说、戏曲等各种文体。"故乡"不仅是游子情感世界的始发港，也成为精神生活的寄宿地和回归母港，异乡生活的种种见闻，总是自觉不自觉地与故乡生活进行比较；"投异乡、走异路"的羁旅之苦，总想对着故乡诉说；如果取得了成功，有了点出息，第一个想到的是"衣锦还乡"，向故乡的人、山水"显摆"；如果遇到了困难和挫折，总会时常想到"不如归去"。经过岁月的洗练、积累，"故乡"书写已经蔚为大观，名篇佳制层出不穷。尽管如此，关于"故乡"的书写依然"顽固"，只要人类还存在、还发展，"故乡"就不会消失，"故乡"的书写就会延续下去，绵延不绝。

方向明的《故乡书》是浩如烟海的"故乡"书写之一种，也许仅仅是一朵小小的浪花，一颗细微的粒子，不会激起犹如瀚漫博大海洋一般故乡书写的一丝涟漪。然而，《故乡书》的散淡文笔和近乡书写，仍然引起我的注意。方向明站在一个现代县城立足者的视角，以时间跨度充实"近距离"的离乡、回乡、思乡之情，将真切的故乡情结铺开、淡化，用散淡的笔法，捡拾起"故乡"的乡村趣事，似近还远，寓真于淡。

　　书写故乡的文字，多为感情浓郁、文字饱满，深深的怀旧情绪笼罩全篇，常常给人一种"浓得化不开"的感觉。《故乡书》没有刻意渲染思乡情怀，而是淡静地拾取若干小"故事"，这里有童年趣事、少年体验、青春记忆，也有成年经历，娓娓道来，有趣有情。看似散漫的文字经过感情、记忆的"串烧"，让一个一个具体的小故事来说话，构成依事抒情、浑然一体的文章。《村里人的绰号》讲述了"老顽固""草鞋袜""祥憨大""四大炮""快刀阿三""夜开美""黄鳝阿康"等绰号的来历和含义，充满乡村话语的机智幽默。《过年》讲述小孩子打扫卫生的艰苦活——界厨，由于界厨的四扇门是镂空的雕饰，"食指指头必须一一光顾到"，考验小孩子的耐心。打扫过界厨，"少年对于过年的热情逐渐被井边的冷风吹去了大半"，过年的欣喜和擦洗界厨的苦恼交织在一起，真切的少年体验跃然纸上。《请车神》是一件新鲜事，为私家车请神祈福，中国传统的吉祥祈福文化与现代交通工具的怪异组合，初看让人啼笑皆非，却用一个独特的视角传达出母亲对儿子的关爱，令人忍俊不禁。《大冯回乡随记》叙述了冯骥才先生回乡几天的过程，像是一篇按照时间流程记录报告，实际上埋着一条线索：冯先生因病缺席文学沙龙。一般记述名人还乡，都是记录名人参与的活动，而本文一直埋伏的线索是冯先生没有参与活动，通过这种"缺席"反而彰显冯骥才对故乡的热情和待人之诚恳。《故乡书》直接抒发情感的文字并不多，更多地是通过"说事"来表达情感；在"说事"的时候，没有采用"紧锣密鼓"的手法，而是平平淡淡、不疾不徐、娓娓道来，抒情议论也是点到即止，不夸饰，不做作。所以，《故乡书》用笔散、情感淡，而在这散淡的后面，"趣事"就有了"说话"的力量。

按照我对思乡类文学作品的阅读理解，思乡、怀乡、还乡的书写，都有一个基本的前提条件：适当的距离，以及由此距离而带来的心理体验。这个距离可以是时间跨度，也可以是空间跨度，只有时空层面拉开一定的距离，怀乡者才能够充分体验"异样"的生活，从而产生不适感，并由不适感逐渐凝结为"思乡症"，进而产生"还乡"情感。这种距离一定要适当，所谓"距离产生美"。如果距离太远，关于故乡的记忆可能被打磨变形，稀释消散，沉溺于（主动或被动）逐渐适应的"他乡"生活，甚至"错把异乡当故乡"；如果距离太近，差异感不够明显，"异乡"的体验不够深刻，难于激活思乡情结。而《故乡书》传达的是一种"近距离"思乡和怀旧情绪，给我提供了一种饶有意味的阅读体验。

《故乡书》中除了《大冯回乡随记》之外，都是绽露作者自己的思乡怀乡之情，是一个居住在县城的书写者对本县域之内"乡村"的情结，不仅空间距离并不远，而且时间距离也不算远，甚至有近年来发生的事情（《请车神》）。《鸣鹤札记》一组文章，叙述的是"我"对鸣鹤的记忆（包括事实记忆和情感记忆），就空间上来说，"我"居住的县城距离鸣鹤可以说近在咫尺，小学时候学校组织远足革命烈士陵园，也就是十多里地，如果驾车而行，套用一句流行语："分分钟搞定"，而就是这样的空间距离，却让作者写出了如许文字。就时间距离而言，"直到20世纪70年代，鸣鹤的集市还很热闹"，1999年开始"我"还在鸣鹤工作过两年，鸣鹤因为远离329国道，迅速被边缘化了。正是从80年代开始，中国江南农村遽然现代化，各种手工业、加工业向交通更为便捷的交通主干道集结，江南社会空间结构和产业结构开始发生巨变，而作为远离交通主干道的鸣鹤古镇，失去了昔日的地理优势，逐渐衰落，与"我"居住的县城形成了差异。《老家琐记》中的"老家"距离作者也是十多公里，"故事时间"从童年时期一直到现在，其中《走不出母亲的目光》时间跨度最大，从70年代到现时代，时间距离、空间距离与《鸣鹤札记》基本相同。

　　读到这些文字，总觉得有些怪异：这么近的距离，何以产生思乡的《故乡书》？毫无疑问，书写者的情感是真切的，文笔也是写实的，答案只能到生活中去寻找，从三十多年来中国社会变化中寻找。是的，伴随着各种"现代化""工业化""城镇化"举措，中国江南社会结构发生了巨大变化，传统农业社会的"阵地"不断丧失：有些村子被拆迁了，有些村子被改造了，即使还没来得及拆迁、改造的村子，村民的生活方式和生产方式也发生了全面"位移"，居住在县城的"农二代"，强烈感受到城市与乡村的差异性，进而产生怀乡情绪、还乡欲念。就此而言，《故乡书》的怀旧、思乡，何尝不是作者对农业文明的一种祭奠？犹如一曲有着淡淡忧伤的挽歌。

　　望着窗外雨夜、甬江上点点灯火，听着细雨敲打树叶声音，突然想起了"子在川上曰：逝者如斯夫"。《故乡书》给我们提醒：在急剧变革的时代，请保留一些传统农业社会的情感记忆，祈愿不要将乡村文明及其载体"连根拔起"。因为，任何一种旅游式乡村体验，都无法代替一代人真切确定的怀乡情感，即使近距离怀乡，也是弥足珍贵的。

（原刊于《文学港》2017年第1期）

用简单而执着的想象构筑圆满的生态世界
——《水妖喀喀莎》读后

《水妖喀喀莎》是一篇儿童文学，采用小说叙述的方式，以适合少年想象力为基准，构建了一个纯净、美丽、和平的噗噜噜湖，讲述了一个关于生态的故事。

按照叙述人的说法："噗噜噜"是水妖的语言，翻译成人类语言就是"永远"的意思，噗噜噜湖湖水清澈、水草丰美、鱼儿成群，水妖快乐。然而，这个"永远"之湖，却不能永远。小说一开始，噗噜噜湖出现了干涸，生活在这个永远之湖的水妖们不得不迁徙，而且必须迁徙到人类的世界。于是，"湖灵"嘎拉嚓仅仅留下勇敢的咕滴答，催促喀喀莎、帕帕提等11个美丽水妖离开噗噜噜湖，长途跋涉走向人间。湖灵嘎拉嚓和水妖咕滴答坚守，负责召唤湖水再来，希冀噗噜噜湖再生（这条线索后来断了）。按照这种童话思维，湖水当然如期而至，噗噜噜湖再生了，水妖们重返家园，构成一个完满的圆形结构。经过这样一个轮回，美丽的生态之湖又一次降临。小说的想象尽管简单，却不乏美丽，符合当下对生态环境之美的追求，作者用一种简单而执着的想象，弥补了"人类世界"最大的缺憾，表现出"原本"的生态意识。

《水妖喀喀莎》又是一个"离乡—回家"的故事。按照这类故事惯有的模式，水妖们离开噗噜噜湖以后，必须经历"先天性"考验。当然，不是所有的水妖都能够经受住考验，也不是每一个水妖最后都能回家。果然，水妖们面临的考验是：永远不放弃！这种坚持的代价是：牙痛。而且旷日持久，也许几十年，也许几百年。叙述人为我们组织了一个庞大的离家团队：11个水妖（是否需要这么多？因为后面的叙述中，其他水妖的线索基本断了，只突出了喀喀莎），最早忍受不住牙痛和衰老威胁的是大姐帕帕提，随后是二姐、三姐……只有小妹喀喀莎坚持下来。然而，小说的结局超出了"离乡—回家"的故事模式，最有资格归家的喀喀莎第一个回来了，但她又返回人间寻找那些失去记忆、拔掉牙齿的姐姐们，当最后一个姐姐被她找回的时候，喀喀莎却没有回来，留下淡淡哀伤的意味（当然，她最终是会回来的）。作者用简单而执着的想象，补足了一个成长励志的归乡故事，又是一个圆形结构，不过留出了小小的缝隙。

《水妖喀喀莎》还是一个人与怪物交流的故事。11个水妖走向人类世界，必然与人类发生关系。大姐、二姐、三姐等先后"拔牙"，失去了记忆，变成了人类，相继嫁人，相夫教子，甚至取了人类的名字（比如：卢晓曼）。美丽的小妹喀喀莎坚持着，她艰难地来到南霞村，"买"了一间偏僻的屋子，忍受着牙痛和衰老的折磨，渐渐地，由喀喀莎变成了"蓝婆"——一个又老又丑的老太太，也许是老妖婆——至少对于村民来说。于是，她遭到村民合力的抵制，没有一个成年人与她交往，村民们孤立她，躲避她，抵制她，直到逼走她。幸运的是，蓝婆交往了一个人间朋友——土豆，一个孩子。是啊，也只有孩子，不懂人事的孩子，才能对她产生信任感。当成人全都变"坏"的时候，只有这个孩子，承担着叙述人的理想——这是典型的儿童文学思维吗？无论如何，幸好有这个孩子，让我们看到"人类"并非全部"坏蛋"，尚存一丝作为"人"的尊严吧。同样，在这个人与怪物交流的故事中，作者的想象力依然是简单而执着的，不过没有形成圆形结构，而是留下太多遗憾与尴尬。

整个故事是圆满的，也许是作者理想化的写作理念发挥了作用。然而，我们在这个圆满的故事后面，不难发现支撑故事进程的想象，不免有些简单。作为一部有一定长度的故事，而且主要是以想象支撑的故事，想象的世界，包括噗噜噜湖、喀喀莎的经历，都需要强化，需要有纵向的层次感和横向的延展性，需要更多的内容填充进想象空间，否则，噗噜噜湖就是一个概念化的存在，因为不够具体，而失去了应有的丰富性。比如：水妖们在噗噜噜湖无忧无虑的生活场景，湖灵和咕滴答坚守、召唤噗噜噜重生的艰苦，其他水妖在人间生活的情景，南霞村民的生活与心态，等等，都是可以补充的。如果这些内容充实了，想象的世界就有了层次感和丰富性，小说也就不会依赖单一线索叙述，自然也就克服了单一线索强行推进的人为痕迹。

情感是想象的翅膀。整篇小说，作者选取的叙述人一直不温不火，情绪、情感掌控极好，既没有激动人心的行为和语言，也没有消沉低落的叙述与描写。平稳的情绪、情感，当然不能激发大起大落、大开大阖的想象能量，水妖们的世界也就因此失去了应有的生气与活力，想象世界缺乏必要的层次感与丰富性。也正是由于情感平稳，想象"规范"，整篇小说的叙事节奏自然采用一种速度，不疾不徐，平稳有致，变化不足。情节的跳跃性、语言的张力、人物性格的丰富性和深刻性，只好牺牲了。

也许，这是由于儿童文学的文体限制。但，我还是希望：想象的世界是丰富的、有力的、完美的；小说的叙述能够有张有弛，在起伏变换中给读者更为"精彩"的享受。这一切，有赖于情感的进一步凝练与提升。

鲁迅先生评价《聊斋志异》云："独于详尽之外，示以平常，使花妖狐媚，多具人情，和易可亲，忘为异类，而又偶见鹘突，知复非人。"以此观之，《水妖喀喀莎》中的水妖，未尝不是"多具人情，和易可亲，忘为异类"，尤其对于小孩子土豆而言，更是如此。然而，"水妖"们终究要离开人类世界，回归噗噜噜湖，有此"鹘突"，"知复非人"啊。

(原刊于《文学港》2017年第2期)

瞧，这个人！

——周晓枫的《宿命》读后

写人难，写"活"一个人更难，写"活"一个身边的人尤其难，写"活"一个身边的公众人物，难上加难。

从事文学写作的人都有这样的体会：写一个人，写出轮廓、大概，写出表面形象，不难；要写"活"一个人物，将其身段、声音、精神、气质、思想写"活"，乃至发掘人物隐秘性格，展示人物与"环境"的冲突融合等，不下一番"敲骨吸髓"的功夫，是做不到的。如果写一个比较有距离的人，写作者可以用一定的想象进行必要补充，相对难度较小。如果写一个身边的人物，缺少相对合理的距离感，尽管感性材料很多，但整天和这个人物在一起，习以为常，总会感觉到没有什么值得书写。因为太熟悉了，人物的音容笑貌，时时可见，即使一个公众人物、世界名人，写作者也很难把他当做公众名人来观照，很难做到"陌生化"，拿起笔来，不知道写什么，怎样写。所谓"距离产生美"，美会推动写作欲望，当距离太近，接近于零，写作的欲望就很难产生了。所以，写身边人、身边事，比写作较远距离的人或事，难度更大，要写得好，写得活，殊非易事。

公众人物，长期被大众传媒"追打着"，各种各样的新闻报道，"小报记者"式的渲染，不断变换视角的明星式炒作，使公众人物成为大众眼球的聚焦点,成为大家都觉得很"熟悉"的人物,在公众视野中,他的形象基本定型。要想写出新意,就必须透露一些"猛料",作为身边人的写作者,端出公众人物的"私人化"生活空间,不失为一条便捷的途径。问题是,端出名人的私人化生活空间,可能建构一个不同于"公众形象"的公众人物,必然与大众的认可程度产生较大差异。这样一来,作者与读者、作者与新闻媒介、作者与书写对象(公众人物)、公众人物与读者之间,不免出现紧张关系,这种紧张关系,又会对公众人物产生这样或那样的影响。一般情况下,名人不大赞同身边工作人员书写自己,而名人身边的工作人员,也轻易不会书写公众人物(回忆性、纪念性文字除外),除非是刻意炒作,或者能够在大众传媒语境下"长袖善舞"的特殊人物,相对严谨的公众人物,最好不要蹚"浑水"。

张艺谋是一个公众人物,他不仅"活"在银幕上,更"活"在大量传播媒体中。关于张艺谋的新闻报道形形色色,有些内容,让他"很受伤"。如果没有健康的体魄、强大的神经、超然的态度,很难长期承受。也许,正缘于此,张艺谋一向严守私人化生活空间,有点"神龙见首不见尾",面对负面报道,也不进行必要的回应和解释,而是以陕西"愣娃"的"顽固",尽力保守、维护私人空间的私有性和完整性。所以,张艺谋的"私人形象"长期处于"犹抱琵琶半遮面"的状态,他的私人化生活空间,非一般公众所能了解。周晓枫既掌握着不少"猛料",也有着切身的体验和思考,《宿命》塑造了一个不同于大众传媒的张艺谋,一个充满矛盾、有血有肉、生灵活现的张艺谋。周晓枫对张艺谋的观照视角,《宿命》所叙述的诸多细节,她对张艺谋"性格和命运"特殊的体验和思考，不仅对于张艺谋本人，而且，对于许多电影艺术家，对于大众传媒，具有特殊意义。

"张艺谋是个极端的矛盾体，因此才会充满性格张力和命运起伏"。善于抓住人物自身的矛盾性，将人物放置在艺术工作和日常生活双重语境中观照，用一个个生动鲜活的细节和富有个性化的语言，揭示人物"内在规定性"，写出人物的真性情、真气质、大胸怀，塑造人物的立体形象，是《宿命》的鲜明特点。周晓枫从三个层面凸显张艺谋的矛盾性：双重性格矛盾性，某一性格呈现状态的矛盾性，人物内在性格与外在环境公众媒体的矛盾性。进而，从多层面的矛盾性分析张艺谋"公众形象"与"私人形象"的差异，以个性化体验和灵动叙述，阐释张艺谋的"宿命"。

在周晓枫笔下，张艺谋是"话痨"与寡言的矛盾体。对待电影艺术，张艺谋创意多、想法多且多变，话就特别多，逮着谁就练谁，往往滔滔不绝，不管不顾别人的状态，非得说尽兴、说完整不可，剧组人员多不堪其苦，采多种方式"逃避"。"张艺谋不挑人，谁睁眼睛谁倒霉，被张艺谋逮住就往死里谈"，"我"经常被搞得精疲力竭，"把毕飞宇熬得活活昏死过去"，葛优为了逃避，用"活着"盖住脸面。即使脸埋在"马桶圈"里，张艺谋也不放过对情节的讨论，搞得剧组的人最怕张艺谋的"回头望"。相对于这种"话痨"的工作方式，张艺谋在世俗生活中常常沉默寡言，喜欢独处，有些该说的话不会说，有些正常的交际不注意，和生人交谈时要人陪着，甚至和女儿一起吃饭，也要带着两个同事陪着，害怕冷场。周晓枫用许多趣事、真事，展示了张艺谋性格双重性：一方面是"话痨"，能连续说十几个小时，一方面是"打死也不说"。"话痨"表明张艺谋对待工作的精益求精，

"寡言"表明张艺谋不善于应付交际,这种性格矛盾,对张艺谋的"宿命"产生不小影响。同样的性格矛盾性,还有张艺谋"较真"与"随意",对待电影非常较真、苛求,个人生活中却总能"凑合",随遇而安,穿衣、饮食从不讲究,最有趣的故事是在德国吃面条,给人深刻印象。

张艺谋是一个性格鲜明的艺术家,有些性格在艺术创作中是优点,到实际生活中就是缺点,有些性格因素表现"出格",也会带来负面效应。"张艺谋性格上的执着,典型陕西人的一根筋。性格直接简单,没有太多皱褶,做人和交往是优点,转换成作品,反而局限。""张艺谋热衷创新,这本来是好事,但他求变不求稳,结果可能是石破天惊,也可能是鱼死网破。"周晓枫讲述了"妈妈不知情为好"的故事,说明张艺谋一味"创新"陷入思维和认知盲区,却不自知,还固执地坚持。这个故事不仅有趣,更能说明张艺谋的性格特征,以及性格对"命运"的深刻影响。

作为一个特立独行和影响世界的电影人,张艺谋与社会环境不可避免地发生冲突,特别是与新闻媒体。在这些矛盾冲突中,有些是张艺谋被误解,有些是张艺谋性格中某种因素被利用。周晓枫向我们讲述了两个故事,一个是关于张艺谋"孝"与"不孝"的故事,一个是张艺谋的善良带来负面效应的故事。在前一个故事中,作者引入高仓健行孝的故事,表明自己的倾向性,周晓枫引用张艺谋的话,"孝顺不是作秀,它是你内心的情感,用不着证明给别人看",掷地有声,面对媒体的有意误解,张艺谋坚决不妥协,"死不吭声"。有摄影记者设计好背景,"请君入瓮",张艺谋尽管心生排斥,但当了一次"老好人",结果拍出了一组"形象被丑化"的照片。

周晓枫所掌握的"材料"肯定远不止这些，对张艺谋也有自己的情感判断。最为难得的是，周晓枫用这么近的距离叙述张艺谋，能够坚持冷静、求实，不夸饰，不隐恶，不是挑拣喜欢的、"正能量"的内容，而是力图全面反映张艺谋。在《宿命》中，张艺谋有很多优点，但缺点也不少，比如：不会关心家庭、同事（甚至儿子），不会给身边的同事说句"暖话"，性质执拗，"一根筋"，不大考虑别人的感受，不善于应酬交际等等。这，才是一个真人版的张艺谋！

周晓枫用生动的细节、绘声绘色的叙述语言，给我们提供了一个立体版的张艺谋。该说的，她都说了，不该说的，她也说了。我就不用啰唆了，只想提醒读者朋友：瞧，这个人！

（原刊于《文学港》2017年第3期》）

自由洒脱的笔记
——读陆春祥的《坚瓠里的思想》有感

笔记,是古今读书人必不可少的法门,除了"过目不忘"的奇人,读书人都做过笔记。在读书过程中,随手而记,日积月累,或有可观,也有人搜集各种资料,专注于笔记,包罗甚广,蔚然成册。能够进入笔记的素材,或有料,或有趣,或有怀,或奇异。进入方式亦不拘一格,照章抄录者有之,断章取义者有之,随记随评者有之,归类集录者有之,穷奇逐怪者有之。总之,所记皆有"可记"之价值,记录方式因一时一地心情而变。笔记是一种自由洒脱的文体,可以包括万象,引类连比,大部头的笔记,往往是一部社会历史的全景式资料,具有多方面价值,启人遐想,让人得到有价值的灵感和创意。

清人褚人获历时九年,"勾索古今诸说部不下千百家,心织笔耕",成就了大部头笔记——《坚瓠集》。今人陆春祥阅之有感,遂成《坚瓠里的思想》,"披沙拣金""发我之碎思杂思",倒是一件趣事。《坚瓠集》举凡一百六十多万字,《坚瓠里的思想》不可能逐条而论,只能选择作者感兴趣、有想法的条目,通过对材料的重新解读,进行自我表达。

首先是涉及"为政爱民"内容的篇什。《养蜂与治国》引述朱元璋微服私访,遇到养蜂人"春夏割蜜""每月一次",秋之后"割十留七",让蜜蜂休养生息,遂能长久地维持生计,从而悟出与民休养生息,乃为治国之本的道理。随后,引入《郁离子》中刘基碰到养蜂人的故事,这个养蜂人去世后,其子只顾收蜜,对蜂的死活不管不顾,最后导致蜂群逃逸,生活困顿难以为继。两个故事一正一反,道理不言自明:老百姓就是蜂,治理者就是养蜂人,只有与民休养生息,留余蜜,则国可治;如果治理者将蜜"整桶整桶往家里拿",老百姓就会像蜂群一样,逃得无踪无影。

陆春祥对弘扬爱民清官、揭露害民贪官的条目有明显"偏好"。《正义神鹰》选择《坚瓠续集》中《神鹰录》的故事发议论,先叙述嘉兴知府杨继宗清正廉洁、开仓济民,遭到仇人构陷,神鹰撕碎司道官手中的控告信,抓走司道官头顶的乌纱帽,保护了清官杨继宗。这个故事颇有传奇色彩,作者评议说:"为百姓做事,即便触犯了法律,那也是公罪不可无。"立场鲜明。《第二杯酒》叙述民妇机智地用酒之清浊,讽刺抨击贪官;《局长下乡》通过县尉下乡扰民,有人作《鸡鸣》诗讽喻之材料,以古讽今,或有教益。

第二类故事谈及官品人品,讽喻溜须拍马之行。《于谦妾》讲述刑部侍郎项文曜长久"坚持"拍于谦马屁,每日上朝退朝,紧随于谦之后,甚至"咬耳朵",时人谓之曰"于谦妾"。户部侍郎王祐,貌美无须,颜值颇高,为了拍太监王振马屁,竟有"老爷您没胡须,儿子我怎么敢有须"之回答。《程松寿拍马》讲述钱塘县令程松寿因收留韩侂胄妾获越级提拔,更物色美女,改名"松寿"进献韩,欲使"贱名"常常为韩大人听到,可谓费尽心机、别出心裁,马屁拍出新花样、新境界。对于这些善于拍马逢迎者,作者评价道:"项文曜和王祐,都是历史的镜子",因为"拍的人才狡猾,他们的用意其实很显，就是要被拍者听他们的话，为他们所用"。实际是说：拍马者善于利用人，被拍者不过是被人利用而已。

文人趣事（包括丑事）是历代笔记小说不可少的内容。《坚瓠里的思想》有文人读书的《错了敲你头》《反意读书》，有达人超越世俗的《另外角度看蚊子》，有名人遭诋毁的《词诬和诗诬》，也有文人家庭生活琐事引发的《奴婢跑了》，等等。《错了敲你头》引述王弼注解《易经》，刻郑玄木像，读至错讹处，则敲击郑玄头提醒；陆居人读《论语》《孟子》，刻朱熹木偶，遇有错处，亦敲头提醒。读书是一种跨越时空的对话，不仅与原作对话，而且与读过此书的读者进行对话，王弼和陆居人之所以刻郑玄、朱熹木偶，是将最优秀的作者、读者作为对话者，既有崇敬赞赏之情，亦抱纠错超越之志，境界高远。陆先生从这两个故事引发开来，提出两点启发：一是"读书贵求疑"，也就是有"问题意识"，学问学问，无"问"何以成学？二是"还原他们读书的场景"，这一点不仅有趣，而且重要，只有还原古人读书、写作现场，才能充分领悟作者的"创作动机"，进而更深刻地把握作者原旨。《词诬与诗诬》先引述"欧阳文忠公私通外甥女""范文正公喜欢雏妓并赠诗"的材料，断定为政治对手"泼污水"，并进一步阐释：这种政治污水，极易流传，而辩白甚难，流传久了，流传广了，就成了真实，有"白纸黑字"为证。由此可见，"白纸黑字"未必可信！尽信书不如无书，此等"白纸黑字"亦可作一注脚。

第四类材料，我"强行"归之于生活智慧感悟类，如《留余》《誓俭草》《瓜皮搭李皮》《豆腐的美德》《唯贫贱可依》《没有雨披》《我求与人求》《我责与人责》等，根据《坚瓠集》的故事，结合自我生活感悟而成文，有些感悟颇有生活哲理，亦为中华民族生存智慧的结晶。《唯贫贱可依》从《坚瓠集·可恃》篇中悟出，富贵、权力、智力、学问、技术等，皆不可依赖，只有贫贱，已经无物可失，尚可依赖，但贫贱亦不可永世依赖，这种辩证的生活感悟，有启发性。《没有雨披》讲述孔侍郎退朝回家遇雨，向一老人借雨披，老人回答："我天冷不出门，天热不出门，刮风不出门，下雨不出门，没有准备雨披哎。"这种自给自足，不为生计浮华而四处奔波，随意潇洒的生活态度，令人羡慕，遗憾的是我等凡人很难做到。

《坚瓠里的思想》采取了"蜻蜓点水"的笔记体写法，基本延续《坚瓠集》笔记材料之意，或稍加引申扩展，或补充详细材料。这种写法，既能保持原作本意，也能够适当阐发"碎思杂思"，不失为一种可靠、合适的选择。陆先生忠实于《坚瓠集》，不仅重原作之"料"，而且顺原作之"意"，表现出一种实事求是的态度和方法；在阐发议论时，没有采用"寻幽探微"之法，更没有故弄玄虚，故作高深，多采取平实而论，随心而书，不失为一种洒脱。

就个人阅读经验而言，面对笔记体文字，我更想看到深刻、独特的感悟和思考。《坚瓠集》本为笔记，今人阅读点评亦为笔记，今人笔记应该在古人肩膀上成长。我希望陆先生能够胆子再大一些，境界再阔一些，心再狠一些，向《坚瓠集》猛砍几刀，刀刀见血，深刻及骨，敲骨吸髓，完全吸收。然后，从《坚瓠集》振翅高飞，尽享笔记体文字自由之福祉，挥洒文思翰墨。

是为期待！

（原刊于《文学港》2017年第4期）

探寻心灵深处的"罗马城"

小时候阅读《西游记》，不时冒出一个疑问：为什么选择唐僧担任西游取经的小组长？唐僧既没有"眼力"，更没有本事，常常受妖怪蒙蔽，多次冤枉"好人"，给取经路途制造了许多麻烦。关键是唐僧脚程慢，只能一步一步丈量土地，耽误西天取经的"绩效"；而孙悟空、猪八戒、沙僧，还有白龙马，不仅身体健壮，且具特异功能，尤其是孙悟空，一个跟斗十万八千里，去往西天易如反掌。假如派遣孙悟空一人西天取经，跟斗云来去，哪里会遇到这么多妖怪，经历九九八十一难？后来反复阅读，才渐渐明白《西游记》的道理：所谓取经，关键是"取"而不是"经"，只有坚定的向佛之心，才能得到真经。在取经路上，每一个妖怪都是"领导"特意安排的考验项目，尽管他们口口声声要取唐僧性命，但没有一个妖怪真的敢下手，不知道唐僧是否了然于胸，至少孙悟空、猪八戒、沙和尚和白龙马是不知道的。取经的过程也是普度众生的过程，唐三藏虽缺乏眼力，但意志坚定，抱持"众生平等"，心无杂念，一路向西，颇符合佛祖之意。孙悟空很有本事，但缺点不少，如恃才傲物、暴力倾向等；猪八戒意志不够坚定，好色贪吃；沙和尚为人木讷，本领一般，缺乏"慧根"。这一切缺点都要在取经路上得到考验，在佛祖、菩萨点化下成长，最后"立地成佛"。从此，我再也不嘲笑唐僧,不恨紧箍咒。如果派孙悟空取经,一个跟斗解决问题,取经如同儿戏,整部大书从何而来?破除外魔的过程,实际就是破除心魔的过程,心中无魔,一心向佛,方能大成。

贝西西的《去罗马》也讲述了一个"西天取经"的故事。罗马是圣城,是一切智慧、力量的源泉,驻扎在驿站的客人,都奔着罗马而来,也奔着罗马而去,这里是"去罗马城中陆之地的最后一站"。人来人往,每一个人都有人生困惑,都有不可告人的目的,他们将秘密深深地埋在心灵深处,提防着别人,希望到罗马城寻找解脱之道,获得力量和智慧。于是,穿皮袄的大汉来了,穿着烟狐皮褛的少年来了,牧师来了,艺术家来了,背着大袋子的商人来了,穿越十八涧的一伙人来了。小小驿站挤满了去罗马的人,他们热切地研讨着地图,喝着特有的烧刀子酒,期待天气放晴的那一天。驿站外面的小树林——埋葬着许多去罗马归来人——几乎没有人注意,除了穿着烟狐皮褛的少年冷树。店老板是一个见多识广、饱经风雨的老年人,他尽管没有去过罗马,对罗马也没有太多兴趣,但他最了解去罗马路途有多艰辛,最同情所有去罗马人的遭遇。天色刚刚放晴,众人急切地踏上去罗马的路途,老板的女儿,这个向来乖巧听话、与老板相依为命的姑娘,居然受到少年的启蒙、蛊惑,跟随少年,踏上去罗马之路。

这个由牧师、商人、富贵少年和姑娘组成的小团队,还有几只不明来历的大黑鸟,在牧师的带领下走上了"西天取经"的道路。牧师有救危扶困的普世情怀,是一个意志坚定的智者,担任团队的导师和负责人;商人简三是一个沉默少语、唯利是图,又信守商业伦理的淘金者,在"取经"路上我行我素,无利不起早;冷树作为一个饱读诗书的知识分子,是取经路上的中坚力量；老板的女儿方芳是一个不谙世事、单纯好奇的"学生"，一个被保护的对象；大黑鸟就像白龙马，无欲无求，关键时刻发挥特异作用。他们选择了穿越森林的道路，按照《西游记》和民间故事的逻辑，各种考验纷至沓来：先是魔幻般的森林，再是饮用水告急，再有狼群挡道、密不透风的藤蔓墙、金樱桃之毒、金色麦穗的诱惑、黑风峪，等等。在克服诸多困难的过程中，每个人都发生了变化：牧师找到了解决问题的方法和信念，发现了深藏于内心的罗马城；冷树不再是一个只关心自己的少年，他用最珍贵的赤金匕首和烟狐皮褛，为大家换取水果和解药，第一个感悟到罗马城就在人心中；方芳也望见了罗马城，不再是一个好奇、爱哭的小姑娘；简三终于找到了遍地黄金，尽管他坠崖身亡，但实现了一个商人的最大利益，也算找到了自己的罗马城。

　　有成功者，就有失败者。来自十八涧的小团队丢下两个同伴的尸体，灰溜溜地返回驿站；穿着皮袄的大汉精神失常，绝望地叹息：没有一条路可以到罗马！自命不凡的艺术家变成了黄狗，只有那条蛇皮花纹的头巾诉说着艺术家不为人知的经历。作者让艺术家变成黄狗回来，连一个牺牲的机会都不给他，是出于对黄狗的偏爱，还是出于对艺术家的鄙视？客人们陆陆续续地回来了，驿站没有了数月前的喧嚣与热闹，到处弥漫着沮丧、绝望和沉默，人们再也不愿意提起"去罗马"的事情。几天以后，这些客人都散去了，回到各自的来路，"去罗马"的经历被他们当做必须严守的秘密。牧师走了，冷树也要走，方芳也要走，跟着冷树回到喀图，只有埋葬在树林中的死者永远陪伴着方老板。

　　但是，方老板不会孤独，还会有下一批、下下一批客人来到这里,踏上去罗马的路途。几十年来,见多识广的方老板一点都不担心,唯一揪心的是心爱的女儿离他而去。

是啊,条条大路通罗马,人人都想去罗马,罗马在哪里?贝西西告诉我们:罗马就在我们每个人的内心深处,"去罗马"是一种自我发现、自我完善、自我确认,那个缥缥缈缈的罗马城,也许并不存在。"去罗马"关键在于"去",而不在于"罗马",不"去"就不能发现自我心灵深处的罗马,就不能获得新的力量和智慧。"去罗马"是成长的心路历程,罗马是一定要去的!

贝西西运用了寓言手法,调动多种富有西部特色的寓言性因素,将故事讲述得神秘又开放,两条线索(方老板在驿站等待的线索和牧师团队去罗马的线索)相互补益,省略很多难言的路途经历,灵活地降低了叙述难度。"新龙门客栈"式的驿站,隐藏着不平凡故事的方老板,高浓度的烧刀子酒,大块大块的牛羊肉,热气腾腾的牛肉面,羊皮狐皮的厚皮袄,漫无边际的黑森林,令人色变的黑风峪,还有大风雪、狼群,等等。这些西部不可缺少的元素,汇集在《去罗马》中,让这个故事显得很"西部",构成了文本的基本格调。

既然作者更多采用了寓言手法,就不能完全用小说的标准来衡量。寓言和小说都要讲故事,寓言的重心在于通过故事说明寓意,而小说主要通过故事塑造人物。讲述寓意需要深刻独特的发现,塑造人物需要"合理",如果能够将二者结合起来,也许会构成寓言体小说。《去罗马》的人物,更像是寓言中的人物,而不像是小说中的人物(艺术家变成黄狗最典型),方老板的女儿方芳也缺少必要的合理性。方芳作为一个二十岁的大姑娘,在荒漠驿站长大成人,接触过形形色色江湖人物,帮助方老板核对账目,为死者陵墓刻画罗马城图案，对于生与死的感悟应该超出常人。面对富贵少年冷树时露出儿女情态，可以理解，但在去罗马的路上，没有为团队提供必要帮助，且因为好奇，屡屡制造麻烦，与其"新龙门客栈"公主身份不符合，缺少必要的合理性。

我希望，作者在讲好故事的同时，充分注重人物形象的合理性，符合冯梦龙所说的"事真、理真、情真"。

（原刊于《文学港》2017年第6期）

恍若梦境的"一地鸡毛"
——读南树的《小闲奇遇记》

南树的《小闲奇遇记》叙述底层小人物的灰色人生,这个小人物是基层公务员。用小说文体书写底层小人物的灰色人生,中外文学不乏其例。卡夫卡的小说以变形的方式书写小人物的荒诞感,契诃夫的短篇小说塑造了底层小公务员的群像,叶绍钧的《倪焕之》书写中国现代青年的灰色人生。

1956年,王蒙创作了《组织部新来的年轻人》[①],小说通过22岁的林震由学校调来组织部工作后,所经历的种种矛盾与挫折,大胆暴露了组织部门的官僚主义作风与消极精神状态,表现了满怀革命理想、朝气蓬勃的青年一代,在现实面前的迷茫与困惑。1990年刘震云写作了《一地鸡毛》,主人公小林及其太太毕业于名牌大学,进入工作单位后,干着最基层的工作,过着最基层的生活,在油盐酱醋、孩子入托、妻子上班等市民生活中,消磨了曾经的理想和豪情,变成了患得患失的"小市民"。"作者试图告诉我们,权力就像一道无形的'第二十二条军规',渗透到了主人公小林的日常生活中。由于它的作用,小林一家总与自己的愿望发生错位,

---

① 在《人民文学》1956年9月号发表时,编辑部将题目改为"组织部新来的青年人"。

在前者编织的网络中无奈的挣扎。"①

如果说，王蒙的《组织部新来的年轻人》诉说50年代基层青年的困惑和迷茫，刘震云的《一地鸡毛》揭示80年代都市"基层"青年生命意志消磨，那么，《小闲奇遇记》则是今天，远离都市核心区的"基层"青年，在权力和世俗中无奈地挣扎。作者用一场梦境，展示出主人公政治梦、文化梦、爱情梦的磨灭过程，在自我调侃、故作潇洒的叙述背后，留给我们的是一种难以名状的沉重和不吐不快的"默然"。

《小闲奇遇记》以第一人称、内聚焦的方式展开叙述。"我"本来是农校学习农业经济的大学生，毕业后来到远离"中心"的边缘乡担任"乡干"，像所有年轻人一样，"我"想有所作为：在工作中有所作为，在写作上有所作为，在爱情上有所作为。然而，经历了边缘乡政治生态和实际工作的"洗礼"，我的理想逐渐磨灭，"既然没有在意时间的流逝，光阴也就让我纵情挥洒"，成为乡政府院子里人人可以嘲笑、可以支配的"小闲"。意外得到边乡长"垂青"，陪同乡长进京招商，"我"重新开启了"理想"模式，幻想着"大干一场"，没想到这次进京经历，导致理想的彻底破灭，政治作为变得遥不可及，文化抱负遭遇嘲弄，连爱情也远离而去。

小说一开始，叙述人就向我们摊牌：我叫小闲，闲得发慌的"闲"字，闲得蛋疼的"闲"字。在乡政府大院里，"我"的工作部门是"多种办"，但没有一项正式的事情，整天被"狐狸精""雷神仙""乱话精""陈阔嘴""马大粗"指派来指派去，"一年到头，都没干出一样正儿八经的事"，

---

① 孟繁华、程光炜：《中国当代文学史》，北京大学出版社2011年10月版，第322页。

成为大家推卸责任、发泄情绪、玩笑嘲弄的对象，是众人"交火"的"巴尔干"。"我"也想有所作为，但这样的处境，只能将"政治理想"付诸梦境，在梦里发现了被拐卖妇女的线索，只能用"十年后当乡长"来自我鼓励、自我安慰。在乡政府大院里没有前途，并没有完全泯灭小闲的生活热情，他开始拼命写作，寻找主旋律的话题，频繁向报刊投稿，向名人写信，期待实现文化梦。与此同时，27岁的小闲迎来了朦朦胧胧、暧昧不清的爱情，覃小红尽管只是个打字员、农村户口，但长相妩媚、家境富裕，在远离城市的乡村也不失为一种选择。

盼星星盼月亮，好不容易等来了边乡长赏识，带"我"一起进京招商，年轻人的政治理想和文化梦想被激活了。小闲憧憬着：马上就要与皇城根下的子民们亲密接触，马上就要与京城一流大学的专家教授们比肩散步，共同探讨中国经济的前途。然而，在京城梦幻般的经历彻底摧垮了他的人生梦想：先是发现接待单位是个骗子集团；接着遭到边乡长"遗弃"，另有乡干部和村长进京"找关系"，招商被远远抛在一边；在赠书现场发现了他给文化名人写的信；和小闲暧昧不清的覃小红毅然决然地抛弃他，决定留在京城。充满期待、满怀抱负的京城"奇遇"，彻底摧毁了小闲的政治梦、文化梦和爱情梦，将他打回原形。

等待他的仍然是原来"闲得发慌、闲得蛋疼"的灰色生活。

至此，这个梦做不下去了，也该醒了。然而，小闲不愿意醒来，也很难醒来，他依然眼含泪花在书海里穿来穿去，他还要找边乡长，他担心边乡长下次不带他进京。内在不反省，只能借助外力，妻子一脚将他踢进新年元旦。

刘震云《一地鸡毛》的主人公小林，不时还会从心底冒出一丝不安和忏悔，尤其是，当满怀期望的小学老师，风尘仆仆地赶到北京治病，却遭到小林太太的冷遇，小林为没有给老师找个医院甚至没有让老师在家里洗一把脸而不安、自责。然而，转眼之间，想着家里的大白菜，想着太太能用微波炉烤鸡，就把老师的事情放到一边了。《小闲奇遇记》中的主人公没有自责，没有良心上的不安，作者很快以"太太踹醒了我"结束了这个故事的讲述。这种戛然而止的结尾，显得更加突兀。也许，这就是近30年来中国社会伦理和文学叙事变迁所带来的变化，是什么力量推动了这种变化？还有那些没有变化的内容，想想竟然有点后怕。

1773年至1831年，德国伟大的诗人歌德花费了近60年的时间，完成了《浮士德》，主人公浮士德经历了知识悲剧、爱情悲剧、政治悲剧、美的悲剧和事业悲剧，在克服了诸多内在和外在矛盾之后，得到"智慧的最后的断案"[1]。歌德用寓言式的诗句，讲述魔鬼带领浮士德离开书斋，进入"小世界"和"大世界"享受生活的"悲剧"历程，融辛辣的讽刺批判和浪漫憧憬于一体，赢得了世人的尊重。

南树的《小闲奇遇记》没有得到"智慧的最后断案"，却也把一个底层小人物的梦幻浇灭了，留给我们一声沉重的叹息。

（原刊于《文学港》2017年第7期）

---

[1] 参见杨周翰、吴达远、赵萝蕤：《欧洲文学史》下卷，人民文学出版社1979年11月版，第19-26页。

物态·人情·心境

——读赖赛飞的散文《荡漾》（外两题）

赖赛飞的散文《荡漾》（外两题）由三篇散文组成。《荡漾》以象山海鲜为书写对象，紧紧扣住"海水的味道"，将海洋食品写得活色生香，形态毕肖，令人垂涎。《乌塘是部连续剧》以海岛村民生活为书写对象，用底层视角观照乡村选举，各色人等轮番登场，展示小渔村遭遇现代政治的人情变化。《没有如果的旅程》是一次旅行，线路是宁波—诸暨—丽水—温州，与张爱玲当年探访胡兰成的线路相反，赖赛飞在逆向而行中产生同一时空旅行的跨时间对话，通过假设、揣摩，还原张爱玲当年的心境，解读张氏"浙东"的人生况味。

赖赛飞生于海岛，眼里看的、耳边听的、手中做的，都与海洋有关，海洋生物捕捞、海产品制作、海鲜烹饪等等，她司空见惯，积累了丰富的经验，形成真切而独特的体验。因此，她能够把各种海鲜写得灵动有致，把海洋的品格写得深入骨髓，把每一道腌制食品写得性情毕现。

来自内陆的我，只知道海水是咸的，赖赛飞却告诉我：海水"清而鲜而咸"，"另有甘甜，作为一种回味，藏匿在它们的细胞核心，形成海水灵魂（假设它有）深处的味道"。这种"海洋的气息"哺育了海岛的儿女们，"呼吸中有潮水的节律，皮肤上有海风留下的印痕，血脉里有洋流的动能，以致动辄心潮澎湃，举手投足，带着波浪的纹路和方向感"。赖赛飞将人生体验"侵入"鱼、蟹、螺、藻，以品性和气息鉴别食物的格调：好鱼的味道像纯良的品性，叫人喜悦和安宁。不新鲜的鱼就像一个有着不良品性的人，不管修饰功夫如何到家，它们的气息等而下之；红烧鱼隆重而浓烈，使人想起镶嵌在平凡生活里的那些华丽片段；清蒸类淡定优雅有格调，清蒸螃蟹的气息与形象性格绝配——张牙舞爪；虾的气息顺从得多；螺类气息更加清淡；新鲜藻类水灵万分。腌制海产品被赖赛飞叙述出来，或令人忍俊不禁，或令人跃跃欲试。说到爵溪腌制马鲛鱼，将丰厚结实的鱼肉变得细腻柔和，"好比李逵张飞之流进去，钗黛环燕一伙出来"；讲到制作风鳗、风带的时节、工序、手法，突然说"有专业水准的人剖出来的鲞呈完美的圆形，像一把把团扇，尾鳍就是把柄，扇一下海风扑面"，让人忍不住想扇一扇，体验海风扑面的感觉；讲到酒糟类海鲜的红白之分，说红酒糟像有强势地位的渔家主妇，玫红透出斑斑烂银之色，白酒糟贤惠到骨子里，只有其味不见其色。

　　醇厚鲜活的海洋式乡土情怀、丰富多彩的生活经验和形象灵动的文字表现力，让赖赛飞笔下的海鲜有品性，有品格，有形态，有情态，引人眼馋、嘴馋、心动、意动。

　　与《荡漾》关注的海洋"物态"相比，《乌塘是部连续剧》的笔墨更多地倾注于乡村人情。乌塘村是一个小岛渔村，包括大乌塘、乌塘、小乌塘三个自然村，实际居民并不多，村民们平日里过着相对自然淳朴的生活，现代政治生活——选举，让这个渔村骚动起来了。赖赛飞以"我"为旁观者，采用"底层视角"观照中国式乡村选举，登场的人物全是渔村的村民,唯一的"外来者"——联村干部形象是模糊的。在介绍了乌塘村基本情况后,作者用"狗又叫成一片",引出三年一轮的村级选举又一次到来,有趣的是,"岛上人喜欢倒装句式,他们说,狗叫起来了,选举就开始了",狗的叫声,向人们预告暗夜里模糊的人影、脚步声和言语声。正是在这样的暗夜里,叶百晓露出似笑非笑的表情,占据评论高地。"一向本分,悄没声息"的太阿婆,"在黄昏的光线里忽如龙点睛破壁腾飞,遨游于村庄,自带光芒,首尾皆现",目标是"掌握40户"选票。村民们在村头巷口亲密地东拉西扯,绝口不提选举的事情,但几乎每一句话都是为了选举,将"言在此而意在彼"演绎得淋漓尽致。平时懒得理人的阿桂嫂,热情地请村民到家里喝咖啡。谢家二老、两个儿子和儿媳妇,在选票上写上自己的名字。陈家年事已高的老夫妻意见不合,老太太想代替老头填写选票,老头子要"选举权"。一场选举结束了,但余波未了。

赖赛飞把海岛渔村的各色人等,拉到"选举"的舞台上,给他们披上一层暗夜的保护色,让他们尽情地表演。她用不动声色的细腻笔触,描绘出乡村伦理遭遇现代性——村级选举——的个案情况,发人深思。

《荡漾》书写象山海鲜有些"热烈",《乌塘是部连续剧》书写人情显得稍显压抑,在《没有如果的旅行》中,赖赛飞表现出一种略显感伤的心境。当"我"乘坐动车走在当年张爱玲"浙东行"的线路上,感受着江浙一带城市乡村的变迁,对比我的"快捷"和张爱玲的"缓慢",由此想到张爱玲千里寻夫的情境,并用一个假设:如果张爱玲有个孩子。是的,假如有一个孩子,横在张爱玲和胡兰成之间,会怎样?假如有一个孩子,张爱玲晚年的生活,会怎样?由此,又挂牵到,张爱玲是孩子的时候,与母亲的关系。你看,赖赛飞用一个线路,一个"如果",将张爱玲的一生串将起来,并不断通过张爱玲的作品进行补充想象,试图"还原"一个并不存在的张爱玲。然而,这就是"我"此时的心境,也是"我"和张爱玲的再一次联系(80年代读张爱玲作品时,就发生了联系)。

在这篇散文中,赖赛飞提供的空间"场域"相对固定,而时间在空间中跳跃回荡,形成不变中的变。于是,张爱玲的"浙东"和"我"的浙东就产生了"距离"。我感受浙东"沿途处处新鲜并充满活力。春水之绿不仅荡漾在水面上,也在地面上随处滋出,满溢,顺着植物的茎秆与枝叶迅速涨高。东南部的现代农舍,坚固明丽,如坐溶溶春水里"。张爱玲"一路过来,暗淡的村庄,原野萧瑟,道路崎岖泥泞。每一步,地气的深寒印入脚心,直抵内心"。这种距离是时间的距离,更是心境的"距离"。可以说,《没有如果的旅行》是一种"心境"的聚合体:"我"的心境(此时的心境和大学毕业那年的心境)、张爱玲的心境(千里寻夫的心境、晚年心境、童年心境)、胡兰成的心境(着墨不多),作者还用赵五娘千里寻夫的故事、出身名门的都市人、几十年前乡村环境,等等,不断强化张爱玲艰辛、落寞乃至绝望的心境。几个人,几十年,多重心境交织在"浙东",形成跨越时间的"故事"。

读到这里,我不由得佩服作者,硬是在没有故事的地方,用"心境"勾连编织一个饶有趣味的故事,完成一次时间对话。

(原刊于《文学港》2017年第9期)

生态写作的难度

——读阿贝尔的《火溪·某年夏》有感

《火溪·某年夏》整体上属于一篇生态小说,全篇指向一场因生态破坏而导致的"自然"灾难,出没于小说中的几个主人公在这场灾难中丧生。面对这样一个充满悲怆、悲愤意味的故事,阿贝尔能够压得住"火",一条条线索、一个个人物,不慌不忙地向"中心"汇集,当所有线索(人物)凝结成一团时,用残酷的、灾难的方式强行"切"开,故事戛然而止,叙述语调冷静客观,叙述节奏不疾不徐,显示出阿贝尔强大的叙事耐心和信心。

小说写"我"逃离成都,到一个叫着木佐的藏区,寻找火溪,寻找白马人,寻找老同学小米。用"寻找"的线索,把几个人物串联起来。于是,伐木工人老姬进场了,清纯美丽的大学生小溪进场了,"吉卜赛美女"白马人姑娘进场了,女广播员菲菲进场了,小溪的妈妈——热情好客又沉默寡言的白马人妇女,也进场了。她们共同走向一次聚会,一场灾难,菲菲、吉卜赛女子、姬小溪和她的弟弟,还有老姬两口子,在梦中被洪水卷走了,爱唱歌的姬小溪停止了歌唱,菲菲和小米的爱情纠葛也不解而解,小米终于决定向县长提交调离申请。所有的一切都突然消失了:房子倒塌了,路基冲毁了,几条生命消失得无影无踪,只留下小米的一首诗《向日葵》,依稀在网络的虚拟世界里沉浮着。

在这篇不长的小说里,阿贝尔为最后的灾难做足了铺垫,一连串的"祸事"、不顺都与砍伐森林相关,但没有读到最后,我怎么也想不到这一场场"祸事",居然与老姬一家、菲菲、吉卜赛美女发生联系。在青义的场镇上,拉木头的卡车冲进铺面,黄婆婆和樊大爷死了;从江油进山,拉木头的车严重超载,常常引起堵车;到处是用滑轮吊装木头的声音,装载木头的汽车占据了道路,铁链、撬木头和锯木头的声音,打破了火溪和白马人寂静自然的生活;下雨了,浑浊的泥水携带着腐败的木叶直落火溪;杀氏坎遇到塌方,拉木头的车陷在塌方里……大雨、塌方、断路、涨水、木头,这些因素汇聚在一起,和姬小溪家里的聚会"碰"在一起。顺理成章地,悲剧就发生了。

"火溪"是小说的核心意象,串起了登场的所有人物和所有物象,其象征意义不言而喻。读者满怀期待,一直被"我"牵引着,沿着"我"的线路,按照"我"的速度一步一步走进火溪。先是小米书信的介绍,其次是伐木工人老姬的口述,再是白马人少女背水和伐木工人挑水,最后来到火溪沿线,有血红的河床、清澈的溪水,也有泡沫、木头、腐叶、家具等组成的浑浊的河水。火溪是一种自然状态,水是红色的,看起来像血,但捧在手里或者舀进木盆里还是清澈的。火溪是怎样形成的?自然由地质学家来解释,但民间多从历史文化角度阐释,作者给我们引述了两条材料,一条是老姬口述,1935年胡宗南部队屠杀红军战士,血流成河;一条是小米的记录,关乎白马人的来历,也是官军屠杀百姓,血流成河。清澈的水、浑浊的水、血红的水,构成火溪几种不同形态,不断警示我们。围绕火溪这一核心意象,作者组合了一系列意象,在火溪沿线展开:装载着木头的汽车,起树皮的场景,还有画家笔下的白马人少女:一个大眼睛女孩,脸上有血,瞳孔里有恐惧,给人一种抽象的美丽与恐怖的印象。

"节外生枝"是一种自然生态,一棵大树不能只有光秃秃的主干,还需要枝枝杈杈,随风摇曳的枝条和叶片,最能体现大树的神采与风姿。在小说写作中,"节外生枝"就是适度宕开故事主线,插入一些看似不相关的情节、人物、环境,丰富小说的叙事肌理,增强小说叙事的浓密度,深化、延展主旨的能指功能。阿贝尔显然很熟悉这种叙事技术,在故事主线周围或者开杈处,不失时机地插入许多叙事元素,从而将生态话语、政治话语、爱情话语、民族风情等,熔铸成为一个有节奏、有肌理的故事。学校的政治学习、小米与女老师跳舞、平武的木头财政、南坝的荞凉粉、失去"转头"的龙安城、报恩寺飘渺的梵铃声、白马人的白裙坎肩、《鬼沼》被查封、乡镇学校的场景、菲菲令人忍俊不禁的留言条,等等。这些"枝叶"在增强趣味性、可读性的同时,也在顺畅自然的转换中"滑向"主干。

生态写作由来已久,自从大工业时代降临,生态写作就担负起维护生态的使命。尽管中国的生态写作起步较晚,但扑面而来的生态危机,很快让我们明白:生态平衡是一个综合系统,如果一个环节发生断裂,就会使其他环节发生"变异",长期对自然生态的破坏,也会导致人文生态的变化。生态问题,往往一环套着一环,一根牵扯一根,剪不断,理还乱。作家在叙述故事的时候,常常呈现的是直接责任人:砍木头的工人、撑筏子的工人、装卸木头的工人、卡车司机。真正的"元凶"每每躲在幽暗的根部,包括人性的劣根性和欲望的顽固性,试图通过小说的方式"挖"出来,殊非易事。

生态写作的难度正在于此。当年，鲁迅《狂人日记》中"狂人"见证了赵家的狗、古久先生、狼子村人、陈老五、何先生、娘老子，终于搞清楚"妹子是被大哥吃了"，现在，大哥要来"吃"我。生态问题的"大哥"在哪里？"凡事总须研究，才会明白"！

在鲁迅笔下，经过反复研究和内在自省，"狂人"意识到自己也是吃人者。《火溪·某年夏》伐木工人老姬，终于意识到：砍伐树木，不仅破坏了自然生态，而且破坏了人文生态，人的理想信念发生了动摇，人与自然的和谐关系被彻底打破了。"死木头，死木头，莫了你真以为树木是死的？树木有神，每一棵树都有她的神，砍树砍多了，树神就会找你，我们好多砍木头的就死在树下！过去白马人信这个，信山神、树神、水神，现在很多人不信了，你看到蛮，灾祸总要来了。""再这么砍，人会保不住了。"老姬为此，付出了沉重的代价。

果然，从17岁就开始砍木头，破坏生态平衡的老姬，被洪水吞噬了，而且，还祸及妻子、女儿、儿子和亲戚。老姬是一个觉醒者，是一个能够自我反省、自我剖析的觉醒者。然而，老姬一家竟然被灾难带走了。那些还没有觉醒的人，还在继续砍木头、装载木头、运送木头。

这，就是先觉者的宿命，也是当代生态写作的难度。

狂人曾经告诫大家：你们立刻改了，从真心改起！你们要晓得将来是容不得吃人的人……我想代替老姬告诫大家：你们立刻改了，从真心改起！你们要晓得将来是容不得砍木头的人……

救救孩子！

（原刊于《文学港》2017年第10期）

调动多种手段转述乡村知识
——读《北纬三十度的海味》

乡土文学是 20 世纪中国文学的传统，但是，相对于"陆地乡土"文学作品的数量和质量而言，"海洋乡土"书写无疑是一个弱项，二者根本不是一个数量级。《北纬三十度的海味》是一篇典型的"海洋乡土"本文，作者自觉不自觉地继承现代乡土文学传统：描写地域风貌，叙述乡村风情，并在呈现乡土生活的基础上，进行具有现代性的考辨与思索。

作者长期生活在渔民之中，熟知民间知识，又注意精细观察、长期积累，对鱼的生长习性、生长场所、海鲜做法等，有着深切体验，写出来不仅准确，而且生动。许多关于鱼类的知识，对于我这个内陆生长的读者而言，是首次听到，在阅读本文的快感中增长了见识。如海里的秋刀鱼和长江的秋刀鱼，因为生活习性、生存场所不同，价值也就不同，长江秋刀鱼的肉质、味道难以比拟海里秋刀鱼，但经过一轮一轮的"炒作"，价格翻番。作者通过一条鱼写出社会变化，发出感叹：秋刀鱼是一把杀猪刀！大黄鱼和小黄鱼脑袋里有石头，能够治疗结石，以毒攻毒，作者说之前，我们根本就不知道，这是一种民间知识的积累。关于眯眼海蜓的一段描写颇有妙趣，先从眯眼海蜓的长相说起："眯眼海蜓，只有火柴梗般细小，一两厘米，黄白色，仅头部有一个小黑点，算作眼睛，丝毫看不出是不是张开着。这般的模样,活脱像还在母亲肚腹里的胎儿,哪有鱼的形状?"如果孤零零地看眯眼海鲹,尚难以明白其价值,作者进一步区分了眯眼海鲹、中梗、粗梗,从"海鲜价值"分析三种类型的不同吃法、味道、品质,最后列举出烹饪眯眼海鲹的几种方法。这种建立在细致入微观察和真切生活体验基础上的书写,没有长期积累是做不到的,因此不需要过多的文字"修饰",只要采用纪实笔法,"老老实实"描述出来,就能够吸引人。许多人都会奇怪,玉秃鱼的眼睛怎么生在一边?"玉秃的模样看起来有些丑陋,嘴巴歪斜,唇吻卷曲,堵着气似的。更奇异的是,双眼同生左侧,小巧塌陷,紧邻斜生。"作者给出了不失风趣的推测:玉秃鱼喜欢躺在水底沙地,悠闲舒坦惬意慵懒地平躺着,要是两侧各生一只眼睛,长时间躺着,底下的眼睛不仅看不到东西,而且会很不舒服。假如将两只眼睛并排相看,不是更能看得广看得多?而且,没有了眼睛的一侧,躺着更舒适。反正老是躺着的,何不将底下一侧的眼睛拿到上面来?玉秃就狠狠心,咬咬牙,使劲甩甩尾巴,干脆将两只眼睛移植在了同一边。这种解释,融知识性、趣味性于一体,合理想象,大胆推测,让人不觉"会心"一笑。

  民间谚语是渔民们长期观察自然和社会而提炼出来的生活智慧,转述民间知识,民间谚语往往不可缺少。《北纬三十度的海味》引用了许多民间谚语,加强文章的知识性和乡土味,并且与古诗词进行互证、对照,通过文人知识与民间知识的"对话",建立一种"可靠性"叙述。渔谚"春潮迷雾出刀鱼"点出刀鱼是春季最早的时鲜鱼,因而肉质娇嫩、肥而不腻,作者用李渔的话"则愈甘,至果腹而不释手"相互印证。渔谚说的"歪嘴玉秃单边眼",就非常准确地道出了玉秃那特殊的长相特征。渔谚"宁可忘割廿亩稻,不可错过鮸鱼脑",一句话就表明了鮸鱼的难得与珍贵。海上渔民形容女人嘴小漂亮,谓之"鲳鱼嘴",是一种典型的海洋民俗话语,相当于"樱桃小口",说明鲳鱼与渔民生活的紧密联系。为了说明"青蟹终究称不了王",作者引用唐代皮日休的诗、民谚"八月青蟹抵只鸡"、明代王世贞的题诗等。通过对"带子鲚鱼"美味的叙述,推断苏东坡诗"还有江南风物否,桃花流水鲚鱼肥"中的"鲚鱼",当为五月份左右捕捞上来的"带子鲚鱼",这种基于渔民知识和经验的解读,可能更加接近诗的原意,民间知识与文人书写相互补充,促成对该诗的"文本细读"。在说明鲳鱼的来历时,作者用民间乡村知识,纠正"专家"的臆测和谬说,颇有启发意义。明屠本俊《闽中海错疏》说:"鱼以鲳名,以其性善淫,好与群鱼为牡,故味美,有似乎娼,制字从昌。"李时珍《本草纲目》说:"鱼游于水,群鱼随之,食其涎沫,有类于娼,故名。"在屠本俊和李时珍的眼里,鲳鱼纯属风流成性,故名为娼。作者采用用民间长期观察的事实,给鲳鱼"平反":鲳鱼在排卵时,其排出体外的鱼子像珍珠一般一串串的,引来鱼群吞食。怎能将鲳鱼类比为娼妓?一大群跟随着吃食"涎沫"的又哪能是正派人士?没有那些屁颠屁颠跟在鲳鱼后面的,鲳鱼又哪能被人称之为娼妓?一连几问,还原历史真相,为鲳鱼平反昭雪。

民间故事是乡村知识最基本的载体,引述民间故事说明事项,表达思考,是乡土文学转述乡村知识最可靠的手段。《北纬三十度的海味》中,几乎每一种鱼都有一个到两个民间故事或传说,通过这一系列民间故事,不仅还原乡土味,而且增强文章的可读性,有些故事妙趣横生,颇有启发性。

小黄鱼和丑鱼游泳竞赛的故事，显然一个海洋版的"龟兔赛跑"，小黄鱼游得快，但滋生骄傲情绪，找了块石头睡起觉来，等到迷迷糊糊醒来，丑鱼已经到达终点。如果对照龟兔赛跑的故事，从"功能"角度分析，具有内陆文化与海洋文化之间"异质同构"特点：小黄鱼（兔子）——游泳（赛跑）——睡觉——石头上（树下）——丑鱼（乌龟），都是批评骄傲自满、弘扬锲而不舍的精神。虎头鱼长相奇特，在民间故事中竟然成为沙僧的化身。玉秃鱼眼睛长在一边，民间传说居然与做媒拉牵有关：被毛鳋鱼狠狠一巴掌把嘴巴打扁了，双眼也被打到了一边。鲻鱼原来是不守清规戒律的老和尚变的。这些民间故事和传说，都带着明显的海洋民俗气息，对陆地民间故事和传说构成必要的补充，不乏特殊的文化价值。

《北纬三十度的海味》在转述乡村知识时，不仅有效地发挥民间知识的幽默特点，还不失时机地融入个性化思考，显现出哲理的意味，形成不失风趣、善于思考的本文面貌。如，"属于女性名号的虾姑弹一身盔甲，像巾帼英雄，却未有女性的温柔，更无妩媚，而是性情凶猛"。经常分散栖居，喜欢生活在石洞、石沟、石缝、石坎等环境中，本是虎头鱼的生活习性，经过作者叙述，成为虎头鱼自视甚高、不屑于与其他鱼类为伍的"佐证"。但是，无论虎头鱼怎样狡猾、凶狠、骄傲，都逃不过人的"钓竿"，人的办法总是比鱼的办法多！在叙述了老和尚化身为鲻鱼后，作者想到的是：做和尚的有清规戒律，又怎可破了？想破，就脱了一身袈裟嘛。既想成佛，又欲破戒，是一种敢作敢为的行为，还是将规矩当作了儿戏？乱了规则，也就免不了落个变成鲻鱼的下场。这段思考，就不仅仅时针对鲻鱼了。作者反思"青蟹终究称不了王"的原因：青蟹狂妄可恶，攻击性极强，每一次"蜕变"后，不仅没有洗心革面，反而变本加厉，凶狠残暴，没有王者风范，尽管能横行一时，但不能横行一世，终究逃脱不了被捉、被煮、被吃的命运。成功地从乡村知识场域起飞，实现一种鲜明的批判性，难能可贵。

  作者不仅有批判性，也有建设性，通过理想性"憧憬"，希望人类变得更加完善。在叙述了虾姑弹的故事之后，作者突发奇想：借一下虾姑弹的眼睛，用拥有十二个光感器的虾姑弹眼睛，改造人类"低配"的眼睛，并与人类大脑结合起来，成为"举世无双、独一无二的人"。尽管这个"建议"一时难以实现，但作者期望更加健全人性的情感、愿望，不免让人激动。嫦娥奔月不是已经实现了吗？也许有一天，人类的眼睛能够带着十二个光感器。

  我们共同期待那一天！

（原刊于《文学港》2017年第11期）

生命中不能承受之重

——马小淘《失重》读后

单纯爽直的姑娘丁鑫鑫，因为一场"减肥"运动，自己性情变得乖戾难测、抑郁烦闷，而且严重破坏了家庭和谐，夫妻之间、人狗之间失去了原有的温馨和信任，家庭失去了烟火味（生活气息），丈夫和宠物狗都很害怕她、躲着她。马小淘善于捕捉生活中的喜剧元素，用跳脱、幽默的话语，串起一个一个生活细节，没有大起大落，在不经意间呈现丁鑫鑫"以减肥的姿态完成了体重的稳步上升"，把喜剧故事讲得凄凉、沉重，让人唏嘘不已。伴随着丁鑫鑫与体重的和解，在不断发胖的过程中，丁鑫鑫失去了很多宝贵东西，这也许是作者命名"失重"的真意吧。

丁鑫鑫本来是一个单纯开朗、充满自信和生活热情的女孩子，她特别喜欢吃，什么都敢吃，自信属于"怎么吃都不胖的人"。因为爱吃、敢吃，她赢得了同事的信任和理解，大家觉得她"不装"，工作环境、朋友圈、家庭生活，一派和谐。爱吃让家庭充满了乐趣，"周末，家里的烤箱、面包机、砂锅、破壁机总是叮叮当当地运转。甚至可以说，两人对生活的所谓默契，一大部分来自对食物共同的热情"。腊肠狗是丁鑫鑫与何子平意外"嘴欠"而买回来的宠物，夫妻一起学习养狗知识，进行科学养狗，带着狗遛弯儿，尽管她不满意

"虎子"这个名字,但一家两人一狗温情满满地生活在一起,人爱吃,狗也爱吃,无所顾忌,无忧无虑。

丁鑫鑫减肥的缘起,并不属于个人意愿,而是在外部环境压力下的一种迫不得已的自我保护,有万千个不情不愿。首先是衣服对她提出了抗议,原来的裙子、热裤变得捉襟见肘,裤子上的扣子崩掉了,"从扣子的恶意,感觉到了全世界的恶意";继而周边人对她的观感发生了变化,有人误以为她怀孕了,服务员夸她戴上项链有气场的话语深深地刺激了她;甚至连爸爸也认不出她的背影了。更让她难以接受的是,腊肠狗变得肥胖起来,真正成长为"虎子"了。于是,丁鑫鑫被迫开始减肥活动,"管住嘴、迈开腿",强迫自己只吃沙拉、蔬菜、燕麦、糙米等"健康食品",严格控制虎子只能吃健康狗食,决心和虎子"互相监督,从此走向人生和狗生的新巅峰"。

减肥效果不明显,体重时常反复,丁鑫鑫开始了非常严酷的减肥运动,将迫不得已、不情不愿的减肥,内化为自觉自愿的行动,并把这份减肥的压力向外辐射,升级为具有攻击性的力量。她对虎子、对老公提出了更为严苛的要求,心态也发生了变化,变得抑郁烦闷,变得歇斯底里,变得不可理喻,随时会陷入暴怒、委屈、哀伤,要长久的哭泣才能缓解情绪。她见不得老公吃东西,见不得一切带油性的食物,见不得一切高热量食物,见不得一些美味,也见不得宠物狗虎子吃东西。于是,夫妻之间那种其乐融融的烟火味生活不见了,代之而来的是隔膜、冷清、争吵。"两人似乎失去了这样打情骂俏的基础,何子平脸上逐渐流露出一种极力掩饰的嫌弃和压抑。厨房里不见了丁鑫鑫忙碌的身影,何子平也没有只为自己做饭的兴致。……丁鑫鑫和何子平的生活好像全无了交集,他们更像一对合租房子的室友,各上各的班,各吃各的饭,井水不犯河水。"只要听到丁鑫鑫说话,虎子"似乎是嗅到了死亡的气息,表情忽然黯淡了下来。……它蹙眉耷眼地走向食盆,悲伤逆流成河,开始了和减肥狗粮亲密接触的日子","那段时间真是人也不开心,狗也不开心"。至此,日常生活中的减肥事件,让一个和谐温馨、充满生活热情的家庭,走到了崩溃的边缘。

为了追求"好看",丁鑫鑫从一个自信热情、单纯爽直的姑娘,变成一个性格乖戾、极具破坏性的少妇,期间经历了承受外界压力的不情愿、内化外界眼光的自觉自愿、个人意愿外射为攻击性力量三个阶段。在现代社会中,社会规约、他人眼光、传播语境极大地左右着现代都市人的生活,改造着现代人的自我意识,使现代人失去了本真的"我",成为符合现代性的"共同体"中的一分子,成为一个"单向度的人"。就此而言,《失重》写的是丁鑫鑫,又何尝不包含着你我在内,小说中的"减肥事件",岂能仅仅看作一个孤立的个人行为?作者通过丁鑫鑫减肥所引发的一系列"变故",揭示现代都市人的日常生活困境,呼唤一种和谐温馨、包容共生、尊重个性的生存方式。

潇洒的叙述姿态和跳脱的叙述语言,是《失重》留给我的突出印象。马小淘既能有效地进入丁鑫鑫,站在丁鑫鑫的立场叙事故事,也随时跳出丁鑫鑫,站在旁观者的立场上叙述故事,在"人物立场"和"旁观者立场"之间自由穿梭,转换不露痕迹,叙述流畅自然,毫无障碍,潇洒自由,给人一片坦途的感觉。正因为保持了这种潇洒的叙述姿态,《失重》的叙述语言自由度很高,无论是叙述人的声音,还是引叙的人物声音,都能够举重若轻,流转顺畅,给人以跳脱之感。作者用"无所顾忌的坦荡"叙述丁鑫鑫在吃上的态度，"从婚姻登记处出来，丁鑫鑫才反应过来就这么成了已婚妇女"，把丁鑫鑫突然冲动而产生的失落、惊愕的情绪传达出来；用孙悟空对唐僧的态度、"呼朋引伴"比喻脂肪对丁鑫鑫的"忠诚"；"捧臭脚是让你假装不臭，你这抱起来高喊太臭了，臭得好，也是太没有职业道德了"，准确而生动地捕捉到丁鑫鑫因身材发胖而产生的敏感和厌恶。小说中多处富有个性化的引叙，把丁鑫鑫开篇时的直爽单纯、减肥失效的抑郁委屈、后来的无理取闹，活灵活现地推送到读者面前，表现出一定的小说语言功力。

（原刊于《文学港》2017年第12期）

没有诗的远方
——读杨胜应的《我的1997》

我不知道,从哪一年起,诗和远方,成为我们生活中的流行语。但,我知道,当任性的人们发出"世界那么大,我想去看看"时,诗和远方,就给人带来无限憧憬,它意味着挣脱日常规矩的束缚,告别世俗生活的羁绊,走向一种理想的自由、舒展的生活,实现一种身体的自我松绑和精神的自我提升。

如果,只有远方,没有诗;如果,不是一种自觉自愿的"辞职",不能体现多元存在状态的自我选择,而是一种被迫无奈的躲避和逃逸。走向远方,可能就没有那么多令人憧憬的精神自由,而更多的是心灵的无奈、纠结、挣扎,还有对远方完全陌生而产生的不知所措、无所适从。

1997,距离2017有些遥远,20年一晃就过去了;1997,距离1977也是20年,却不是这么一晃就过去的。当王菲和那英在春晚的舞台上,憧憬着"相约九八"时,我们的主人公——"我"、表哥、表哥的同学,三个大山深处的苗家少年,在大年初一凌晨五点,告别家人,走向未知的远方。他们只知道此行的目的地很远很远,根本没有想到有没有诗。远方,也许有诗,也许无诗,但与他们有什么关系呢?与他们发生关系的,只有远方,没有诗!

这里是远离城市文明的苗家村寨，还保留着"原生态"的一些生活模式，作者通过打糍粑一节，为我们展示了村寨民俗，而不是旅游景区带有体验、娱乐性质的"过把瘾"。打糍粑是寨子流传下来的习俗，每家每户到年底时都打糍粑，以迎接春节到来，打糍粑的工具也是祖辈传承下来的。尽管作者家遇到了灾事，为了乡亲们不跑远路，也为了延续往年的惯例，父亲从腊月十九就通知邻居打糍粑的消息，以便大家在集市上买到上好的糯米。主人一家精心准备打糍粑的材料：几次三番清洗工具、到镇上购买废木块，打理灶台，生火烧水，等等。异姓大伯来了，杨木匠家人来了，吴俊杰和母亲来了……尽管吴俊杰的父亲和作者父亲有几十年的矛盾，这并不妨碍吴俊杰家到作者家来打糍粑。一种浓浓的、淳朴的乡情，弥漫在我家的小院内。

然而，这样祥和、淳朴的日子是短暂的，因为，"我"即将离开这里，不得不走向远方。

"我"是一个中考失利的学生，按照母亲的安排，"我"应该去复读，以备来年中考。然而，因为大哥结婚时，迎亲半路发生车祸，把周文江从货车上摔下来，人事不省，周文江家人三番五次来闹，讨要医药费和赔偿，大哥和新婚妻子出去打工了，应付周家的事情全部交给了父母。生活陷入困顿和烦恼中，"我"哪里还有心思去复读？上学的梦就此中断了。当周家人抬着昏迷不醒的周文江来到"我"家，田麻子不理母亲跪求，"我实在是看不下去了""顺手在屋檐下拿了砍柴用的柴刀"，用粗暴、冲动的方式暂时吓走了周文江家人，但事情远远没有结束。"我"的冲动不仅吓退了田麻子，也引起父母的担心，既然不读书了，村寨里也没有多少活可干，留给"我"的似乎只有一条路：外出打工。

表哥由二姨带来，在打糍粑接近尾声的时候走进"我"家。表哥也是一个少年，正处于青春期的门槛上，而且辍学有些时间了。表哥猥亵了村子里的智障女子，二姨担心对方明里和解、暗里报复，一旦表哥有三长两短，传宗接代的愿望就会落空。于是，二姨来和母亲商量，让"我"和表哥一起外出打工。与"我"不一样，表哥显然是一个"问题少年"：猥亵智障女子惹了事，还没有外出打工，就在赌场押宝，差点输掉二姨辛辛苦苦借来的路费。

第三个少年，是表哥的同学，也是正在读书的年纪，早早辍学回家，背着父母偷偷地跑出来，想要一起外出打工。

"我"对"远方"一无所知，也没有任何关于未来的规划。父母、二姨，对"远方"也没有相应的认知，只是反复告诫：到福建后，先找到表妹，希望通过表妹，尽量找到大哥。有大哥在，就不会饿着我，但是，大哥外出三个月没有和家里联系过了，也没有给家里寄过一分钱。

前路一片茫然。三个人在大年初一凌晨，踏上了"向远方"的大巴车，母亲和二姨跟着大巴车跑，"她们怎么能够跑得过大巴车呢"。大巴车隔离开"我"和母亲、二姨、父亲、二姨丈，三个人被现代化交通工具，带上了一个未知的远方，开启了成长的心路。

我想起了余华发表于1987年的《十八岁出门远行》，那个初次出门、独立闯世界的"我"，仅仅一天的经历，就被打得遍体鳞伤，只能和同样遍体鳞伤的汽车在一起。《我的1997》没有写出三位少年"去远方"的过程，而是去远方的"前戏"。但我仍然担心，余华塑造的那个遍体鳞伤的少年，在前方的某个角落等着他们。

读罢《我的1997》，心绪久久不能平复。从苗家村寨观望福建，是一个遥远的地方，一个未知的地方，只有远方，不关乎诗。从2017年观望1997年，何尝不是一个遥远的地方？1997年的苗家村寨，对于我们而言，也是一个远方，同样不关乎诗。

而作者杨胜应恰恰是一位诗人。"我的1997，是人生的重要转折点，虽然悲伤大过欢乐，但因为有了更多的经历，我迅速地成长着，并在多年以后无比地感怀和追忆那段时光。我想，如果没有那场远行，也就没有如今的我。"在一个不关乎诗的远方，如何成就一位诗人？那是因为在远方的成长过程中，不断地回望故乡，回望苗寨的亲人——母亲、二姨等等，用"远方"的生活体验反复咀嚼故乡的生活，并用这种反复咀嚼出来的经验、梦想、超验，注入"远方"的生活中，从不关乎诗的地方，生发出诗意。是的，诗，永远在心中，不在远方！

当作者去远方寻找"诗"的时候，却回归了自我内心。"直觉即表现"，心中有诗意，也就成了诗人。诗就是这么一个奇妙的东西，距离我们很遥远，需要到远方，行万里路才能找到；诗，又距离我们很近，去远方正是为了回归内心，把握内心的直觉。这就是成长，有代价，也有诗意。

假若这个如今的"我"，就是诗人杨胜应，上面的"阐释"也许是合理的。然而，还有表哥、表哥的同学、表妹、大哥，"如今的"他们，到哪里去了？

突然想起了洪子诚先生一篇文章的题目：我们为什么犹豫不决？

(原刊于《文学港》2018年第1期)

好一场大雪！
——读路也的散文《小雪与大雪》

二十四节气是中国古代人民关于时间的知识体系和生命体验的结晶，蕴含着中国传统文化智慧和中华民族的情感温度，是亿万次"头脑风暴"和"身体力行"完美碰撞融合而形成的"符号"系统。"小雪"一般在11月21—23日，太阳运行至黄经240度，中原和北方地区明显降温，北方地区开始降雪，北方人民往往在这一时间节点迎接"初雪"。"大雪"一般在12月6—8日，太阳运行至黄经255度，冷空气导致大面积急剧降温，北方大部分地区最低温度到0℃以下，出现较大降雪，"瑞雪兆丰年"就发生在"大雪"以后。二十四节气与农业社会生产有着千丝万缕的联系，对中国传统的农事安排、日常生活、交通旅游、民用建筑，乃至文学艺术，都产生了深刻而广泛的影响。

路也的散文《小雪与大雪》分为《小雪》和《大雪》两个篇章，正好对应"小雪"和"大雪"两个节气。《小雪》首先面对"刚入冬第一场雪"，也就是"早雪"或者"初雪"，雪来得有点羞涩，有点散漫，有点随意，甚至"千呼万唤始出来"，文笔所涉猎的空间也是从都市慢慢地、一路婉转到近郊、乡村，所叙多为日常生活所见所闻之事。《大雪》则从"我"出生那天下了一场大雪开笔，飞扬跋扈的雪、铺天盖地的雪、山神庙的雪、形而上的雪、王徽之访戴逵的雪、松尾芭蕉的雪……所叙之事邈然离开日常生活，呈现更为广阔的时间空间。从《小雪》到《大雪》，文风大变，节奏由舒缓而激越，文意由近身而向悠远，一种怀旧、回望、冥想的气息益发浓郁，进入大自然的极地，进入历史的幽深处，进入心灵最柔软又最坚硬之地。路也以雪的名义，沿着飘洒飞舞的雪花，追怀曾经的乡村生活，暂时疏离都市现代性，进而伴随着"大雪"感悟人生、感悟历史、感悟艺术，表达文化寻根的诉求。雪愈来愈大，情越来越浓，思愈来愈深，人也变得缥缈起来。此时，也许只有"发呆"才是唯一的选择。

《小雪》由"初雪"开始，娓娓道来，小雪飘洒时，村庄里、田野上有落雪，节奏舒缓，心态平稳。十一月下旬，进入小雪的节气了，其他地方时而传来雪的消息，可"我"的城市没有下雪。没有雪，怎么抒情？好不容易盼到雪下来了，却是人工降雪，"感觉像是作弊得来了一个及格分数"。要离开城市，到乡村田野，才能寻找到雪的踪迹，才能感受到雪的韵味，才能激发抒情的欲望。薄薄的雪被下，深绿色的麦苗顽强地伸出一个个尖尖的小脑袋，地下的根部不断分蘖壮大，为来年春天"全面发展"做充分准备，这种傲霜斗雪的精神丝毫不逊于梅花，作者赞叹"冬小麦精神"，要画"白雪冬小麦图"。叙述一场人工降雪，勾勒一幅白雪冬小麦图，作者对城市和乡村的不同态度，一目了然。顺着白雪田野的思路，作者逐渐进入怀旧模式，展开入冬时节人们的日常生活：名目繁多的冬储蔬菜、新鲜甘甜的冬天水果、令人回味的腌制食品、八十年代流行的针织套头衫、女孩子涂抹的雪花膏、刀郎和孟庭苇的歌……在怀旧的叙述中，回望淳朴真诚的乡村生活。

我是谁？我从哪里来？对于这个具有存在主义哲学意味的命题，《大雪》首先用一种自我意象，象征性地予以表达。我从大雪中来，我生于大雪之夜，大雪是我的精神家园。相比《小雪》的舒缓平稳，《大雪》则来得激越澎湃，飞扬跋扈，不顾一切。作者找到了自我生命密码与"大雪"的天然联系：出生于紧临大雪节气的星期四，出生的时候，真的下了一场大雪，我的体重，父亲的缺席，都与大雪有关——我就是一个天生爱雪的女孩。我与大雪有一种形而上的联系，大雪造就了我的生命品格和人格力量："我充满了强力意志和酒神精神，我就是要重新粉刷和涂抹这个世界，我就是要改变这个世界现有的既定的秩序，等到我融化之后，世界会依然故我，我知道我最终会失败，但我永远不会改变我的计划或修改我的策略。"这种充溢着强力意志和酒神精神的"大雪"，当然不是在城市、近郊所能寻求到的，它存在于神秘的深山，存在于古希腊的神话中，存在于极地雪原的苍茫中，存在于中外文学艺术作品中……于是，作者深入深山之中的村子，远离都市的喧嚣与物质化，进入一种深度探寻的模式，从北极的"白雪茫茫、茫茫白雪"，从古今人文经典、文艺作品中汲取营养，营造一个大雪的世界，有形而上的思考、有空灵之美的探寻，有人生意趣的复现，有人生态度的标举（发呆），还有对《林教头风雪山神庙》的精彩分析。《大雪》调动了各种知识、情怀、意趣、哲思，展开对大雪铺天盖地的叙述，能指空间大开大阖，时间跳跃灵动，各色人物蜂拥而至：山洼洼的小村子、茫茫的北极、兔姥爷、小坏舅舅、孟苦瓜、张岱、林教头、松尾芭蕉、皮兰·德娄、史蒂文森，甚至奥巴马，以雪的名义，怪异、奇妙地联系起来。这种联系貌似怪异，实则自然，因为"大雪遮掩了并填平了原来日常生活中的一切，无论是良善的、邪恶的、肮脏的、繁荣的，还是庸俗的，都被遮掩起来了，世界只剩下一片无垠的皑皑白色"，大雪覆盖的世界是"梦想、美和诗意"的世界，一切差别都被"整一"为纯净。在这里，"对着茫茫雪地发呆上那么几分钟，在那短短的几分钟里，也许他会不小心想到永恒"，此中有真意，欲辨已忘言！在发呆冥想中，进入一种生命的澄澈境界，实现自我重构。

好一场大雪，洋洋洒洒，铺天盖地，净化世界，澡雪精神！

好一场大雪，疏离都市，回望乡土，文化寻根，自我重构！

（原刊于《文学港》2018年第2期）

用沉重的挽歌再一次拉响警报
——读赖赛飞的《你有一封鸡毛信》有感

1954年,上海电影制片厂拍摄了张俊祥编剧的《鸡毛信》。龙门村儿童团长海娃奉命为八路军送鸡毛信,途中遭遇日本鬼子,一系列曲折之后,胜利完成了任务。小羊倌海娃机智、勇敢,又不乏憨萌的形象,给人们留下了深刻的印象,成为一代人童年时期的永久记忆。通过这部影片,我第一次知道"鸡毛信"是一种紧急信件,相当于现在的特快专递。在那个艺术品"缺医少药"的时代,《鸡毛信》不知看过多少遍,但每一次看到民兵队长(海娃的父亲)将这一重要任务交给海娃的时候,我们都不免担心,当海娃最后完成任务,见到八路军叔叔的时候,台下总会爆发出长时间热烈的掌声。1993年,陈忠实先生完成的《白鹿原》再一次"启用"了鸡毛信,白嘉轩在危难关头敢担大任,用鸡毛信传遍白鹿原上村村庄庄,发动了反抗暴政的"交农事件",成为小说前半部分的华彩乐章,为白嘉轩、鹿三、三官庙和尚、鹿子霖等主要人物的性格形成和命运走向,埋下深深的伏笔。通过《白鹿原》,我们知道了"鸡毛信"是极其重要的信件,是白鹿原"起事"的信号,也是老百姓传承已久的"信物",只有到了生死攸关的时刻,才不得已起用的一种集体抗暴模式。

因于以上相关"鸡毛信"的经验和记忆,当我拿到赖赛飞的《你有一封鸡毛信》时,陡然一惊,和平顺畅,朗朗乾坤,一座座高楼拔地而起,欲与天公试比高,一年年幸福指数节节攀升,一条条高铁相继通车。哪里来的鸡毛信!迫不及待地打开,期待着作者带来的庄严、重大、紧急的消息。

赖赛飞的"消息"来自海边乡村,本文空间集中于"我"的小村庄,老房子与新别墅构成鲜明的分界线,出没于"老房子"的是一群上了年纪的老头老太:父亲、阿杉伯、老羊伯、阿德姆、太阿婆等,他们拖着老胳膊老腿,带着疾病障碍,依然种植、放羊、帮工、编织、念经。作为最后一位农民和最后一位羊倌,阿杉伯和老羊伯,似乎宣告着传统农业生产方式和乡村生活方式即将终结。赖赛飞用纪实的笔法,为这个无限留恋,又无可留恋的小村庄,献上一曲挽歌。虽然,其中不乏轻松温情的细节和幽默调侃的语言,但整体格调沉重,对传统乡村伦理和乡土文化即将失落的痛惜与挽留之情,弥漫在字里行间。以文学的方式,向世人寄送"鸡毛信",报告传统农业文明即将逝去的紧迫信息,也为大时代增添一个浓重的注脚。读《你有一封鸡毛信》,我仿佛听到传统乡村文明崩坏的"咔嚓咔嚓"声,让人心痛,让人不甘,让人欲哭无泪,让人无所适从……

"这个高速前进的时代,一户人家如果十多年翻修不起房子——听上去跟十多年没洗脸相似,肯定是讲究不起了,也就是说,完全丧失劳动能力。一辈子劳动的人丧失了劳动能力,就等于掉下悬崖而安然无恙,剩下唯一的事情就是如何体面地老去。"七十岁出头的阿杉伯,是村子里干活最卖力的"帮工",无论谁家请他做活,无论什么活,他都勤勤恳恳,像给自家干活一样卖力,所以,他要的工钱高一些,脾气也倔一些。老羊伯的羊吃了菜苗,他几次三番找我父亲倾诉,甚至在家里偷偷抹眼泪,直接找到老羊伯,却被老到的老羊伯轻描淡写地拒绝了,最后只好接受村里的安排修建围栏。老杉伯为人倔强,但公私分明,不占公家一分便宜,当大家为他的"公伤"进行补偿时,他老老实实说明真相,坚决不要现金补贴。95岁的老羊伯,原来是老鸭伯,因为河水改造,放弃养鸭转为养羊,在蓝天下、绿色的田野里,老羊伯率领的白色羊群,成为乡野中一道风景线。85岁的阿国岳母,依然身体硬朗,种植蔬菜、瓜果,并按时拿到集市上卖。太阿婆眼睛老花,却像一只勤劳而并不智慧的蜘蛛,每天都在编织着花样复杂的织品,尽管"有织没织,织了白织",但要是不动动,手要僵,嘴也要僵了。难得的是,老阿婆对织品非常恭敬,每次开始劳作之前,都要细心地洗手,以保持织品的干净漂亮,并且将编织物集中铺放在干干净净的二楼房间里。识字的阿良姆和阿德姆也没有闲着,靠着"好念功"为人诵经祈福,也经营一些与此有关的物品。这群老人,慢慢丧失劳动力了,渐渐变得老了。但他们不服老,依然坚持着自食其力,在田野里,在编织中,在念经声中,用劳动抵御衰老。他们试图将乡村生活坚持到底,因为孩子们大多已经离开村子了,只有在节假日才轮番回老家探望他们,而且,人死后只有一尺见方的空间,"这么小,我是不死"。也许,这一代人成为传统乡村生活的最后一代践行者:阿杉伯是最后一个农民,老羊伯是最后一个羊倌,太阿婆是最后一位手工编织者。

  自然规律是不可抗拒的,老,必然降临到这群执着"不老"的老人。赖赛飞反复提炼出一个意象:锈。开始是一半大门生锈了,用大锤子也砸不开。后来,人的手脚关节生锈,脑子生锈,村子的房子生锈,田野生锈了,日常生活生锈了。

由此，提到"防锈漆""除锈""美白"。"我"的父亲渐渐老了，变成了村子里最老的一辈人，收儿女的赡养费，也是一月一月地收，"活一个月，拿一个月"，儿女预付半年赡养费，就要活够半年，但预付十年，他却不肯。平时在村子里闹闹小矛盾，和三阿婶拌嘴，吃些炒青豆，和老哥们聊聊天，给儿女们出点小难题，骗他们多回来几次，成为老人晚年的乐趣和愿望。五保户阿长公公身体生锈了，先是让人叫他，后来自叫自应，经过会议研究也没有送到乡上的养老院。阿长公公的阿姨，为了给阿长公公双腿祛病，竟然将陈先生的双腿包裹起来，在滑稽的叙述中，透出多少无奈！

父亲这几年借别人锋利的言辞擦拭自己的智商；太阿婆用一根细开司米线反复擦拭自己的每一只指关节；老羊伯用了十几只活蹦乱跳的羊代替成千上万只鸭子来擦自己的身子骨；阿良姆和阿德姆用经文轻柔地擦拭自身，顺便擦拭他人；阿杉伯和阿国的丈母娘，用一成不变的田间劳动来擦。是啊，老人们自强不息，在不断地"擦"中，坚持"活着"的意义和价值，坚持自我除锈。人锈了，要"擦"；乡村锈了，也要"擦"；文化锈了，更应该"擦"。

然而，他们总有"擦"不动的时候。

我不敢想，也不愿意想。赖赛飞集中写的是老人，有人说是关注养老题材。在我看来，赖赛飞的书写，岂能仅仅局限于养老？

这，就是赖赛飞发来的"鸡毛信"，它为我们拉响了警报。在文学书写中，拉响这样的警报，赖赛飞肯定不是第一个，也绝对不会是最后一个！

（原刊于《文学港》2018年第3期）

游走在危险边缘的灰色人生
——读李强的《骗中局》

李强的小说《骗中局》叙述金融专业研究生江浩哲和大学同学陈宗"刻意"利用互联网技术窥探、挖掘他人隐私,引起亚美银行支行一系列变故,并将自己人生轨迹陷入"灰色"境地的故事。在本文中,江浩哲和陈宗"天生"拒绝道德和法律的约束,也没有起码的自我拷问意识,他们骗银行、酒店、司法机关、政府部门、私人公司等,乐此不疲,一直游走在道德边缘、法律边缘,做着见不得光的"工作"。从本文的内在运行逻辑来看,叙述人并没有对江浩哲、陈宗的行为进行必要的审视,细节设计也存在着些许漏洞,小说本文也游走在情理逻辑和事理逻辑的边缘。这是一篇值得讨论的文学文本。

江浩哲和陈宗缺乏必要的道德意识,以窥探、挖掘他人隐私为乐趣,从最初的无聊消遣,发展到目标明确、设计精心、行动隐秘,形成有计划、有目的、有组织的道德侵犯。在行骗过程中,江浩哲和陈宗没有一次"良心发现"的忏悔与反思,一味沉浸在"技术"里自鸣得意、自我陶醉,失去了对个人道德底线的守护。

江浩哲是一个"技术控",无师自通地掌握了黑客技术,上大学时就因为利用黑客进入老师的计算机,偷盗考试题目而受到处分。按说,江浩哲应该吸取教训,将所掌握的技术用于正途。可是,他没有痛改前非,而是将"黑客"进行到底,他的心里有一个无比宽广的世界,一根根网线,在他那里就变成了一条条四通八达的交通要道,沿着它们,江浩哲总是可以自由出入于一台台电脑,窥探别人隐私。他在这个网络深处的"黑暗"世界里肆意徜徉,不能自拔,丝毫没有意识到给他人所带来的潜在伤害。新婚之夜,他也在幽暗的灯光下,"忍不住下意识地进入了别人的电脑",注意到"可以直接变现的账户和密码",以他的技术,可以"随随便便黑他们一下,找他们要点钱花花"。这,已经走过了道德底线,侵犯了他人的隐私权,对他人的安全造成潜在威胁,而叙述人居然认为"他也守住了一条底线"。江浩哲显然没有意识到进入别人电脑,就已经游走在道德和法律的边缘,而是抱着"玩"的心态,视之为"出来透透气",在这个黑暗的世界里满足自己的好奇,自我欣赏技术的力量。

女同学靳茹云意外地嫁给了亚美银行支行的外籍行长威廉,中方行长凌冬军暗示、要求、利诱和鼓励江浩哲调查威廉,陈宗请求江浩哲利用"手艺"帮忙查一查威廉,又意外地碰到威廉车上有个长发飘飘的女子。于是,江浩哲"觉得有必要将事情搞明白",而搞明白的方式就是黑客式侵入和侦探式冒险。为此,江浩哲破解一个个"弱口令账户",进入几家涉外酒店的服务器,盗取酒店地下停车库监控信息,潜入威廉在酒店的包房,偷窥并下载威廉电脑中的信息,把截图和视频放到靳茹云的电脑桌面上。令人惊奇的是,作为研究生毕业的江浩哲,丝毫没有道德上的违和感,反而觉得是在帮靳茹云。在一系列违法冒险过程中,江浩哲没有丝毫犯罪的自省,而是觉得只要不进入公安局的系统就行,进入酒店监控系统、潜入他人房间、偷窥并下载他人生活资料，江浩哲都没有任何犹豫，反映出主人公技术伦理缺失和法制观念淡薄。

"电梯门"视频引发网络热炒，给亚美银行支行造成困境，对威廉（也包括靳茹云）造成名誉和人身伤害，江浩哲不仅没有反思和忏悔，反而凭借"技术"优势，查找泄密者。当发现是舅舅凌冬军有意泄露信息，妻子郑薇拉充当了"帮凶"的时候，他像"英雄"一样与凌冬军摊牌，毅然辞职离去。这次辞职不是道德和法律层面的自省，更多出于被利用、被愚弄的"恼怒"，属于"聪明人"发现自己并不聪明时候的一种本能反应。江浩哲没有看到亚美银行、威廉和靳茹云在"电梯门"事件中受到伤害，只看到自己被利用，看到凌冬军的得意，看到自己受到的委屈与不公。于是，他陷入更深的自我陷阱：不顾一切要抓住威廉的把柄，证明威廉在美国有妻子。他和陈宗密切合作，利用电话、网络欺骗河岸西餐厅、亚美银行、市安全局、WHRIT酒店、奇美连锁复印店、美国领事馆、弗吉尼亚州警察局，终于查出威廉的SSN，搞清楚了威廉在美国没有离婚，报复了凌冬军……

至此，江浩哲不再是进入电脑、在网络黑暗世界"透透气"、无聊消遣的江浩哲，而是成为一个可怕的网络行骗者，并且跨国行骗。江浩哲已经变得疯狂了，帮助靳茹云搞清真相，已经不是他的目的，而是借口（或途径），发挥"技术"优势，在黑暗的世界里肆意徜徉，欣赏一次次行骗成功，享受报复凌冬军的快感，成为他人生的目的，道德和法律早就被他抛到九霄云外了。

江浩哲和陈宗这一对同学，在网络世界里"玩"得嗨，玩得疯狂，玩出了失去道德意识和法律界限的自我。在他们获得快感的同时,是否意识到:这样"玩"始终见不得光,游走在道德与法律边缘得人生,只能是危险的人生,只能是灰色人生。

《骗中局》用很"技术"的方式,揭示了一个道德意识和法律观念不够健全的青年,如何一步一步地跌破道德底线、触碰法律红线,走进危险灰色人生的历程,昭示出技术伦理的问题,触及当今社会的敏感点,发人深思。

文学创作运用艺术思维,是一种形象与抽象、情感与理性、审美与哲思相统一的思维运作方式。文学作品不仅要"合情",也要"合理",事理逻辑和审美逻辑相互交融、相得益彰。亚里士多德在《诗学》里强调"必然律"和"可然律",明代小说家冯梦龙在《古今小说序》提出"三真说":事真、理真、情真,强调即使虚构的事件,也要符合逻辑要求,"事赝而理亦真"。这个"理",既包含生活的真实性逻辑,也包含着对生活可然律的理性判断。就此而言,《骗中局》如果对两个方面稍加调整,将会更加"讲理"。一是人物行为动机更加合理,靳茹云已经嫁给了威廉,无论对于陈宗还是对于江浩哲而言,都是纯粹意义上的同学,因此江浩哲和陈宗走向深渊,缺乏更加坚实的说服力。二是人物行动层次和范围更加合理,江浩哲和陈宗行骗手段并不高明,但一路畅通无阻,没有一个环节出现意外,甚至行骗到市安全局、美国领事馆、弗吉尼亚州警察局,不仅在我"意料之外",而且也在"情理之外"。

常言道:有理走遍天下,无理寸步难行。艺术作品要"走遍天下",必须讲理。

(原刊于《文学港》2018 年第 4 期)

细碎之处方见真人
——读《祖父一百多年里的若干个片段》有感

叙述大动荡时代的个人生活，往往会遇到两种写作上的瓶颈：对于富有历史感的人物，写作者常常会突出历史意义、历史价值，让人物以时代见证者的形象出现，把人物的个体活动熔铸于历史的宏大叙事，容易造成本文叙述与个人生命体验之间"隔"，陷入共名书写；另一种是专注于个人经历、经验，深度挖掘私人化情感，而置人物的时代生活环境、区域文化环境于不顾，从"个人"到"个人"，只见树木不见森林，不能深刻揭示人物命运、情感的深层动因。

吴江辉的《祖父一百多年里的若干个片段》，追述祖父百余年生活中极具个人独特体验的片段，把一个辛劳善良、倔强诚实、历经沧桑又甘于承受、沉默寡言又不乏机智的江南农民形象推送到我们面前。作者从时代大背景的缝隙中透视祖父百年经历，善于抓住最能体现人物性格特征的细节，让不同性格侧面（甚至矛盾的性格侧面）的"小事件"相互参照，"不动声色"地组织文字，百年沉重的历史况味在不乏轻松幽默的叙述中汩汩流淌。大处着眼小处着手、富有表现力的细节和举重若轻的叙述，均值得肯定。

祖父活了100多岁，经历、见证了20世纪中国历史大事。许多属于宏大叙述的历史事件，身在江南农村的祖父未必会知道,也不曾意识到这些历史大事件,造成了自己的生存困境或顺境。吴江辉在叙述祖父一百年生活片段的时候,不失时机地透过人物的背后,把时代气息和历史大事件"抓"到人物面前,从大处着眼观照祖父百年具体的生活片段。这样处理,既保证文本始终集中于具体人物——祖父,所有事件都是祖父的所作所为、所思所想,又保障文本超越祖父具体生活的局限性,进入更为广阔的历史空间。祖父出生的那一年,即光绪二十七年,公元 1901 年,"清政府与西方列强签订了一个条约,国家气息奄奄。浙中的一片泽国,水深火热"。刚刚出生的祖父当然不知道这些事情,然后庚子赔款导致民生凋敝的现实,通过各种各样的方式、渠道深刻地影响着祖父的出生、成长环境,那个用破旧篾簟围起来、四面漏风的公益性建筑——凉亭,就是祖父生命的起点。九十年前,浦阳江水运的线路,钱塘江的一举一动、一呼一吸,牵动着浦阳江两岸所有人的心,也操控着祖父青年时代的人生轨迹。一场碧螺痧夺取了祖父大哥、三哥的性命,种田的二哥好端端地溺亡在水塘里,这样次第死人,令人毛骨悚然。表面看起来,这些都是祖父的"家事",实际上,那个特殊时代经济极端落后、社会治理失范、医疗条件缺失等等,负有不可推卸的责任。李家的乡风民俗在不知不觉之间,让入赘的祖父成为"阿伯",也为孤单无依的祖父找到一个温暖的家。抗美援朝期间,祖父唯一的儿子报名上战场,祖父虽然不情愿但不能说,祖母作为"干部"只能表示支持。父亲归国后直接进入保密单位,不能告诉祖父,导致祖父对父亲一直有意见。土改政策让大半生勤俭能干、忍受贫困的祖父被定为"下中农",没有进入贫农雇农的行列。祖父始终认为东家是好人,没有剥削他,祖父和东家的关系,让我们想起

《白鹿原》中白嘉轩与鹿三的关系,在鹿三的眼里,白嘉轩就是好人,是兄弟,他永远感激白嘉轩。祖父身上残留着鹿三的基因,"我"的身上也不难发现黑娃、鹿兆鹏和白灵的影子。所有这些发生在祖父身上的事情,都带着或深或浅的时代烙印,都是现代中国历史背景下,作为老百姓必然经历的事件,"祖父"这个个人被时代飓风裹挟着,所有的事情表面看起来都是祖父的选择,但都是不得不如此的选择。《祖父一百年里的若干个片段》叙述祖父个人,也是从一个普通老百姓的视角叙述百年中国,将百年中国具体化、生活化。尽管在本文中,关于百年中国沧桑变迁的叙述文字并不多,但每次出现的"功能"非常鲜明,为祖父百年生活片段进行了深刻的背景注解。作者从大处着眼、小处着手,将历史叙事与个人化叙事结合起来,很好地处理了具象与抽象、个别与一般的关系。

善于抓住凸显人物性格的细节,是该文又一个亮点。既然在标题中以"片段"标举,能否抓住富有表现力、趣味性的细节,就成为读者关注的焦点。家里遭受了火灾,祖父急急忙忙从家里"抢救"出农具——锹,而没有搬出更值钱的小饭桌,常常被人取笑,成为"遇事不冷静、分不清轻重"的谈资。当人们逼问紧了,祖父会露出尴尬神色,辩解道:锹属于生产工具,必须有,小饭桌属于生活用具,可有可无,没有吃的东西,要桌子何用?这样的辩解几乎奠定了祖父一生勤劳的本色。招赘进李家的时候,祖父什么活都会干,就是不会插秧,当祖父的岳父问他时,祖父表示"不会",而且坚定地说"不学",一个勤劳倔强的农民形象就出现了。每年祭祖的时候,祖父总是非常认真地跪拜,一丝不苟。对招赘自己的岳父岳母尤其恭敬,表明祖父是一个知恩图报、坚持自己正确想法的人。祖父也不乏农民式的机智。大姑姑嫁给了祖父不同意的人家，六十一岁的祖父距离女儿家仅隔一条水塘，却坚决不进大姑姑家门，搬起大石头砸到塘里，说"这石头浮出水面，我才进她的家门"。随着年岁见老，后来不知不觉地去过大姑姑家，但解释说"石头浮起来了"，因为一年干旱，塘水干涸，石头不就出来了？可见老人的倔强还是不能与思念儿女的心情相抗衡啊！父亲是祖父唯一的儿子，当过军官，当过教师，本应该成为祖父的骄傲，但父子俩一直冲突不断，祖父一有机会就找父亲的茬，"洗脚""楼梯争端"都很有趣。抗美援朝胜利后，邻村的孩子陆续回来，祖父表面不声不响，但每天固定时间去斗门，守候在码头，也候火车站，每天辛苦往返，等候自己孩子归来。当接到慰问信的时候，"他从来没有感觉过这份沉重，捕鱼拉网时没这么重，撑船拉纤没这么重，赶牛耕田没这么重，挑泥做埂没这么重，连睡觉时手压胸口的魇梦也没这么重。他拿不动这封信！"在度日如年中，接到申报报馆转来的朝鲜政府感谢信，才知道父亲已经回国，祖父也没有多余的言语，只是骂儿子心中没有父母，也不报个平安。将一个执着、倔强又关切儿子的父亲形象，活脱脱地"端"出来，令人感动。文本中，能够活灵活现地展示祖父性格的细节还有很多，如"抱着曾孙子照相"，当我无意中提到这张照片时，祖父马上警觉地笑笑，笑脸上含着歉意；再如，祖父给我交代后事，"六个菜，不能少"。这些富有个性化的片段，将祖父的一生串联起来，构成一幅长寿的人生画卷。

　　作为祖父最亲的孙子，"我"是家庭里陪伴祖父时间最长的人，对祖父的感情也最深沉、最真切，祖父一生勤劳节俭、历经磨难。回顾文章，很容易进入苦难叙事或荣耀叙事的节奏,许多回顾父辈文章常常用浓郁的个人感情,替代对生活事件的客观叙述,用笔强调"分量",甚至强行牵着读者走。吴江辉《祖父一百多年里的若干个片段》很注意节制个人化情感,尽可能冷静客观地呈现祖父百年的片段,除了添加些许背景性叙述,很少进行扩充性、夸张性议论。在祖父一百年的生活中,有些片段不乏沉重感,作者的叙述文字避重就轻,通过视角转换让沉重的内容轻松起来,增强文字的可读性和趣味性。这种举重若轻的文字功夫,值得"赞"。抗战时期,日本兵侵入诸暨,传闻不断,三江口惨案、浬浦惨案、尚山头惨案、双桥、安华等地的惨案,浦阳江上一片猩红,哀号两岸。老百姓东躲西藏,提心吊胆,苦不堪言。好不容易盼到国军79师,大家心有稍安。当日本兵侵入湄池的消息传来,79师尚未接触日本兵就仓皇而逃,丢下老百姓而去。这是具有历史意味的沉重事件,作者避重就轻,没有在"沉重"里多做停顿,而是用老百姓的视角,将79师撤退的慌乱景象、只有几个日本人到来的史实,一一陈述出来,再用一句"大家没有心思去嘲笑国军的无能,只有更加惧怕鬼子的凶残"带过,保证本文沿着"祖父一百多年里的若干片段"前行,没有过多纠缠于历史叙述。在新造房子的楼梯之争中,一方是年迈的祖父,一方是在外多年当过军官的父亲。祖父为此绝食,两个倔强的老人都不让步。家事无小事,往往没有事理可讲,更多的是意气之争,是长期积累的结果,何况是祖父和父亲的争执,绝对是家庭内沉甸甸的大事,处理起来非常麻烦。在文本中,"我"处理起来并不难,劝导父亲妥协,"千孝不如一顺",倾听祖父"挖起"陈年旧事,宣泄不满,顺利解决了争执,家庭重归和谐。大姑姑去世,祖母已经不在了,老年丧女的苦痛全部压在祖父一个人身上,年迈的祖父能够承受这样的沉重吗?文本中一句"拿起放在墙角的一只破碗,砸向转身离去的报丧者后跟",就把这如山的沉重释放了,用破碗之"轻"叙述丧女之痛,举重若轻的笔法令人佩服。

(原刊于《文学港》2018年第5期)

谁说冲动是魔鬼？
——读朱零的散文《买房记》

朱零的《买房记》讲述了在北京漂泊十七八年的"我"，一时冲动买房子的故事。"我"买房子本来就是一次非理性的冲动，朱零却把买房子的过程讲得非常理性，在有条有理、平稳推进的叙述中，穿插了诸多"北漂"的艰难心酸和社会事项，也不乏自鸣得意的幽默、自嘲。一次非理性冲动的买房，居然给"我"灰色而有些凌乱的北漂生活增添了"亮色"，让我一举成为有房一族。其间，水到渠成的场景转换、圆熟的叙事结构、丰富细腻的叙事肌理和流畅自然的叙述语言，无不体现了作者的艺术功力。

人们之所以有冲动，是因为有压抑，冲动是压抑之下潜意识的一次非理性释放。一般来说，一次严重的、大的冲动行为总是诸多轻度的、小的冲动心理被长期压抑、郁结而形成了一次爆发。在《买房记》中，"我"之所以产生买房子冲动，直接导火线是喝酒的冲动没有得到实现、吃饭的需求没有得到满足，而潜在的冲动心理则是长期北漂生活而累积起来的各种压力，需要找到一个突破口，从而缓解"我"的精神欲望，如果找不到释放路径，"我"就会陷入弗洛伊德所说的歇斯底里。这个突破口，就在"我"紧绷的神经突然放松的时候，按照精神分析学说，潜意识总是在意识检察官松懈的时候，乔装改扮地进入意识层。

对"我"来说，这个意识检察官就是老婆孩子。《买房记》的故事起点在机场，从"我"送走老婆孩子回老家后迫不及待地钻进车子里预约酒友展开叙述。老婆孩子在家的时候，"我"一向规矩，一下班就往家跑，如果到点了还不回家，哪怕晚个十多二十分钟，手机就会响起来，电话那头劈头盖脸就问："到哪儿了？怎么还不回家？"而且，"从不在外边请客吃饭，有时候老婆每礼拜给我的100元零花钱，我都用不完，出个门都是绿色出行"。今天送走了老婆孩子，顿时有一种"解放"的感觉，这种轻松、自由的心态，中年男人们或曾经体验，或无比羡慕。于是，"我""今天，偏不回"，"由着性子幻想"，怀揣老婆给的1000元"巨款"，飘飘然地拿出手机，找到通讯录，从A翻到Z，再从Z翻到A，翻来倒去好几遍，甚至用模拟对话的形式，竟然找不到一个酒友。原本突然释放的轻松、自由，一下子变为沮丧和自我怀疑。回到家里仍然心有不甘，"盼望有一个电话打进来，找我去喝酒"，等了半天，连个短信也没有。盼星星盼月亮，守得云开雾散，送走了老婆孩子，竟然没有找到酒友，也没有接到往日酒友的邀请，喝酒的冲动，就这样无情地被压抑了。这么好的机会，居然没有抓住，"我"的郁闷、沮丧、无聊，可想而知。

就这样无聊地自我折腾一下午，感觉到肚子饿了，没想到吃饭的冲动也被无情地压抑了。如果说，找酒友喝酒的冲动更多来自心理，那么，吃饭的冲动则更多来自身体。于是，我将小区边上的"美食一条街"一家一家地排查，东北菜、沙县小吃、兰州牛肉拉面、曾经的重庆火锅店、湘菜馆、驴肉火烧，竟然也没有找到一家适合我吃饭的地方。仿佛天地之间的所有东西，都在与我作对，都在给我找不痛快。不知不觉来到"我爱我家"，那也是"每个北漂都会打交道的说起来就满是心酸史和血泪史的著名的房地产中介"。

连续两次冲动被压抑，实际酝酿着更大的冲动，不在压抑中爆发，就在压抑中死亡。"我"听到"我爱我家"里的争吵声，既没有了解房价信息的兴趣，更没有买房的打算，完全是带着一种无所事事、看热闹、找乐子的心情，旁观房主和租客的争执，加入"看客"的行列中。直到大家都看着"我"的时候，我还没有意识到人群中突然发出的"你便宜点，这套房子我买了，我给你付现金，你拿着这钱明天就去买个大房子，怎么样"声音，竟然出自"我"的口。完全是一种下意识的"接茬话"，是受到"北漂"情绪感染而不自觉的自言自语，竟然把心理活动公之于众。于是，在众人的起哄声中，"我"稀里糊涂、骑虎难下地买下了一套房子，为一次冲动付出了"代价"。

可以说，"我"买房子纯粹属于"找抽"，根本就是非理性、无目的冲动行为，是没有找到酒友、没有找到吃饭地方的负面情绪的宣泄，只是没有想到"把事儿搞大了"。尽管目的混乱，心绪无条理，但朱零在叙述买房子的过程中，却表现出异乎寻常的冷静与狡黠。从开始莫名其妙的惊愕中醒过来、脸上挂不住，到硬着头皮去看房，到杀猪般地砍价，都是希望激怒对方，达到不买房的目的，最后"诱惑"女房主降价、签订协议、缴纳订金也是无奈之举。

作为"我"买房冲动诱因的，不只是今天心情不好，也有长期北漂的压抑。得知小夫妻是为了换大房子，以便和父母住在一起，便勾起了"我"的回忆，浑身"正能量"充溢，正义感爆棚："一想到这些北漂们在北京生活这么困难，如果这些发生在我们身边的群众困难我都不能解决，还谈何为人民服务？谈何建设和谐首都？首善之区的人民群众，就不应该为住房、吃饭、孩子上学、交通医疗等民生问题犯愁。想到这里不禁热血沸腾，一心要帮帮这些在北京漂着的年轻人，所以脱口而出要用手中的现金买房，好在那些围观的人谁也不知道我仅有1000块钱，但君子一言驷马难追，说出去的话泼出去的水，自己说过的话，含着泪也得把这套房子买下来。"可以说，"我"这次买房的冲动是多种因素交织而导致的，有个人生活的艰难体验，有对北京房市的看法，有正义感和同情心"作祟"，有对房价从来没有关注过的盲目，也有当天心情郁闷的因素。但这次冲动的结果是积极的，在侄子的帮助下，"我"很顺利地买下房子，并当做小礼物送给老婆，自尊心得到极大满足。

　　人常说：冲动是魔鬼。但对"我"而言，冲动不是魔鬼，冲动是完成人生大事的动力。在恋爱中，女朋友进京了，爱情遇到了考验，"我"没有任何犹豫，在没有任何准备的情况下，冲动地停薪留职，只身前往北京，红眼航班、租房、买家具、布置小屋，仅用两天就生米做成熟饭。岳父岳母到北京来，为了让老婆和父母住在一起，"我"冲动地退掉一居室，押金也不要了，立马找到两居室，赢得了岳父岳母的夸奖。当老丈人生病时，"我"没有退缩，为岳父找到专家，成功地实施了手术。原来，"我"的冲动是有"传统"的，我就是一个冲动的人，每一次冲动，都完成一件人生大事，都会经历一次人生的升华，都会实现一次人生价值，何乐不为？

　　叙事结构圆熟是《买房记》给我留下的最深的印象。这里的"圆"指的是圆通、圆润、圆紧，"熟"指的是能够熟练地调动诸多叙事技巧，手法老到，叙述转换自然，节奏紧凑。《买房记》所叙述的故事时间在半天之内，从机场送走老婆孩子（中午）到签订买房协议（傍晚），而本文的能指时间远远超出这半天，将主人公十多年的生活经历，包括恋爱、进京、给岳父做手术、北漂生活等，不露痕迹地串起来，最后利用补叙——"国庆节以后，老婆回来"，交代了"我就这么地，稀里糊涂地，在北京有了一个所有读书人都梦寐以求的属于自己的书房"，完成了《买房记》的叙述，结构完整，丝丝不漏，圆通自然。朱零采用简练活泼的语言，以个人心理活动为主导，不着痕迹地实现场景转换，节奏紧凑，有润物细无声的味道：机场（车子一上机场高速，就像识途的老马，根本不用问去哪儿，好像是自动驾驶，直奔家的方向驶去）——家里（现在，则是一家全国连锁的每个北漂都会打交道的说起来就满是心酸史和血泪史的著名的房地产中介"我爱我家"）——我爱我家（我对中介及小两口说：无关人等就不要跟着看热闹了吧，这就是买卖双方的事儿，又不是看戏）——看房。尤其是链接买房现场与"我"的北漂生活，作者仅仅用了"深究我当时的买房心理，现在回忆起来还有一件事不得不说"，直接将现场叙述导引回回忆，轻易脱身故事发生现场，"嗨，买个房，扯出那么多陈芝麻烂谷子的事儿"，又很自然地回到买房现场，这一去一回，走得潇洒，来得自然，没有多年练就的叙事结构功夫，是很难做到的。

丰富而细腻的叙事肌理，为《买房记》获得颇有意味的质感，深化了本文意蕴，拓展了本文的表现空间。朱零善于捕捉生活细节，诸多细节衔接、组合在一起，有时运用一些"闲笔"，加上流畅的叙述语言，构成文本的叙事肌理，带给读者阅读的快感。"我"在机场准备邀请酒友聚会,翻阅电话号码的细节,朱零就写得"荡气回肠",不仅从前翻到后,从后翻到前,还一个一个叫出名字来,用自问自答的方式邀请、推脱:"以前那些动不动就找我喝酒的人哪儿去了?"顺便把侄子推送到读者面前,为买房子打下伏笔。关于兰州拉面的一段叙述,与情节进展没有关系,纯属闲笔,但闲笔不闲,自有妙趣。在"我爱我家"中介,租房者的"占理"、房主小夫妻的委屈、围观群众的热心与愤慨,笔墨不多,却透露出北京房地产市场的许多信息,叙述语言溢出"买房"的话语空间,进入更为阔达的意蕴层面。"我"用三年100万说服女房主的细节,令人拍案。诸如此类的细节充满《买房记》之中,这些细节就像珍珠,而活泼生动的叙述语言就是一个"线索",时而幽默风趣,时而调侃自嘲,时而庄重大气,时而自得狡黠,将一颗颗珍珠式的细节串起来,构成线索分明、肌理丰富的故事。可读性强,令人回味。

(原刊于《文学港》2018年第6期)

集腋成裘终有时

——读滕刚的《异乡人》有感

滕刚的小小说系列《异乡人》集合《过马路》《排队》《投宿》等二十余篇小小说，从"异乡人"寻找斑马线过马路、试图进入鄞城开始，到"异乡人"进入鄞城的种种遭遇，构成一个完整的系列，每一篇既有相对独立性，也能够成为全篇不可分割的一部分，有些类似鲁迅先生《阿Q正传》的章法结构。作者的意图在于揭示当下社会之"怪现状"，涉及面广，举凡现代城市所遭遇到的问题，基本都有所涉及：精神境界问题、交通问题、社会治安问题、官员品德问题、住房问题、求知问题、城市环境问题、老人问题、休闲娱乐问题，等等，在不足4万字的篇幅里，集中这么多问题予以讨论，并且要用小小说的形式表达出来，是有相当难度的，作者对自己要求很高，社会责任感也很强烈。揭示多方面社会问题的创作意图，和"小小说"文体限制之间的矛盾，让作者不得不采用"片段式"连缀的书写方式，同时不得不采用一些荒诞、魔幻、寓言、漫画化的方式，勾勒鄞城众生相，达到以少见多、以小见大的目的。表面看起来，《异乡人》的结构方式和艺术手法选择是"被迫"的，实际上，体现了作者的良苦用心，是一种自觉的成功选择。

卡夫卡式的荒诞是《异乡人》给我的最初感觉。"异乡人"作为一个没有明显肖像特征和性格特征的主人公,来到陌生的鄢城,一切不适应、不习惯、不会做,都显示出"异乡人"是一个无根的飘浮的存在,我们既不知道他的过去,也不知道他来到鄢城的目的,更不能观察他的生活理想,只能看到他在鄢城的各行各业、角角落落穿过时,留下的无奈和尴尬。鄢城作为一个虚拟的空间存在,很容易让人想到酆都鬼城,在一个鬼城里,还有什么不能发生?异乡人和鄢城结合起来,构成《异乡人》的总体性象征,把我们现实生活中发生过的故事和场景,"荒诞"化地写进了鄢城了,可以更加直接地体现作者的写作意图。《过马路》中异乡人所寻找的"斑马线",很容易让人想起"K"所需要的"进城许可证",而眼睛看着马路,却始终不能穿过马路,犹如"K"无法进入城堡,主人公"异乡人"和"K"一样无奈、郁闷,这种"不得其门"的无奈感和荒诞感,笼罩着全篇。在《排队》中,排队的动机被"挖空"了,结果也没有出现,仅仅剩下排队的"现象",一种秩序而理性的排队,被作者瞬间赋予了非理性的内涵,其间还有金钱交易导致的"位移",在无目的、无结果、忙碌而紧张"排队"中,传达出一种无助、无奈、无聊、无趣等难以言明的情绪。《落户》中梅湘亭有七个儿子,四个是以罚款为业,三个以举报为生,七个儿媳妇均为浴都、休闲中心、游泳中心、桑拿中心、水疗养生中心的经理或领班,用荒诞写法将社会乱象集中到一个家庭,虽不乏对现实生活的"过度阐释",却似乎有线索可寻,意料之外,情理之中。

深深的忧虑情绪和鲜明的社会批判意识是《异乡人》的突出特点。在二十余篇小小说里,每一篇都触及当下社会的负面现象,有些社会问题具有普遍性,触及社会道德底线和法制制度建设等问题，作者或直言批判，或辛辣讽刺，或轻谩嘲讽，或无奈叹息，表现出义无反顾的批判意识和决然的否定倾向，具有强烈的社会责任感。《满街晃着大盖帽》触及社会治理和公共秩序问题，《现场》《抢救》等篇，书写交通事故后"鄳城"司机、路人、医生的态度，所揭示的绝不仅仅是道德问题，制度缺陷也一目了然。《投宿》中，"异乡人"碰到理发店不理发，茶楼里不卖茶，饭店里不卖饭，舞厅里不跳舞，浴室不洗澡，旅馆里不住宿，所有这些"怪"现象都让"异乡人"碰上了，你奇怪吗？有些篇目，可能受到近年来发生的新闻事件启发，直接写成新闻式小说。《流放》中，异乡人因为没有携带身份证而被抓；《严禁》通过"刷标语"这一动作，集中了许多新闻事件的影子；《秀》中跳楼与讨薪的奇异关系，读者也不会陌生吧。关于"老人问题"的几篇小说，读后让人心酸。《第二次陪聊》中，孤独的老人仅仅要求"你只要握着我的手就行"，与四儿四女的全家照形成鲜明对比。《第四次陪聊》中孤独的老太太，让"异乡人"用巧克力和果冻吸引小孩子到楼下。作者把这些现象集中书写出来，许多现象我们并不陌生，似乎缺乏新奇大胆的"创造"，我觉得这正是作者的用心所在。他将我们习以为常、见怪不怪的负面现象集中在一起，给我们以全方位的警示，其深深的忧患情绪和鲜明的批判意识，表现了一位文化人的良知和情怀。

对话体是《异乡人》显在的文体特征。小说一般由叙述人的叙述推进，适当采用一些人物对话，也发挥描写的功能。人物对话在小说叙述中属于"引叙"，不是由叙述人面向读者进行叙述，而是让人物直接登场，由人物"自我表演"，就像戏剧舞台上一样，不受叙述视角的限制，当然也不能享受全知全能叙述视角的充分自由,所以,大多数小说不能全靠人物对话完成。初读《异乡人》,看到全篇基本是对话,感觉非常奇怪,很担心作者能否完成这个系列小小说。读完之后,我释然了,觉得自己多虑了,作者不仅凭借"引叙"完成了系列小说,而且,"活儿"干得不错。也许,是因为小小说这种文体更加自由吧,至少不用追求鸿篇巨制的"丰富性",不需要枝繁叶茂,反而成全了作者的写作意图。《异乡人》二十余篇,每一篇都是人物对话贯穿始终,叙述人很少直接出来讲述故事,几乎全由人物登台自我表现,也极少发挥描写的功能。这样一来,整个本文显得很干净、很简练,也很直接,没有旁逸之笔,没有节外生枝,每一篇选择一条线索,直线而下,倒也显得痛快淋漓。这种结构上的"干净",表现出作者对小小说这种文体的操控能力。

读完《异乡人》,突然想起"集腋成裘",这个成语的原意是说积少成多。是的,《异乡人》旨在揭示社会问题,文本不长,涉及的问题不少,有集腋成裘的意味。但我以为,集腋成裘不仅仅是积少成多,要将"腋"集为"裘",还需要工匠精神和缝纫技能,将优质的材料缝合起来。就此而言,《异乡人》成功了,它用一条直线,干净利落地"集腋成裘"。

(原刊于《文学港》2018年第7期)

回到 or 重构？

——由《回到我们的世界》所想到

　　《回到我们的世界》用散点聚集的叙述方式，向我们讲述了"我"和外婆之间的故事，全篇叙述节奏平稳有序，所叙皆为日常生活中的琐碎小事，通过婆孙两代人的对话，在不乏风趣幽默的叙述中，展示一个一个充满温馨亲情的小故事，将外婆简单、温情、率真、乐观、坦然的生活态度和生活方式，与现代时尚生活进行比对，实现对现代时尚生活的轻度剥离与缓型解构，得出"回到我们的世界"的生活启示，传达了写作者怀旧情绪。

　　温馨亲情是《回到我们的世界》最能打动人的地方。在本文中出现的核心人物只有"我"和外婆，母亲、外公、老枪、蕾蕾等只是作为过渡性、阶段性人物一闪而过，"我们的世界"就是"我"与外婆的世界，是一个温馨亲情的世界。在"我"与外婆之间，充满了真诚的关爱与理解，婆孙俩无话不谈，在情感交流层面，没有丝毫违和感，更不用说"代沟"，浓郁的亲情让全文笼罩在温馨氤氲中。这种温馨的亲情，就是《回到我们的世界》要找回的情感。

　　《回到我们的世界》善于抓住个性化人物语言和最具有表现力的细节。外婆虽然文化程度不高，对现代时尚生活也不够熟悉，但乐观开朗，追求一种简单平稳的生活。几十年积累的丰富人生经验,外婆不仅能够一眼看穿现代时尚生活,而且还能用不乏幽默感的语言表达出来。外婆最关心"我"是否找到女朋友,每当和"我"谈论起女朋友的问题,外婆的思维异常活跃,妙语连珠。当"我"和一个姑娘的恋爱结局是"我先去洗澡了",外婆脱口而出"洗澡水放满了两个皎口水库了吧","珍惜水资源,就是珍爱生命"。得知"我"和一个上海姑娘谈恋爱失败,外婆心疼人民政府,说这桥(杭州湾跨海大桥)白修了。外婆总是能找到机会,把我们的谈话引导下找女朋友轨道,当"我"说"媒体人也很辛苦的",外婆的回答是"哪有媒人辛苦"。写作者不仅善于抓取外婆具有个性化的语言,也注意通过富有表现力的细节,从不同侧面丰富外婆的精神世界,为"回到我们的世界"做准备。在《微光照亮回家的路》一节里,外婆用微弱的手电筒,为开着车的"我"照亮,一个深情关注晚辈的外婆站立起来;《永被念及的迷人时光》一节,连续几个谜语被"我"猜中后,外婆竟然让我猜:"小时候过年,你在院子里放焰火,手被炸伤了,你知道是怎么好的吗?""你小时候尿床了,被我发现了,你知道后来怎么样了?""你六岁的时候最爱吃什么菜?"一个风趣又有点狡黠的外婆,被我们发现了。《台风肆虐的温暖时光》里,外婆不乏得意地说:"你外公这呼噜声,三重奏,还带转音的,有时候一个小时节奏都不混乱,有时候一晚上都不带重复的。"并宣称"这就叫爱情",一个把淳朴平淡生活过得有滋有味的外婆,来到我们面前。这些细节,不仅增强本文的可读性,增强了人物的立体感,更重要的是直接指向"我们的世界",构成主题表现不可分割的部分。

《回到我们的世界》试图用"回到"过去的方式,来面对当代社会生活中的各种"时尚"倾向和事项,包括爱情、旅行、饮食、消费、广告文化等等,从而传达一种生活向往和价值取向。应该说,这种"怀旧"情绪,并不是本文作者的独有现象,而是多年来文艺作品的普遍现象。20世纪90年代以来,我们的生活节奏不断加快,现代生活的丰富性、复杂性、凌乱感和碎片化特征越来越明显,各种各样的社会问题和心理问题也随之出现,许多人产生无助、无力、无奈的感觉。反映在文艺作品中,常常用怀念、回忆、致青春的方式,希望回归一种真诚、单纯、温情的生活状态,"民国风""青春期""纯情戏"等"怀旧"情绪构成文艺作品一道道风景线。在学术界,也时常出现"回到""重返""回归"等学术话语,表现出对社会现状或学术研究的焦虑和反思。

  从思维方式而言,每当人们对现实不满意时,最容易产生的情绪就是怀旧,希望回到理想中的"从前",营造一个精神的避难所或乌托邦式的栖息地。中国先哲孔子念念不忘恢复周礼,时时以周公为榜样,提倡仁和礼,强调人的自我修养(修身),试图用礼乐文化拯救"礼崩乐坏"的社会乱局。面对乱世,老子提出一种朴素的自然主义"解决方案","他所关心的是如何消解人类社会的纷争,如何使人们生活幸福安宁。他所期望的是:人的行为能取法于'道'的自然性与自发性,政治权力不干涉人民的生活,消除战争的祸害,摒弃奢侈的生活,在上者引导人民返回到真诚朴质的生活形态与心境"(陈鼓应《老子注译及评介·误解的澄清》)。《圣经》中说人原来住在美丽丰饶的伊甸园里,亚当和夏娃因偷食禁果而被赶出伊甸园,这一"原罪"成为西方忏悔文学的起点,许多诗人作家用怀旧的方式希望"复乐园"。与"回到"方式不同,也有一些诗人,以精神建设的姿态不断寻找、构建虚幻而美丽的桃花源或乌托邦。

基于时间的"不可逆"性质,人们不可能回到曾经的"过去",面对纷纭复杂的现状,我们只能参照过去的经验,借助理想的烛照,重构一种新的秩序,而不可能还原已经逝去的秩序。就此而言,诸多文学作品中的"回到""重返"式怀旧,始终是一种情感表达,一种富有诗意的理想情怀。当然,作为对现代性的一种解构方式,怀旧所携带的焦虑和反思,包含着对现有秩序的阻拒或疏离,对于重构新的秩序,具有重要的启迪作用。

也许,转换一种思路来看,"回到"未尝不是一种重构。

(原刊于《文学港》2018年第8期)

循着节气变化寻找乡村生活的节奏

——宋长征《一枕夏深》读后

在俄罗斯,世界杯正在如火如荼地举行,32强捉对厮杀,引动全世界关注的目光。快节奏,高效率,战术纪律,无孔不入的商业气息,全方位的信息汇集,等等,占据所有媒体的显要位置。一时间,仿佛全世界的生活节奏,都被世界杯带动,现代足球给人们奉上时代生活的盛宴,让我们的生活不分白昼与黑夜地高速运转,感受着赛场高速奔跑、激烈对抗、高效进球和狂呼乱喊,在释放激情的同时,也不免产生一种压抑感。这种压抑,来自现代足球所代表的现代生活节奏,快速、高效、躁动。当此之时,阅读宋长征的《一枕夏深》,一种"清风徐来,水波不兴"的感觉油然而生。宋长征循者二十四节气的变化寻找乡村生活节奏,书写平静、安详而内敛的乡村生活,与世界杯高速、躁动、极具扩张性和侵略性的现代生活节奏,形成鲜明对照,让我发热发晕的头脑,瞬间找到了一泓泉水,清凉中有点甘甜味道。这,正是久违了的童年味道,正是渐行渐远的北国乡村味道。

二十四节气是中华先民在认识把握自然规律的基础上,熔铸自然观、人生观而凝聚起来的生存智慧,包含着丰富的伦理经验、生产经验和生活经验。在漫长农业社会中,先民们按照二十四节气组织农业生产,协调乡村生活,以自然与人生和谐的方式感受着时空变迁,日月轮转,四季更迭,春种秋收,夏忙冬闲,自然运行的节律与人生成长的轨迹相辅相成,一切都显得那么和谐、安详。进入工业化时代以来,社会生活节奏遽然加速,都市化生活方式在给人们带来诸多方便的同时,也让人倍感压力,高铁一般极速运转的生活节奏,高楼林立的生活环境,让许多人产生怀旧思绪,希望回到农业时代慢节奏,向往乡村生活的平静与安详。于是,用文学艺术的方式,实现"回归"逐渐成为一种写作风尚,许多作家都在寻找:既寻找乡村生活节奏,也在寻找书写乡村生活的编码方式。而其中,二十四节气作为具有整体性和组织性作用的文化,越来越引起人们的重视,被视为认知和把握中国传统乡村生活关键线索,节气书写构成当前"怀旧风"的一道靓丽风景线。

当一种生活仍然存活在人们的记忆中,说明这种生活在现时代仍然有诸多可留恋的因素,当人们对当下生活不满意时,仍然可以通过"怀旧"来弥补当下生活的缺憾,慰藉心灵的情感需求;而这种生活只能存活于人们的记忆中,仅仅能够提供情感的慰藉,而无法在现实中复现,也表明这种生活具有不可复制性,一旦失去就不可追回。内心无奈和文化焦虑,一定会在一代人、两代人的心灵深处留下深深的烙印。近代以来,中国社会处于传统与现代的激烈冲突中,工业化、城市化、商业化加速了传统乡村生活的巨变,像宋长征(我也是如此)这样经历过乡村生活,而又长期离开乡村生活的"城里人",青壮年时期为生计所迫,整日东奔西走,为稻粱谋而筋疲力尽,无暇寻找精神"原乡"。即将进入"老人"行列的时候,突然卸下生活的重负,回首向来烟霞路,总觉得一路走来放下了很多不应该放下的东西,丢失了许多不该丢失的东西,乡村生活的记忆不断浮现,越来越清晰,间或在夜深人静的时候,一种苍凉悲戚的情绪侵袭而来,"还乡"的愿望日趋强烈。然而,一觉醒来,四顾茫茫,"原乡"何处?归路何方?在《一枕夏深》平静安详的叙述文本背后,我们不难感受到真切的怀旧情绪,也不难感受到一种深沉的苍凉与悲戚。

在中国新文学诞生之时,乡村被指称为"旧中国"的典型场域,常常作为"改造国民性"和启蒙话语的对象物,在五四乡土派作家的文学编码中,中国的乡村充斥着各种负面因素:守旧、迷信、不觉悟、没文化、愚昧、狡黠,甚至"吃人",几乎集中了封建专制制度和专制文化的所有弊端。这种富有时代气息的乡村编码,也成为中国新文学的一个传统,吴组缃的《一千八百担》《箓竹山房》,巴金的长篇小说《家》,都在一定程度上,延续了这一传统。在沈从文笔下,经过"美化"的湘西投射出浓郁的人情味,美丽开朗的小姑娘翠翠只能在纯美与感伤的"边城"存活,始终做一个"乡下人"。20世纪40年代前后战争状态下,中国广大乡村不可避免地成为"战场",上演着艰苦卓绝的"地道战"和"地雷战"。而在土改文学中,乡村被编码为贫下中农与地主富农的角力场,围绕阶级斗争而展开的新/旧、革命/反革命、贫/富、光明/黑暗、新俗/陋习的对抗,在土改书写的文艺作品中频繁上演。曾经有一段时间,乡村被编码为控诉恶霸地主、教育农民的讲台(《高玉宝》),那个"半夜鸡叫"的故事流传甚广。进入新时期以后,乡村书写呈现多元化取向,但乡村的主流仍然是躁动的,无论是贾平凹的《浮躁》《秦腔》,还是莫言的《丰乳肥臀》《生死疲劳》,乡村都随着现代化的节律躁动着。可以说,20世纪中国文学书写中的乡村编码,主流就是躁动的乡村，而乡村生活的另一面——平静、安详的一面，被有意无意地遮蔽了。

《一枕夏深》为我们展示了乡村生活平静安详的一面。在文本中，宋长征所选取的人物，都是按照自然的节律（二十四节气）安排生产和生活活动，在顺应自然中实现天人和谐，他们不急不躁，不慌不忙，既没有怨天尤人，也没有东奔西突，而是跟着节气走，按部就班地享受生活；他们保持着耐心和韧劲，用亲情关怀和邻里互助克服一个一个的生存困难。在《一枕夏深》中，我们体会不到"与天斗、与地斗、与人斗"的豪情壮志，而更多体会到的是人与节气的交融，人与人之间的互助互爱。立夏的时节，池塘边闪烁的毛桃在枝叶中若隐若现，上了年头的老梨树结出生涩的梨子，一树一树的楝树花开了，稻田里的青蛙也欢唱着迎接丰年。"我"的立夏也来了，一夜醒来，嘴唇上生出细细的茸毛，我们和自然的果实一起成长，饮风、饮露，汲取大地的营养，让日光晒红了脸庞；我们食五谷，食肉糜，攫获他者的营养或生命；我们兴奋地延续传统，称体重检验身体成长，男女老幼欢声笑语。谷雨时节，空气中弥漫着麦子拔节的气息，一夜之间，槐花像约会般齐刷刷开满枝头，行走在槐树的密林中，每一株槐树上都溢满了香气，人们开始采集槐花，蒸槐花饭，煮槐花汤，用槐米和槐叶入药，清火解读，充分享受大自然赐予的"槐花宴"。小满时节，风吹麦浪，小麦拼命地充实麦粒，乡村姑娘也开始发育成熟，瓜果桃梨褪去细细的茸毛，即将走向成熟。在这个"青黄不接"的时候，邻里之间相互周济，共渡难关，小满娘只要一声招呼就能借到两瓢洁白的面粉，一句"麦收过了就还"，既是乡村伦理中庄重的承诺，也是对新麦丰收的殷切期待。在这乡间最为尴尬的时节里，大姐佝偻着腰擀面，为我单独做面片，而她的孩子和丈夫一直没有露面，大姐身体在颤抖，双手在颤抖，这一份美味的代价，只要是经历过饥饿的人，都能够体会到。大姐和母亲的心是相通的，她当然知道母亲这个时节让弟弟来"出门"的深意，但没有任何怨言，而是勇敢地承担起责任。熬过了小满的艰难，进入芒种时节，布谷鸟叫了，收麦、种玉米，家家进入赶时间的节奏，人人脸上挂着笑容，探花爷从被窝里爬起，狗剩叔走街串巷，丰收的喜悦到处飘扬，探花爷让青禾变成了探花奶奶。粮食收获了，青草成长起来了，鸡鸭也进入了快速成长的季节，产蛋量显著提高，母亲们忙着腌制咸鸭蛋。《一枕夏深》循着节气的线索，按图索骥，勾勒出乡村生活节奏，在勤而不怨、忙而不乱、苦而不绥、乐而不淫的叙述中，展示乡村人们和谐、平静、安详、自然的生活。

是啊，乡村生活是历史上诸多隐士躲避官场纷扰、战争残酷、复仇流血的地方，是许多文人雅士反复吟诵赞美的地方，这个在漫长的中国历史上最为稳定的地方，怎么会仅仅是躁动不已的角力场？以致成为文学批判的对象物？"野外罕人事，穷巷寡轮鞅。白日掩荆扉，虚室绝尘想。时复墟曲中，披草共来往。相见无杂言，但道桑麻长。桑麻日已长，我土日已广。常恐霜霰至，零落同草莽。"我希望能有更多的宋长征，重新编码中国的乡村生活，从各个不同视角展示宁静、安详、和谐的乡村生活，重建我们的精神"原乡"。

(原刊于《文学港》2018年第9期)

复活玲珑感性的诗心,践行"侥幸而伟大的批评"

——读胡亮的《窥豹录》(节选)

　　胡亮的《窥豹录》(节选)以感性批评和词条批评的方式,推送给我们二十二位诗人。这些诗人,多为新时期以来中国诗坛引领风骚的诗人,其中不乏在中国现代诗歌史上留下痕迹的佼佼者。据胡亮先生介绍,《窥豹录》写作历时四五年,论述99位诗人,起于周梦蝶,讫于郑小琼,组成了作者心目中的当代诗歌矩阵。其中64篇来自2016年出版的《琉璃脆》(起于孔孚,讫于郑小琼),35篇为2018年4月续写完成,合成《窥豹录:当代诗的九十九张面孔》。之所以采用词条批评的方式,大约与作者一开始的构思有关,他借鉴了古代的《点将录》和现代的《谈艺录》,又从卡林内斯库处借来"现代性的五副面孔",描画当代诗歌的九十九张面孔(胡亮:《后记:为〈窥豹录〉而作》)。由此可见,《窥豹录》的写作意图和文体选择,是在中国文论和西方现代主义文论的启发下产生的,中西哲学、美学、诗学理论和作者玲珑感性的诗心相结合,形成视野开阔、蕴含丰富、感觉细腻、表述灵动的当代诗论,给我带来新颖醇香的阅读体验。

　　"唯有当代诗批评家,才是寂寞的立方,才最有资格成为侥幸的批评家。"(胡亮《侥幸的批评家》)当代批评家不仅寂寞，不仅侥幸，而且充满危险。如果说，从事古典文学批评的学者，是在布满岔路的地方，寻找最适合自己的路径，进入文学批评的话；那么，从事当代文学批评的学者，则是在山野中披荆斩棘，希冀在无路之处开拓出一条蜿蜒曲折的羊肠小道。因为，古典文学经过千百年的历史积淀，已经有诸多批评家多次淘洗，基本完成了经典作家和经典作品的遴选，建立起相对完整的经典谱系，开辟了一条又一条或宽或窄的路径；而当代文学（特别是当代诗歌）基本没有经过经典化的淘洗，更不可能奢望相对完整的经典作家和经典作品谱系，当代文学的经典化和历史化仅仅处在步履蹒跚的"学步"阶段，很难形成"共识性"经典。正因为如此，当年唐弢先生认为当代文学不宜写史。当代文学批评是在无路之路上行走，其寂寞，其侥幸，其危险是不言而喻的。我觉得当代文学批评（尤其是诗歌批评）是一种"在场"的批评，受到诸多因素的限制，相对于古典文学批评更为艰难。胡亮的《窥豹录》（节选），再一次证明当代诗歌批评的艰难与寂寞。在《窥豹录》中，我们强烈地感受到胡亮对于感性的执着、对于当代汉诗的执着，他调动一切情感、理性、知识，将99位当代诗人纳入中国诗学的历史纵深和国际美学的宏阔视野中，努力践行着"侥幸而伟大的批评"。

　　鲜明的批评姿态是《窥豹录》（节选）给我的突出印象。鲜明的批评姿态是一个批评家走向成熟的标志，批评姿态凝聚着批评家个性化学养和美学认知，也包含着自觉的文体意识和独立的艺术判断。中国古代文学批评多为一种感悟式批评，注重内心体验和感性表达，要求批评家兼具诗人和诗评家双重身份，用丰富而敏锐的感性经验直取"机心"，往往寥寥数语就能进入文本内部，切进作者的诗心、文心。近代以降，受到西方科学思维的影响，学术性、高头讲章式文学批评逐渐占据上风，文学批评常常融合史料梳理、哲学沉思、现象阐释、心理分析、文化批评等，形成体系严整、逻辑清晰的学术论文，中国传统文学批评方式日渐式微。《窥豹录》（节选）师法《点将录》《谈艺录》，用片段式、词条式批评的方式，突出感性、感悟，直接呈现诗人、诗作的"本真"状态，深刻体验诗人之用心，表现出承继传统的文体自觉。《窥豹录》（节选）所表现出的感性、感悟、体验，并不是浅尝辄止，而是经过美学智慧淬炼过的感性、感悟和体验，其中包含着对中国现代诗歌进程的历史把握，包含着对世界诗歌格局的把握，包含着对当代诗歌发展趋向的理想性判断。胡亮用汉语诗歌的历史纵深和国际诗歌的宏阔视野组成基本坐标，将22位诗人及其诗作放置在坐标系中考察，凝聚史学眼界、诗学体验和哲理思考，构成意蕴丰富、结构灵动、旨趣鲜明的表述空间。

着眼于"变"，是《窥豹录》（节选）展开当代诗歌评论的基本脉络。变与不变，是宇宙中的普遍法则，变中有不变，不变中有变，乃是传承与革故的辩证。就中国当代社会和当代诗歌而言，变是主旋律，这个"变"以各种各样的方式、向度体现出来，而"改革开放"无疑是最为集中的体现，《窥豹录》（节选）中所涉及的22位诗人，全部在"改革开放"这个变局中成长，其诗歌的生命节律也在于变。就节选出来的22节来看，胡亮揭示出两个相互联系的"变"：一是中国当代诗歌发展趋势之变，二是诗人个体之变。中国当代诗歌趋势之变，影响着每一位诗人之变；而每个诗人的个体变化，汇集而成为当代诗歌趋势之变。《窥豹录》（节选）善于通过"时代性"诗人，标识当代诗歌趋势之变。"王小龙"

条更多看到以北岛为代表的隐喻时代正在式微,以王小龙为源头的口语时代正在勃起,"隐喻时代的紧绷和高蹈,被彻底置换为日常和市井的小滋味"。在"于坚"条,作者强调于坚面对大地、日常、汉语"三个神性","用渎神的方式靠近了神和神性",这当然不仅仅是于坚个人的变化,而是一代诗风的转变。在"欧阳江河"条,胡亮注意到"博学和智力的双重优越感,将诗人领进了玄学的歧路、书卷的迷宫——也让他逐渐远离了生命的现场",注意到"科学与玄学之头,政治之头,历史之头,宗教之头,现实之头,都将加入某种共有的'沸涌'",并借助乔伊斯等西方大诗人来解读这种"总括的形态"。欧阳江河的这种变化,既能脱颖,也能脱身,岂止欧阳江河一人?20世纪80年代以来中国社会经济政治文化之变,文学与文化中"玄学""科学"之风,对许多诗人都产生过不小影响。在"韩东"条,胡亮对照杨炼的《大雁塔》和韩东的《有关大雁塔》,称"韩东创建了一种全新的写作范式",当韩东的"大雁塔"解构杨炼的"大雁塔"时,绝不仅仅是韩东或杨炼个人的事情,而是当代诗歌趋势变化之一种表征。至于诗人的个人之变,《窥豹录》(节选)22篇中,每一篇都有涉及,而且是中心话语。印象最深的是谈到柏桦,说柏桦的诗歌写作有前后左右:"前后者,阶段之谓也。前期柏桦,是抒情诗的柏桦,是波德莱尔式的柏桦;后期柏桦,则是叙事诗或史诗的柏桦,是艾略特或纳博科夫式的柏桦。左右者,气质或态度之谓也。左边柏桦,是白热的、尖细的、夏天的、奔临悬崖的柏桦,是重庆的柏桦;右边柏桦,则是安闲的、逸乐的、秋天的、枯坐深渊的柏桦,是南京或江南的柏桦。前后历历,左右交错。前左,前右,后左,后右:至少可以得到四个柏桦,当然,不免亦是一个柏桦。

欲谈柏桦诗,对此不可不细察而深究。"强调当代诗歌之变,的确抓住了当代诗歌的"牛鼻子",当代诗坛变化快,快如旋风。如果从辩证逻辑而言,将当代诗歌放置在中国诗歌发展史的漫漫长河中,在立足于"变"的同时,能够挖掘出"变"中的不变,也许会让当代诗歌呈现出更为精彩的面貌。

金圣叹曾说:"《水浒》所叙,叙一百八人,人有其性情,人有其气质,人有其形状,人有其声口。"《窥豹录》叙99位当代诗人,虽未见全文,仅从节选的22篇而观,胡亮先生基于多年的诗歌写作实践、诗歌批评实践和文人交往,能够准确抓住每一位诗人的个性特征,寥寥几笔,就为一位诗人画出精确的"肖像",做到个别和一般的统一,以具体显现全局,起到窥一斑而知全豹的效果。于坚是"一个抒情诗人?一个光头的抒情诗人?一个骑破车的抒情诗人?一个穿着大头皮鞋的抒情诗人?",连续几问,把于坚形象的多面性呈现出来。写翟永明则直接下断语:"翟永明并非女权主义者,而是女性主义者,顶多算个修正女权主义者",让翟永明的形象一下子清晰起来。说蓝马"把诗人卷入哲学的使命","抖落了满身的形容词,清爽得不行,眼看就要脱离自为世界,乘坐名词和动词的飞行器,抵达那个'可以然而然'的自在世界"。问虹影,"是一个女儿,一个女人,一个母亲,抑或一个世界公民",这一问,既是对虹影的人生经历的发问,也是对虹影文学写作的发问,真正切入虹影的"要害"。没有"十年格物"的功夫,怎能像手术刀一样刺入诗人和诗歌的核心地带?

《窥豹录》(节选)切入每一位诗人的方式都不同,让每一位诗人以不同的姿态登场,最有个性化地亮相。王小龙借助金斯伯格访问中国而登场,显示王小龙对于中国当代诗歌发展的意义。于坚则有点横空出世的味道，直接宣告：以渎神的方式靠近神和神性。翟永明以"辩白式"语句出场："翟永明从未将男性作为某种革命对象，换句话说，她从未从阶级的角度，而是从两性依违的角度，来直面和反省女性的处境（包括困境）。"蓝马以"索居于市井和光明"的隐居者登场。欧阳江河一出现，就是"修辞学的老狐狸"。吕德安伴随着三个地名——马尾镇、曼凯托、五里溪——出场。骆一禾作为海子的"骈句"或"对联"的方式，很低调地出现在我们面前。有些诗人出场，是以文人交往的方式出现的，张枣一定要拉上柏桦莅临现场，因为"这两位天才，身怀绝技，英气勃勃，迫切需要劲吹和相互赞美"；丁当出场则始于见到韩东，如同找到了组织。有些诗人登场，颇具游戏性，车前子以魔术师变戏法的方式走近我们，西川以"存在某种不道德"的方式登场。而对李亚伟，胡亮也不知道用什么方式让他出场，坏学生？小青年？恶棍？酒鬼？或者口语的打手？海子呼唤着"瘦哥哥凡·高"行吟到我们面前，尚仲敏则以"海子背着他的万卷史诗"落脚处走出来。精心为每一位诗人设计亮相方式，可见《窥豹录》（节选）用心很到位。

总之，《窥豹录》（节选）带给我一种非常愉快的阅读体验。感谢胡亮，期待有更多"侥幸而伟大的批评"出现。

（原刊于《文学港》2018年第10期）

放低姿态叙述令人忧虑的往事
——读谢志强的《艾城奇人异事（十八段）》

《艾城奇人异事》有两个关键词，一个是"艾城"，这是小说家营造的虚拟化艺术空间，是小说家的自我世界，出入其间的是小说人物，而不是现实性的人和事，这个世界是"内指性"的，指向小说家的内心，而不是指向现实界。另一个关键词是"奇人异事"，似乎具有传奇性质。传奇是中国小说传统之一，六朝有志人志怪，唐代有传奇，元宋明清亦有戏剧小说以传奇命名者。《艾城奇人异事》所述皆平常事、普通人，未见奇异之事和非常之人，而作者统之曰"奇人异事"，猜测有"拍案惊奇"之义。明代所谓"拍案惊奇"（三言二拍），"必有一番激扬劝诱之意"（冯梦龙语），激浊扬清，劝善惩恶，所述多为寻常事、普通人，而作者以为有当戒者、当禁者、当止者，是为"奇"也。实际上，《艾城奇人异事》所述皆往事，往事不远，今日可鉴。诗云：伐柯伐柯，取则不远。也许，这正是作者的用心吧。

小说家似乎对"往事"情有独钟，曹雪芹用"满纸荒唐言，一把辛酸泪"书写大观园中女子的往事，寄寓深情，感动了一代又一代读书人。普鲁斯特《追忆似水年华》，"追忆"出一段一段往事。鲁迅提起笔写小说，就回到了"鲁镇"，翻腾出童年的故事、故乡的人物。沈从文念念不忘的边城故事，那个纯净、活泼、忧伤的翠翠，伴随了沈从文一生。小说家"返观"自身，进入"虚静"状态，调动起所有经验进入艺术构思阶段的时候，"精骛八级、心游万仞"，总是很容易回到过去，沉溺于"往事"中不能自拔。从很大程度上说，小说是向"过去"敞开的，许许多多的往事就像一根一根丝线，牵动着艺术家的灵魂，牵引小说家返观内在心灵。因此，"往事"意味着小说家的生活积淀和艺术感悟，意味着小说家文化心理建构的历程，意味着小说家灵魂的内涵深度和层积厚度。

最近几年，谢志强陷入三组交织的往事回忆中，站在"今天的立场"书写昨天、前天的故事：第一组是新疆农垦老兵的故事，那些老兵联系着他的童年和青年时代，懵懂的少年和骚动的青春，通过老兵们代言；第二组是上海青年支边（新疆）的故事，牵动着特定时代特定人群的青春年华；第三组是艾城往事，艾城连接着谢志强的中年生活，表露出成熟、理性、宽容、淡然的情绪。无论是写新疆农垦老兵、上海支边青年，还是写艾城居民日常生活，谢志强都极用"心"，注意倾听来自心灵深处的声音，用真诚的灵魂与往事对话，淘洗了"往事"现场的浮躁气，淡化处理了"往事"的喧嚣，让往事中那些真纯的内核缓缓地流出来，让人物走向前台表演自己，而他愿意做一个听众，一个记录员，聆听人物的声音，记录人物的动作。

小说就是讲故事，有故事的叙述，大部分小说作者都能掌握，而面对没有故事的叙述，许多人就会束手无策。要把没有故事的故事讲好，在没有故事的地方发现故事，不仅需要巧思，更需要经验，需要功夫。谢志强老师就有这种功夫，而且武功高强，他特别善于在无故事的地方发现故事，并铺陈可以叙述的"事件"。《艾城奇人异事》所选择的"事件"故事性都不强，有些根本没有故事性，作者或者营造一个场景，或者抓住人物的一句话，或者捕捉人物的一个动作，或者专注于一个小物件，采用放低叙述者姿态的方法，在不经意间，向我们展示事件的意义和功能。相对而言，《空谷回音》和《两元面额的纸鹤》等篇算是最有故事性的片段了。《空谷回音》叙述妈妈用爱的回音消除孩子的孤独感，唤醒孩子心灵深处爱的能量，引导孩子健康成长。《两元面额的纸鹤》叙述我捡到两元钱，通过社队大喇叭喊话，归还失主，中间穿插京剧"打虎上山"的背景音乐，具有成长小说的基本元素。《气味》有一个相对简单而完整的故事，谢志强通过转换叙述人的方式，让看门老头自己讲述"兼职"偷小米的故事。《艾城奇人奇异事》中更多的篇章是没有故事的，《向日葵》捕捉一个场景：中年妇女嗑瓜子，将瓜子仁和瓜子壳很整齐地分好。也许，这个故事的契机就是这个场景，全部叙述也是由嗑瓜子的场景散发开来的，"屋后一片向日葵，都朝着男孩离开村庄时的小路望呢"。《插销》全篇没有完整故事性，叙述视点关注于一个小小的物件——插销，叙述线索时断时续，动不动就宕开插销，进入小说中人物的场景中，然而，正是由于这种不着痕迹的宕开主要物件的叙述，将一个没有故事的物件叙述成一个故事。《看见》本来不具备故事性，但谢志强用魔幻的方式找到了"谈资"，洗脚桶盖上的树疤变成了眼睛，转移到盲人的脚上，于是，他"看见"了，谢志强就此完成了一次冒险的叙述。《像小孩一样的耳朵》《名人的扇子》等篇，采用片段场景串联的方式，组成一个可以讲述的故事。

　　谦逊的写作是《艾城奇人异事》的基本姿态。古典小说多采用全知全能视角,作者和叙述人"重合度"很高,作者享有"乾纲独断"的霸权。现代小说往往采用有限制的视角,通过具有一定能见度的叙述人,尽可能"客观"地面向读者,一点一点地剥开故事,基本不会采用上帝视角,对人物和情节进行封闭式、评价式叙述。罗兰·巴特认为作者不是全知全能的上帝,而是叙述人的书记员,写作就是作者不断撤退的过程。他推崇纪德式谦逊的写作,这种谦逊的写作才能让故事自己呈现出来,而不是由作者强行"说教"后,以非真诚的、扭曲变形的状态出现在读者面前。《艾城奇人异事》共有十八段小故事,谢志强对待每一个故事都采取一种完全信任的态度,甚至不免有些"放任"故事,作者不对故事进程和方向进行任何"干涉",而是任由故事自我呈现、自由表达,无论这个故事是有力的还是无力的,谢志强都没有采取剪辑、编码等"措施",既不压制有强力的故事,也不辅助无力的故事。我感觉,谢志强就像一个过分溺爱孩子的父亲,他将故事视为自给自足、自我负责的孩子,唯恐采取一点点措施就会损伤故事的原初状态,他乐意把叙述人放置在一个非常低的位置上。他任由那个小男孩在车厢里吵闹(《妈妈打电话的地方》),"我"和周围的人都没有干涉,中年妇女尽管有些不满意,但还是配合小男孩打电话。他对那个《草莓冰激凌》里女儿交换父亲的举动,既没有评价,更没有制止,而是让小女孩把自己设想的"动作"进行下去。在《劳务费》中,他静静地看着两个小孩把家里搞得乱七八糟,其中一个小孩由此想出"生财之道",把家里搞乱,然后再整理,以此向父母讨要"劳务费"。《对虾》叙述一件"异"事,两个毫不相关的因素被一种奇怪的逻辑联系起来,一种因素是抽烟,一种因素是对虾。这是一家富有艺术气息的特色餐馆，召集人订餐的时候，特意问老板是否允许抽烟，老板告诉他全城戒烟，如果要抽烟，必须为每位客人订一份对虾，而老板亲自端上来的对虾是不能吃的，只能作为"抽烟"的条件。在烟雾弥漫中，召集人再一次提醒专家不要吃对虾，故事到此结束。叙述人没有对这个"异"事进行任何评价，他要做的只是把故事原原本本地呈现出来，但香烟和对虾的奇异组合仍然弥漫在餐桌上，弥漫在读者的心里，让读者自己进行判断。也许，正是由于《艾城奇人异事》采取了这种谦逊的、低位视角的叙述姿态，可以让读者"平视"所有的故事和人物，体验故事的原初状态，并毫无压力地伸展自我判断。

不动声色的忧虑是《艾城奇人异事》的情感基调。谢志强是一个很宠爱孩子的人，在我的印象中，他对孩子很迁就，对后辈文学写作者倾心提携，不遗余力，圈内传为美谈。正因为他是一个爱孩子的人，对受到伤害的孩子就特别敏感，总是能够在平淡无奇的日常琐事中，发现特异之处。《艾城奇人异事》中叙述的有些事情，在我们看来或者不值一谈，或者习惯成自然，在不经意中悄悄滑过，当他把这些事情叙述出来之后，会让我们突然意识到事情的严重性，让我们看到孩子们受到的伤害有多深。在高速奔驰的高铁上，那个顽皮喧闹的小男孩，总是在询问妈妈打电话的地方，他已经习惯了通过电话听到妈妈的声音，非得要求阿姨做出打电话的动作，才觉得阿姨接受了他的感谢。当列车穿过田野进入高楼林立的城区，小男孩真的找到妈妈打电话的地方了吗？读到这个故事，打工者的辛苦和孩子的孤独，总给人一种心酸的味道。《劳务费》叙述父母为了培养孩子劳动的品质，通过发放劳务费的方式激励孩子做家务，竟然在孩子幼小的心灵中埋下"生财之道"。《草莓冰激凌》中的小女孩,已经学会用"交换原则"处理自己的生活,在她看来,整个世界都是商品,不仅超市货架上是可以交换的商品,而且超市的工作人员、顾客、叔叔阿姨甚至父亲,都是可以交换的商品,她用父亲和叔叔交换而获得草莓冰激凌。《爱丽丝的警告》中那条小狗,像"公主"一样骄横、富贵,对新房客没有一丝一毫的理解和尊重,一味索取高档次的享受,竟然还有生活补贴。狗尚如此,而况人乎?《萤火虫》中,丈夫因为工伤获得3万元补偿,夫妻二人均停止工作,陷入打麻将的狂欢中,放弃对孩子的关爱和培养,导致小儿子落水死亡,而父亲竟然冷漠地说:"换个地方,再生一个。"《小心着火》有点魔幻现实的意味,"他"一进入恋爱状态身体就着火,阴差阳错,竟然变成了消防员——道德消防员,陷入一种迷狂状态,专门干预男女青年谈恋爱,提醒人们"小心着火",这种"断崖式"变化,令人吃惊。当年,鲁迅笔下的"狂人"在癫狂的状态下发现封建文化"吃人",今天"他"摁着电喇叭,四处喊:小心着火。由恋爱时着火到道德消防员,精神和身体发生了"天翻地覆"的变化,是一种伤害,还是一种幸运?作者没有点出,读者自会明白。

(原刊于《文学港》2018年第11期)

怀旧的快乐与感伤：关于时间的叙述
——读陈烽的《岁时帖》有感

海外学者浦安迪在《中国叙事学》中称中国明清小说为"奇书文体"，认为这种"奇书文体"的时空布局是以中国文化特有的时间经验和空间经验为基础构架布局，特别注意节令的时间处理，在节令中安排人物活动，表现人物性格，塑造人物形象，通过节令变化象征人生经验起落的美学意义。确实，节令是中国人千百年来积累而成的把握时间的方式，浸透着中国人丰富的生产经验和生活智慧，延续、传承着中华文明最稳定、最动情，也是最敏感的因子。在没有近现代科学技术的"前现代"历史中，冬去春来，花开花落，日出日落，月缺月圆，那时候白天是亮堂的，夜晚是漆黑的，天空是鸟儿撒欢的乐园，山野是秋风跳舞的场所……四季周而复始，岁时节令变化指导着农业种植，也实际安排着人们的生活节奏。进入现代文明以后，工业技术和后工业技术催生了多样化发明创造，人们的生活空间和生活节奏发生了天翻地覆的变化，"城市"作为现代文明的集约地，在提供了太多方便的同时，也把人们捆绑在狭小的空间和局促的时间里。"世界那么大，我想去看看"，许多人开始幻想着"诗与远方"，走上了寻觅的道路，而怀旧——在情感上回到农业文明的生活中，成为文学艺术家寻觅诗与远方的主要方式。不知道从什么时候起,许多散文作者突然回归"传统文化",以岁时节令为线索,感怀童年生活时代的乡村生活,追忆乡土风情人物的纯净和淳朴,实现短暂"疏离"现代生活节奏、慰藉心灵的目的。《岁时帖》也是这样一篇散文。

《岁时帖》是一篇关于时间经验的叙述。作者从清明开始写起,度过立夏、端午、中秋、冬至、腊八、祭灶、祭祖,来到春节,笔墨记叙大半年的岁时年节。岁时年节,指向相对固定的日期(所指时间),是一年中普通的一天。同时,岁时年节又不仅仅是所指时间,而是包含着丰富的情感记忆和生命价值,已经成为中华民族的文化符号,具有强大而深邃的能指功能。清明节的时间位置在阳历四月五日前后,用阴历来算正处于阳春三月,正是踏青的好时节,而踏青郊游与扫墓祭祖结合在一起,形成中华民族认祖归宗的纽带,所以清明又称为踏青节、三月节、祭祖节,节气和节日叠合在一起,固定的时间(阳历四月五日)乘着情感的翅膀,飞跃千年,横跨九域,凝聚炎黄子孙的共同情感。中秋节的所指时间是阴历八月十五日,全球华人在这个月圆之夜,赏天上明月,祈求世间团圆美满,游子寄托思乡之情,离人倾诉别离之伤,拜月赏桂,吃团圆月饼,饮桂花酒,赋诗作词。当陈烽选择"岁时"作为叙事经络的时候,并没有陷入集体经验的"宏大叙事",而是选择浙东乡村生活着的人物,以及他们在岁时年节的活动。母亲、父亲、彩英阿婆、阿红、阿毛娘、阿伟……这些出现在岁时年节"时间"中的人物,既沐浴在中国岁时年节文化的氛围中,也是中国乡村文明传承锁链上一个一个小小的点。他们从长辈那里继承了岁时年节仪式规范和情感经验,在不知不觉中内化为自我生命价值的一部分,并在20世纪的浙东乡村,在日常生活中,按部就班从容不迫地践行着中华岁时年节文化积淀的深厚内涵。也许，正是因为有这些人的不息传习，中国岁时文化的历史底蕴和浓厚情感，才能一代一代地行走在乡村的日常生活中。就此而言，这些乡村的普通人，既是一个一个具体人物，也是身处于中华文明"深层结构"中的历史传承者。

《岁时帖》是一篇关于民俗风情的叙述。在乡村，农业生产与乡村生活是随着岁时节令变化的，陈锋记述了浙东乡村与节令相关的生产和生活习俗，绘制浙东民俗风情画卷。清明时节，全球华夏儿女祭祖，各地因地制宜，产生了诸多富有地域特色的民俗活动。对江南乡村而言，最重要的生产活动当然是采茶，抓紧时间采摘明前茶，城里爱喝茶的人士翘首期盼，商家们早就制订了明前茶销售计划。清明节祭祖，远在城里的叔叔回到家乡，全家人忙碌而快乐着。做麻糍的习俗流传已久，当季的艾叶与蒸熟的糯米混合在一起，还有松花粉撒在上面，绵软如婴儿皮肤，香气满满。一家人带上麻糍、塌豆腐、炒蛋、粉丝羹、油煎小黄鱼，来到祖宗坟前，一份祭奠宗族，一份敬献土地公公。立夏是进补的时节，吃茶叶蛋，还有拄蛋比赛；吃田螺，眼睛会大而明亮；吃山笋健脚劲，焖倭豆饭，吃乌米饭，年轻后生补充身体能量，健康成长。"五月白糖揾粽子"，端午节晒雄黄酒，插蕲艾，挂菖蒲。中秋佳节提前半个月做各种馅的苏式月饼，炖煮鸭子芋艿。冬至时节晒太阳，晾被褥，磨糯米粉，各家忙忙碌碌准备冬储。腊月时节"浆板睡进被窝里"，蒸年糕拉开迎接新年的序幕。这些关于风俗的记述，让人如闻其声，如临其境，特别是各种江南美食，勾人馋虫。在作者平稳有致的叙述中，我们看到江南乡村日常生活细节，也感受到作者一种难舍的眷恋。这种眷恋，是对即将逝去（或者已经逝去）生活的一种怀念，也许是一种旧梦重温。踏入往昔梦境中，感受着童年时代的风趣、淳朴，一梦醒来，却不免感伤，有点"追忆似水年华"的味道。时间，过滤了曾经丰富多彩的日子，淘洗着人，也淘洗着事。进入工业时代、商业时代、信息时代，那种自给自足、乐在其中的乡村生活场景，也就日渐稀少。许多并不遥远的鲜活生动的民俗活动，已经进入了博物馆、展览馆，有些成为旅游景区、人造"古镇"的旅游表演节目，这些民俗事项已经不是"活"在日常生活中，而是被"保护"起来，像金丝雀被"圈养"了。当童年、少年时期亲身参与的民俗活动进入博物馆、展览馆的时候，是不是意味着人也即将进入属于自己的博物馆？这样说来，民俗叙事何尝不是一种时间叙事？也许是一种更为感伤的时间叙事。

"时间永远是我们的敌人"，爱·摩·福斯特这句话即便不是针对人类所有时间观念而说的，也在很大程度上道出了人类对时间和生命的恐惧和无奈。由于时间的一维性，具有不可逆的特点，人类在漫长的进化发展过程中，不断地通过时间获得自由，但始终无法跳出时间的限制。在生产力并不发达的农业社会，自然界的时间法则还发挥着巨大的作用，"日出而作，日落而息"，自然时间决定着人与自然之间的生命联系，自然既是人类的敌人，也是人类的朋友，是人类的上帝。在人类一切关于生命的记忆中，融合自然大道的"天人合一"与超越自然限制的"人定胜天"长期并存，农业社会那种迂缓舒适、自由娴雅的节奏和情怀，常常通过文艺作品传达出来，在心为志，发言为诗，"处中区以玄览，颐情志于典坟；遵四时以叹逝，瞻万物而思纷；悲落叶于劲秋，喜柔条于芳春"。进入工业社会和后工业社会之后，缅怀、追忆农业社会条件下的生命体验，钩沉乡村生活的童年情感，借以实现生命价值的一种"复归"。在怀旧的快乐和伤感中，短暂地梳理"当下"生活和生命状态。于是，催生了《岁时帖》这一类文学作品，用怀旧的笔墨书写童年时代乡村生活的快乐，带着伤感的情绪向那些乡村的人和事告别，传达时代风云变幻中个体或群体的情感记忆。

看来，人还是敌不过时间。

（原刊于《文学港》2018年第12期）

第 二 辑

作家面对面：研讨会发言稿

用自由跳脱的语言叙述被动拘谨的人物
——李金波《舅舅大人在上》《我姐》研讨会发言

2016年,李金波相继推出中篇小说《舅舅大人在上》(《西湖》2016年第4期,《小说选刊》2016年第5期)和《我姐》(《江南》2016年第3期,《北京文学》中篇小说月报选刊2016年第6期),殊为不易。李金波的名字我比较陌生,作品也没有读过,开始以为是一个文学青年,读罢文本,发现他操作小说技术非常熟练,主题凝练、场景转换、人物塑造等方面,表现得很成熟,特别是具有自觉而独立的文学叙述意识,善于从社会现实的纷纭变迁中,捕捉底层小人物的艰辛与欲求,很好地把控了叙述人与人物之间的距离感,用自由跳脱的语言,叙述被生活压抑的、背负传统文化、有些被动拘谨的底层人物。

这两篇小说有个共同特点,都是叙述家人,不管是舅舅还是姐姐的事情,"我"都很熟悉,都有发言权,从而在叙述视角层面奠定了叙述人的"合法性"。同时,第一人称叙述人与主人公保持适当距离,可以在故事中自由出入,从而保证叙述语言自由、跳脱,叙述人跳出故事进行超出边界的叙述。两篇小说的叙述人经常跳出人物形象的边界,跳出故事推进的边界,进入叙述人自我的"时空"和感觉,采用近距离和远距离相结合的叙述态度,把背负着传统文化、生活态度显得被动、人物形象显得拘谨的舅舅、姐姐,放置在个人/社会、传统/现代、被动/主动等语义轴上,进行具有时代性和超越性的考辨,体现作者"看闲书、写闲事",从闲事中寻找不闲的写作意图,使本文获得更为广泛的超越性意义。

在两篇小说中,主人公舅舅和大姐都是被动的人物,他们的性格是拘谨的,因为他们身上背负着太多传统的文化内容,而这些文化内容已经被这个时代有意或无意地遗忘,他们显得与环境格格不入,疲于应付,被环境推着艰难前行。

李金波的中篇小说有两种张力。第一种是本文内部跳脱的叙述语言(从内向外溢出的感觉)与被动拘谨的人物形象(总是向内收敛)的矛盾冲突所形成的张力;第二种是文本外部,受传统文化、伦理、技艺拘束的人物,与当下社会语境下伦理失范、价值重建的矛盾冲突所形成的张力。这两种张力相互牵扯,构成我的体验式阅读,也使我审视这些本文的价值。

李金波的文本呈现出三个要素:被动的人物,跳脱的叙述,开放的故事。

一、被动拘谨的人物形象

《舅舅大人在上》写了三个阶段的故事,很有意思,这些阶段分别代表了妇科中医朱大庆的三种生命状态,也与三个女人紧紧联系在一起。

第一个阶段是朱大庆辞去教职(代课教师),进入杞芝堂学习传统中医的故事,这段故事是朱大庆青年时期的状态,是生命的上升期,也是生命的失落期。朱大庆的上升和失落都与一个女人有关:杞芝堂的洪梅。进入中医行当因为洪梅,离开杞芝堂也是因为洪梅。因此，这段故事可以成为朱大庆的洪梅时期。第二个阶段是朱大庆离乡背井，四处流浪时期，是朱大庆无根的生活状态，他选择一个同样无根的张二妹，在张二妹的诱惑下，"被动"地成为男人。可以称为朱大庆的张二妹时期。第三个阶段是朱大庆回乡经营，在坎镇开诊所"博爱"，由诊所进入乡卫生院，朱大庆由走方郎中，逐渐进入社会体制，事业蒸蒸日上，尽管麻烦不断，但有贵人相助，这个贵人就是刘芸——体制内的副院长。

李金波实际上写了一个男人朱大庆和三个女人的故事。三个女人不算多，陈忠实老师给白嘉轩安排了七个女人。莫言的《檀香刑》为孙眉娘安排了三个爹，亲爹孙丙，干爹钱丁，公爹赵甲，一部长篇小说，就是孙眉娘三个爹的折腾事。关键是，三个女人标识出朱大庆三种存在状态，洪梅、张二妹、刘芸，是作为中国当代社会三种不同语境进入朱大庆的世界，通过朱大庆与她们的纠葛，折射出底层人物朱大庆的生命历程和生活理念。

在朱大庆一生中，只有一件事是他心甘情愿的主动选择：辞去教职，进入杞芝堂学习中医。然而，这次选择也是一种无奈的选择，用朱大庆的话说：他只是一个代课教师，没有编制的临时工，没有什么可失去的。更不用说，进入杞芝堂后，他只能学妇科，而无缘学针灸。花500元钱救出张二妹，看似是朱大庆的主动行为，实际上朱大庆不是心甘情愿的，因为张二妹的老乡不出手，朱大庆深受传统文化仁义礼智信的影响，他无奈之下救出张二妹。

除了上面两件事，小说中其他事情，都是被别人推着走的，娶张二妹，开诊所，上法庭，成立博爱医院等，都是被动的。朱大庆身上基本没有向外的攻击性行为，他缺乏主动出击的力量,只有向内的防守型内蕴。因为,朱大庆是拘谨的,他承载着太多的文化理想;而这种传统中医所秉持的文化理想和人文精神,在现代是不合时宜的,只有艰难前行,而且危机四伏。

如果说朱大庆这个人物是被动的,拘谨的。那么《我姐》中的大姐金秀,则是一个全面退守、彻底拘谨的人物。《我姐》的主要人物是金秀。为了写好金秀,李金波找到一个参照人物——二姐金玉。用金玉的开放叛逆,建立一个理解、评价金秀的视角和标准。金秀应该是这篇小说形成的第一个人物形象,是一个想做贤妻良母而不得的底层人物。金秀的悲剧不仅仅是她个人的悲剧,也是传统女性遭遇当代中国社会巨变的悲剧,更是传统文化的当代悲剧。所以,金秀的悲剧不是性格悲剧,也不是命运悲剧,而是社会悲剧,具有深刻的历史动因。

在《我姐》中,"金秀"的外形是光彩照人的,但性格是被动拘谨的,温柔顺应,而不是积极创造,她的命运从来不会掌握在自己手中,而是由别人推动。她主动干的事情,只有一件,选择了其貌不扬的建设。建设和邢小时,推动、拘管着金秀的生活。小说中金秀在医院照顾公公的一段描写,"我"和"二姐"金玉很生气,而金秀却毫无怨言,觉得一切都是应该的,给人们留下了深刻的印象。小说后半部分,金玉开始强势介入,成为推动金秀的主要力量,她力图将这个贤妻良母改造成现代独立女性。最后金秀去治病,众舞友车站送别的场面感人,让我不由得想到20世纪80年代的电影《乡音》结尾的场景:男主人公推着独轮车,载着身患绝症的女主人公,在山间小路上艰难前行,独轮车嘎嘎吱吱的声音和火车轰隆隆的画外音,交织成传统与现代的复杂二重奏。电影的主题是走出山区，走出愚昧，走出传统，走向外面世界，走向现代化，走向文明。有意味的是，《乡音》的女主人公也是被动的、压抑的贤妻良母，她的表妹——在县城读过书的姑娘，打抱不平。是啊，四十多年过去了，《我姐》中的金秀，给了我们不同的阅读体验。从渴望现代，到回归传统，折射出中国社会心理的变迁，然而，为什么都是让主人公患病，而且是难以治愈的病，难道只有让传统型女主人公得大病，才能解决问题？

二、自由跳脱的叙述

这两篇小说，叙事技术比较成熟，编制故事的能力很强，切分、组装故事各部分"零件"时不露明显痕迹，跨越不同时序结构时从容自然，叙述人身份设定很有技巧，从而，让整个叙述语言能够自由伸展，时常跳出故事，脱开人物身份、时段的限制，将过去的"事件"讲成一个指向一般时间性的故事，能够自由地回溯，能够不着痕迹地用后来时间的结果，判断事件进行的状况，也能够保证故事的开放性，从而增强阅读的快感。

《舅舅大人在上》一开始用倒叙手法，告诉我们三个信息：第一，舅舅朱大庆成了绯闻人物，绯闻对象是刘芸；第二，绯闻传播时，朱大庆正在和杞芝堂有官司；第三，作为朱大庆的家人，"我"没有义愤填膺，而是以"中立者"的态度作为一个旁观者"过电影"。前两条是指示故事线索，第三条是稳定叙述者"立场"。叙述人明确告诉读者，在叙述这个故事时，"我"的立场是稳定的，不受人物关系的影响，不受社会传播的影响，提醒读者不要把叙述人当成故事中的人物，"我"只是一个叙述者，一个远远超出人物和故事的叙述者。

在这篇小说中，"我"几乎没有参与到任何故事之中，面对我舅舅的故事，尽管我曾和家人一起去法庭，但"我"什么也没做。可以说，作为故事主人公的外甥，我也是故事中的一个人物，然而，这个人物是模糊的，是没有推进或延迟故事功能的人物，当然更谈不上格雷玛斯所说的"辅助者"或"反对者"功能。"我"作为人物的模糊性，却进一步强化了"我"作为故事叙述者的稳定性、独立性和功能性。从而，"我"能够保持自由、独立的姿态，进行故事叙述。叙述语言不仅可以跳脱出人物，也可以跳脱出故事，获得叙述动作的普遍意义和纯正价值——技术功能。试举例：

1. "在知识分子成堆的学校，校长说话却一贯不那么知识，从不着意包装，总是赤裸裸地直奔主题。"（朱大庆这时着意装扮尊严，向校长显示独立人格的力量。这段对中国式校长的评价，显然不属于朱大庆，而是叙述人的认识，叙述人跳出朱大庆，跳出故事，跳出时代，直接面对读者说话了。）

2. 为了不使自己崩溃，我舅本能地选择了逃离，也可以叫战略转移，离开把自己当成坎镇梁祝的洪梅和胡扬。当时，坎镇男人都在向外走，天南地北去淘金，我舅也想走走，走出去才有发展，像湘潭师范学子走出韶山冲那样，混出个样来，让坎镇人惊羡，让洪梅懊恼。（在叙述故事时，突然加入湘潭学子一句话，扩展了叙述内容，叙述溢出故事和人物的认知格局。）

3. 我舅离开坎镇并没有明确的目的地，像失群的雁一样四处乱窜。等到他随着浩浩荡荡的民工流一头扎到省城，已经是三十大几的人了，按老标准，已届中年。现在的人长得少性，再加上他还没成婚，社会上习惯称他这样的人为大龄青年。（当时的社会状况——民工潮；老标准——陈旧性；"现在""社会"——引入社会背景，更能清晰、客观地叙述人物的状态。）

4. 他这才发现，道两旁的店铺是清一色的理发店和洗头房。门脸上装潢得醒目又招摇，千姿百态，橱窗上画的都是光屁股女人。说来这也是城里一道靓丽的风景，这类广告中，女人都是比着脱，你露胸我露腿，露得越大，顾客越多，效益越好。（跳出人物眼前，进行一般性叙述，运用社会流行语、俗语、套语，进行评价式叙述，后文还有"一个中心两个基本点"等，都是跳脱式叙述的表现。）

三、叙述的张力与文本意义

两篇小说，都是"我"家的故事，一个是舅舅，一个是姐姐，家里的故事拉近了写作者与故事的距离。相对于《舅舅大人在上》，在《我姐》中，"我"的参与度更强一些。小说都是家庭琐事、闲事，从闲事中引出社会变迁。

朱大庆是秉承传统文化记忆的人物，作者说想体现"仁、义、礼、智、信"；金秀具有传统的贤妻良母情结，忍辱负重，面对生存不公，不敢发出怨言，不敢直面。他们的共同命运揭示了一个问题：面对现代日益复杂的社会经济文化，传统应该如何自我更新？传统还能够"传"下去吗？《舅舅大人在上》中，一个大学生（刘芸的儿子）用一个很不地道的"抢注商标"，就将朱大庆和刘芸搞得不知所措，小说的结局是一种"和解"式结局，也许是无奈的设计，但何尝不是一种投机。《我姐》中,金秀在金玉的怂恿下,开始学习舞蹈、美容、桑拿,重新拾回少女的艳若桃花。是一种策略,是一种抗争,抑或是一种解脱?

李金波小说的叙述张力,说明他是一个有潜力的小说写手。从进一步挖掘潜力的角度,给他提点建议,供他参考。美国学者葛浩文在《中国文学如何走出去?》中曾经说过:中国小说如同韩国小说,在西方并不特别受欢迎,至少在美国是这样。日本的、印度的,乃至越南的,要稍好一些。之所以如此,可能是与中国小说中的人物缺少深度有关。……叙述是以故事和行动来推进的,对人物心灵的探索,少之又少。

《舅舅大人在上》《我姐》的推动依靠叙述,对人物心灵的探索,显然不够深入。作为一个写作多年的作者,应该考虑调整了。如果小说叙述局限于"我"的事实体验,没有对人性、人心的深刻追问,小说就只能靠"故事"了。面对当今的社会矛盾,从人性完善的视角,做出必要的回应,是一切汉语写作者不可回避的责任。

小说是要讲故事,但小说绝不限于故事。故事是一个载体,而对故事的叙述要不断突破边界,打破各种篱笆。这里有两个东西不能打破,而且要遵循历史、美学,进行有深度和力度的叙述。

《舅舅大人在上》《我姐》给我的印象:"埋头讲故事"。坎镇是一个镇,这个镇上有许多东西,有许多人,不仅是与舅舅有关的人和事,还有树、水、狗、猫等等。如何写出小镇的丰富性、完整性、深刻性,构成人物活动的充分前提,小镇"不活""不深""不丰",人物的分量就有限。关于小镇的书写,文学史上有太多成功实践,可以参照。

从技术上说，小说不仅有叙述，描写功能也非常重要，罗兰·巴特有非常经典的论述。风景、风物、人物的描写是小说的组成部分。如果描写功能不够，小说就剩下讲故事。就好像一棵树，只有主干（故事主线），没有枝和叶片，这棵树的质感、肌理就不够丰富。我希望作者能够充分利用小说这种文体的可能性，写出更有质感、肌理丰富的小说。就此而言，《红楼梦》《三国演义》，卡夫卡的小说，都非常注重细节，注重叙述肌理。小说不能一味讲故事，也要注意故事之外的东西，也要抓住一些细枝末节。小说除了"事"，还有"情""趣"等很多东西。

2016年6月6日于慈溪

冷面杀手雷默

——雷默小说集《追火车的人》研讨会发言

阅读雷默的小说,总会产生一种紧张感,总感觉要"出事"。事实上,雷默的多篇小说都"出事"了,而且是残酷、悲惨的事情,似乎,不出事就不能构成小说。

雷默善于运用现代叙事技术,把悲惨、残酷的事情写得冷峻。他常常采用"匠人"的手段,把故事的各种要素、各个零部件拆解开来,然后按照"出事"的叙述逻辑进行组装、拼接、缝补,彻底打破故事的自然流程(热拉尔·热奈特在《叙述话语》中说过:没有任何一个作家是完全按照事件的流程讲述故事的),也打破关于事件的常规性文学流程,扭断读者的思维逻辑。然后,蒙住读者的眼睛,牵着读者的手,把读者领到一个陌生的、神奇的、有些极端的世界。

这样做,当然需要技巧,不是一般的技巧,而是一个高级"工匠"的神奇技巧,具有相当难度的技巧,费时费力耗心血。然而,他乐此不疲,仿佛一个高冷的杀手,面对一个高质量的杀戮对象时,才会聚精会神,精研各种技术,精心设置线路,反复模拟场景,最后选择一种最直接、最简单、最见效的杀人方式。

阅读雷默的小说,我总是不自觉地联想到莫言的《檀香刑》。那个"大清国第一刽子手"赵甲,为了让打死德国

"洋大人"的亲家翁孙丙"青史留名",费尽千辛万苦,调动一生杀人的经验,设置了旷古未有的刑罚——檀香刑。所不同的是,赵甲挖空心思杀人,雷默挖空心思杀死故事。

是的,雷默的小说,第一步是杀死故事。他首先把一个完整的、有序的故事"肢解",一个个要素、一个个部件,包括时间、人物关系、道具、肢体动作、人物行动、语境等,把这些故事"器官"零乱地摊在面前。然后,十分专注、十分冷静地拿出称手的工具,重新组装,构成另一个故事"活体"。

他热衷于干这事!

如果我的猜测没有偏差的话,雷默讲故事就像"练摊"。他会把故事拆开,不同"功能"的零件,毫无逻辑地放置在桌面上(更大的可能,是在马路牙子上,铺开一张油布纸,上面摆放着各种各样的故事"肢体",让我联想到毕加索的《格尔尼卡》)。然后,雷默搬来小凳子,整天坐在地摊前面,瞪着双眼看着这些零部件,思谋着各种诡异的"坏主意",选择"不走寻常路"的组装方式。

这样做,当然会伤害故事的流畅性。所以,雷默的小说不会追求流畅自然,叙事过程中有时会出现断裂感,甚至让人觉得故事即将"掉线"了,然后,峰回路转,雷默式的组装出场,解决问题。他更加追求组装的有效性,也就是个性化的艺术表现力。

这样做,让雷默的小说不够"温情"。在小说的叙述层面,一切人情冷暖、人文情怀、底层关注,都消弭于冷静甚至冷酷的故事组装中。于是,我们会看到《追火车的人》砍下自己的手,看到由一句不起眼的谎言所引发的系列凶杀案,看到边疆对朋友的冷漠和躲避。

作为一个"故事练摊者",雷默并不老实。他不仅紧紧守住自己的摊点,还会时不时到别人的摊点上拿"工具",进一步强化故事的叙述难度,借以制造更加意外的叙事效果。给我印象最深刻的是《追火车的人》中那条突然出现的狗。主人公发誓寻找父亲失去的手,千里追火车到大同煤场火车站,这已经是极端个人的行为了。但雷默没有就此停止,而是在主人公找到手返回家乡的路途上做足文章,先是乘坐黑车,继而遇到劫持者,再是搭乘拖拉机,眼看就要到家了,毫无预兆地蹿出一条狗,叼走了千辛万苦找回来的"手",让主人公的努力遽然化为泡影。

也许,这条狗早就在雷默组装这个故事的思路上,只是寻找时机放出这条狗,决定着故事的进程。但,从故事本身的逻辑来看,这条狗不应该出现在叙述锁链上,如果早就养好了这条狗,还大肆铺张、渲染火车站的煤场干什么?还别有用心地从"场外"借来一只手干什么?只能有一种解释,这条狗是雷默从别人的"地摊"上抓来的,就是为了把主人公推向绝望的境地。

同样的场景还出现在《安息日》中,小说开头讲的是"王武出事的那天下午,风暴就平息了",当船长通过卫星电话尽可能委婉地向王武家人报告王武出事的消息时,当大家集中在甲板上向王武遗体告别时,甲板上升起一片温情,我们以为故事要结束了。没想到,雷默"派"来一群鲨鱼,开始翻江倒海,而小说的结尾竟然是"晚上鲨鱼宴"!

马原先生曾经说过,他写小说不是为了表达生活经验,而是展现"极端个人化"的超验。读雷默的小说,有着非常明显的"个人超验"感觉。他的极端个人化的超验,首先是杀死故事——像一个冷血杀手,按照极端个人化超验重新组装故事，自己躲在故事背后，让故事逐层推进，实现他极端个人化的叙事诉求。

冷面，是优秀杀手的基本素质。然而，对一个小说家来说，冷面只是体现在叙述层面的面具，在冷面的背后，雷默实际上有一个温热的心。他的小说，始终关注弱势群体，关注时代转型期普通人的生存困境和情感体验。《追火车的人》尽管极端，尽管冷酷，但主人公执着地寻找父亲的手，竭尽全力保全父亲遗体的完整性，何尝不是一种人间温情？

还有那个妻子临产、父亲卧病在床的男主人公，为了给妻子买几只鸡蛋而引发的一系列变故，将"临死"与"新生"奇怪地组织在同一幅画面中，读之让人心酸不已。《啊，秘密》中，我和边疆共同保守着一个秘密，尽管中间有过冷漠，有过躲避，有过误解，但最后朋友和解，决定不把这个秘密告诉边疆的妻子："让她有一个好印象！否则对她太不公平！她是一个多么好的姑娘。"也给人带来温情。

可见，雷默——这个冷面杀手，还不太冷。

2017 年 11 月 24 日于北京

有根的写作

——彭素虹《我们》研讨会发言

宁波出版社出版的彭素虹小说《我们》,洁净大方,在白底上加诸红色剪纸画,颇有艺术感觉。读完整本小说,这种感觉更明显,彭素虹的文字洁净素雅,出版社处理章节分页、插画,贯穿了封面的文化诉求。从写作到出版,都是一本"用心"之作,显现出向民间、向底层寻求文化之根的理念。

彭素虹用书信体讲述了四个家庭来宁波打工的故事,以女儿口吻向父亲汇报"我"和老乡在宁波打工生活的欢欣与痛苦,纪实的叙述态度、平静的叙述语调、稳定的叙述视角、清晰的叙述逻辑,为这篇小说提供了真实性保障,将一个非虚构的故事变成一种有根的写作。

以有根的姿态书写无根的群体,是潘素虹《我们》给我的突出印象。"打工"是20世纪90年代以来中国最显在的社会现实之一,只要我们看看每年春运忙乱的状况,就不难理解打工一族的艰辛。在当代城市化进程中,中国城市人口呈现几何倍数增长,城市建设日新月异,每一个城市发展都深深地镌刻着外来务工人员的印记,是他们长期超负荷的劳作、与收入不成比例的付出,支撑城镇化高歌猛进。许多沿海发达城市,外来务工人员(包括新城市人)的数量远远超过

"原住民"。这些离乡背井的务工大军，长期处在社会最底层，拖着疲惫的身心，忍受着亲情难舍的煎熬，像浮萍一样在异地他乡"无根"地漂泊。忙碌地劳作、深沉地思念、频繁地游走，让他们无暇言说自我，导致群体性失语。即使偶尔有夹缝中的呻吟，也往往被现代性话语所湮灭。那种短暂采访而形成的纪实文本，那种抱着同情而书写的文体，许多是隔靴搔痒，难以深入到"底层人"生活和情感的深处、细处，只能借助虚张声势、人为编织，挖掘深刻与宏大。

谁来代他们立言？谁来发出底层的声音？作为一种有责任感、使命感的底层写作、打工文学，在当今中国是需要的。我们需要更多的底层作家书写中国最庞大群体的生存状态和生活诉求，发出最底层的声音。因为，失去这种声音，整个中国的文化声音就出现残缺；这种声音表达不够充分，整个中国声音就不够响亮。

彭素虹就是来自底层的作者，《我们》就是一种底层写作。她本就是一个打工者，经历过打工的每一个细节，长期与老乡们在一起，熟悉他们的每一个细胞，触摸过他们布满伤痕的每一寸肌肤，感受过他们疲惫不堪的身心，也分享过他们的欢欣与慰藉。她与这庞大的底层群体有"通感"，套用一句话：同呼吸，共患难。《我们》不是走马观花式写作，不是"作为"底层的写作，不是"为民请命"式的写作，而是本色写作，是一种有根的写作。她的根扎在打工者群体中，扎在打工的土地上，扎在外来人员的思乡情怀中。所以，她能够以有根的姿态，书写这些无根漂泊的群体。

有根就有底气。这种底气表现在叙述视角选择、叙述节奏把握、叙述线索设置等方面。

《我们》不像有些底层叙事、打工文学那样，或者渲染苦难,或者拔高境界,或者编织传奇。彭素虹采用了一种平静的内聚焦,将打工群体的生活叙述成为一种"常态"生活方式,没有苦大仇深,没有怨天尤人,也没有自怨自艾式的喃喃自语,而是用一种平常心,向父亲汇报自己以及周边人物的日常生活。围绕着"我"、柳莺、杜鹃、黄鹂四个家庭,所有人物的出场都极其自然,所有事件的发生都顺理成章,既没有"情理之中、意料之外",也没有大开大阖、波澜壮阔。所有的故事、人物都是"平常"的,都处于日常生活经营的过程中。这种选择来自彭素虹对打工生活的长期"浸淫",已经失去了"惊奇"效果,跨过了"陌生化"的阶段。于是,《我们》的叙述节奏是平缓的,见不到丝毫激越澎湃的快节奏,几乎与实际生活"等距离"的叙述方式,抹平了许多起起伏伏、浪涛翻滚,即使偶尔遇到"风起云涌"的场景,作者也尽可能进行"海定则波宁"式处理。与叙述节奏保持一致,叙述语调是平缓的、平静的,作者用最大的勇气和宽阔的胸襟,淘洗了现场感的紧张和纠结,显示出乐观、豁达而祥和的情感基调,叙述王劳动受伤事件处理、柳莺买房赔款、群体打架事件、季夏老公出轨过程,没有把事件的现场感搬进小说,而是尽可能过滤事件现场的浮躁气息,采用"回忆"的语调、向父亲汇报的口吻,把故事控制在平缓、平静的叙述中。

如果说,"有根的写作"令我欣赏;那么,这个根扎得不够深、根系还不够发达,由此导致枝叶不够繁茂、线索不够丰富、思考不够深入等,则是我对彭素虹的批评。根深叶茂、根系发达,甚至像榕树一样有须根,顽强地、霸道地争取阳光和水分,才能成就一棵大树。《我们》中有些地方,已经接触到当代中国的深刻问题,可惜被作者轻轻带过,没有进行更为深刻的"开掘"。如小说一开头叙述我和柳莺两家人从攀枝花钢铁厂辞职,实际涉及国有大型企业改革的大课题,涉及沿海民营经济发展的大课题,而两相对照,更能够昭示近 30 年来中国社会变革主流方向。如季夏老公出轨,已经触摸到在经济社会文化发展不平衡语境下,拷问当代中国伦理与人性健全发展的深刻问题,这个问题不仅困扰着当代中国许多底层务工人员,也检验着我们的社会伦理与公平。如果在这些事件中,进行深入思考,再组织鲜活的生活材料,进行更有力度的叙述,小说可以更上一层楼。

彭素虹是一个有情怀、有技术、有前途的底层文学书写者。希望作者能够坚持有根的写作,敢于触碰中国社会变革浪潮中的深层次问题,把这 30 年的"阵痛"揭出来,甚至不惜撕开即将痊愈的伤疤。在叙述语言层面,彭素虹已经是一个"熟练工",但如何让语言更有质感,更有承受力,还需要不断努力。不妨让语言更驳杂一些,尝试多种声音混杂的语调;在情节设置方面,多一些枝枝权权,甚至节外生枝,情节推进可以再狡猾一些。

借《海上九章》谈谈诗歌
——致 tiger 的信

首先,多谢你的信任,将新作发给我看。阅读你的诗歌,仿佛又找到了九十年代阅读徐红林诗歌的感觉,红林是我的朋友,长于写组诗,诗句中偶有让人惊奇之处,而且诗意构造不同于学院派,敢于实验。当时,我评论过他的诗集,私下与他交流过几年时间,我的意见是:诗歌和许多艺术文体一样,其生命力在于实验、在于创新,任何一个时代的诗歌都是在不断实验中取得成功的。之所以进行实验,就是对既成的诗歌写作不够满意,或者针对别人,或者针对自己,有了这种不满意,才会有所发现,有所改变,诗艺的发展就在其中。那个时候年轻,为了一首诗、一句话,可以整天晚上在一起讨论、争吵,经过几年的交往,我们也终于明白:诗歌写作并不难,古今中外诗歌变化虽多,但万变不离其宗,诗歌的精髓和艺术手段,说起来非常简单,中国古代谓之曰"意境",西方现代谓之曰"意象",海宁静安先生独出"境界"二字,"有境界,自成高格"。也就是,有意有境,有意有象,意与境谐,理论上说很简单,但落实到具体诗歌写作上,千差万别,难度很大,个中滋味,唯有写作者自知。

我想,尽管我们是第一次正式谈论诗歌,还是应该从最基本的层面谈起(现在太多诗人、小说家、散文家,远离最基本的层面,远离艺术的生命意识,文体怪异,玩得花里胡哨,自鸣得意,实际上艺术生命力不够),关于诗歌最基本的东西抓住了,不论怎样实验,怎样创新,方向是对的,途径是可行的。我觉得有许多事情,都需要剥离外在的浮华,呈现最基本的原初生命力,唐诗宋词中的传世之作,都是非常简单的,徐志摩、卞之琳、冯至的代表作,朦胧诗中能够让人记着的作品,无不如此。写得越复杂,大家越记不住,最后变成自言自语。

带着这种理解,我谈谈你的《海上九章》。

别林斯基说过:文艺是用形象来说话的,文艺的思维是一种形象思维。马克思称之为"艺术—审美"地把握世界的方式。诗歌作为文艺的典型文体,是作者贯注形象的产物,这个形象不仅仅是外在形象,而是一种"心象"(这里借用日本学者对李白诗歌的研究成果),有心才有象,象如果无心就不能成为象。所以,诗歌的呈现方式是:象,象中有意,意之深层有志。这也是钱钟书先生在《管锥编》第一章说的"字有三义",也是李泽厚先生所谓"悦神悦志"审美效果。这个道理,搞研究的人说起来容易,写作实践起来很难。

组诗名为《海上九章》,第一首诗"象"在海——有礁石、白花、草地,有雪,这些象中有意,最后一节有理。这种象、意、理结合,就不仅仅是意象了,有超越意象的地方。中国古代律诗讲究"入题""写景""抒情""言志",每一联都有严格规定,江西诗派特别重视。古代散文讲究"起承转合",也是这样一种写法,桐城派古文传承之,可惜五四的时候,被新文化运动倡导者攻击不已。钱钟书先生有"诗分唐宋"之说(《谈艺录》第一篇),言唐诗重情韵,宋诗长义理。可见,义理不是不能入诗,而是以怎样的方式入诗。我觉得《海上九章》在寻求一种"理"和"调"入现代自由诗,难得!

就我的阅读经验而言,感觉可以在以下几点进行修改:A. 构象一定要充分,有内涵,耐人寻味,值得咀嚼;"象"有深度,有层次,且鲜活,是一种"陌生化"的,纯粹属于你个人的体验,甚至是一瞬间的心灵悸动。"象"有了力度,有了个性,承载意和理的力量就大,无往而不利。B. 充分发挥诗歌文体的特长,以象为呈现方式,象要具体(具象),要有质感,让人能够触摸。如第一句:黑色的礁石上,白色之花在怒放。你注意到矛盾性色调的搭配,反差强烈,形象是鲜明的。但是,礁石、花的样态、情态没有写出来,只有颜色,还没有写活,如果多用一些词语,先进行"描写",让礁石自己呈现自己。白花怒放,也不是意象,我希望诗人不要说"怒放"(这种写法很多,没有陌生化效果),而是通过花的样态、情态、神态的主动呈现,让花自己走到读者面前,而不是诗人推送(有的是人甚至是"扭送""押送")到读者面前。这样,让读者去发现、去体验,各有所获,引动读者参与诗意的构建、诗句的流转,读者自然与诗人就亲近了。你已经构建了黑色与白色的对立性,如何让这种对立性凸显出来,需要发现处于对立中的元素,有力度、有层次地展现这种对立性。礁石和白花写活了,诗歌自然就活了。诗的第二节,说"美好",没有象,让读者无法体验,最好能够换一种写法。C. 最后一节,说理言志,构想很不错,是一种探索。问题在于前面铺垫不够充分,理有点横空出世的味道。理和意,在诗歌中一定需要隐藏,写作过程中,理和意常常会顽强地冒出来,所以诗人要拼命隐藏,藏得越深,诗越有味道。理和意埋伏在象的深处,以"无"的表面状态体现出深刻的"有",诗歌的审美层次就丰富了。现在的诗中,有"神明的思索""农夫的视线"等句子,我还是没有读出来什么意思。还是要捕捉具体的意象,始终用象来呈现理和意。D. 我个人一直觉得,诗歌和其他艺术一样(包括音乐),其本质就是一种呈现,而要呈现就离不开描写、叙写,现代诗歌更强调抒情,离开描写、叙写的抒情,往往是空泛的,如果能够把样态、情态、意态、神态描写出来,呈现给读者,抒情自然在其中了。这样,一首诗自然就完成了。

第二首诗:找到了连接家乡与异乡、童年与成年、山地的天与太平洋的水,等等之间的契机或纽带,这就是蓝,碧蓝和灰蓝。诗中对蓝的索求、执着,实际上是一种对纯净、完美的追求,其中蕴含着诗人的童年记忆和成年经验,也有哲人般的思考。诗行的排列是自然形成的,没有进行人为的断裂或扭曲,连接家乡与东海的空间移动,是通过时间流逝来体现的,时空交织之下,由碧蓝到灰蓝的变换,是诗人人生阅历的沉淀和体悟。让空间变换在时间流动中跳舞,是这首诗构思最值得肯定的地方。如果需要修改的话,提出以下建议:A. 以蓝色为基调,可以引入其他色调,以显示生活的丰富性和复杂性,特别是太平洋的色调,如果有丰富性和层次感,有利于引发读者多向度的体验和思考,也容易建构诗意的层次感;B. 诗行的排列增强跳跃感,诗歌是跳跃的艺术,时空转换可以适度打乱,而不仅仅是前半部分与后半部分泾渭分明。当然,这首诗有一种单纯美,也是诗歌的一种追求,呼应童年的纯净,如果想在单纯之美的路径上走,可以修改成为一首简单而纯净的诗。

第三首诗:这是一首寻找自我、尊严的诗,有些玄言诗的味道。这让我想起 A. 坦尼森的一首诗,大意是——诗人走在乡间野外，偶尔瞥见路边一朵花，诗人走过去将这朵花连根拔起，拿在手中思索：手中的这朵花，如果我搞清楚了你是什么，我就搞清楚了"一切的一，一的一切"，属于用诗的方式探求自然奥秘的写法。你的这首诗，说大海给人启迪，引导人去寻找自我，确认自我，命名自我，而你对大海进行了拟人化的写法，"越大的海/就越像一个有极深心事的人"，不是大海的心事深，而是诗人的心事深，"心事深"是诗人对大海的感悟，而这种感悟引导诗人进入一种自我确认的境界（我向它说出我的名字）。这是一种人的觉醒、诗意觉醒的写法，值得肯定。我的意见是，你将大海处理成人的导师（给人启迪），诗人的形象与大海不对等，这对于寻找自我的诗人来说，不够公平，诗人的主动性没有显现出来。如果将大海处理为诗人的朋友，或者与诗人对等的对象物，诗人站在与大海平等的位置相互交流，人—物进行对话，在对话中体现出寻找自我、确认自我的形象，也许更好。舒婷有一首《致橡树》，诗人希望做一棵高大的木棉树，与橡树并肩站立，从而成为一个独立的个体，有生命内涵和自我风韵的个体。苏东坡的《前赤壁赋》也写到"苏子与客"的对话，在对话中探索人生的意义。如果可能，我希望将这首诗中"海"作为"导师"的功能弱化，抬升诗人（我）的地位，变被动为主动，采用我与海交流、碰撞的形式，得到关于自我、尊严的感悟。当然，这样的诗意，需要更好地通过物象传达出来，忌讳太多的玄学思考。

  第四首诗：这首诗的写法我个人比较喜欢，整体上感觉很好。建议有两处：一是"警示牌"的出现，与诗意的整体性不够协调；二是"遥远朝拜着庞大"太空泛，特别是"庞大"。

第五首诗：这首诗出现了自然之海（也是生命之海，时间之海）、女神、欲望之海、悲悯、小径、小屋等。整体上富有象征性，尽管女神将大海（仿佛一切之造物主）生命、时间放在悲悯的天平上，称量给我们，但我们（人类）常常忽略、忘记大海的恩赐，而乘坐上了欲望之海的船，开启了欲望的航程，在女神的妹妹欲望女神的引导下，寻找欲望的小屋。这是一种诗意化的深沉反思，诗意想象与哲学思考统一在一起，没有第三首诗的玄言意味，但能够达到玄言诗所难以企及的深度。应该说，我最喜欢这首诗，因为写得"虚"，空间大，诗意顺承很自然，对欲望女神的描述性词语，的确给人以诱惑力。如果可能，是否将女神"把它舀出来"的动作、样态（与悲悯结合起来）、情态（与纯净、无私、艰辛）等联系起来，这样可以同欲望女神的金发、低语、羞愧形成对照。

第六首诗：如果我的理解没有偏差的话，瓦雷里和摩尔是"蓝色的坟丛"，而我是"亲爱的蓝色头巾"，应该是海面上蓝色的波涛。瓦雷里等诗人从海面上看到的是一座一座坟包组成的坟丛，而我看到的是一面一面蓝色的头巾，而且是亲爱的人的头巾。同一景象，不同的观照，获得完全不同的发现。瓦雷里发现大海的死亡，而"我"则发现大海的柔情蜜意，诗人更偏重于发现美好，发现快乐，也许"死亡"是真相，而美好则是希望。由此表现了诗人的悲悯情怀和乐观主义情绪，更是一种责任和牺牲精神。后面在说明为什么"我刻意和他们保持不同的视角"，是因为"我侍奉欢乐之神"。诗人不想让残酷被"孩童般的眼眸看见"，即使残酷属于真相。诗人不是没有发现残酷、忧伤、争吵，而是不愿意将这些负面的东西呈现给世人，于是，"我独自吞饮黑暗"，诗人愿意将这些演绎成"相亲相爱",给每一个黎明、每一个拂晓带去"振奋"。在这首诗中,诗人为了"美好",咀嚼残酷的真相,表现出博大的牺牲精神,与第一首诗"美好又现出"对应。这种牺牲精神和乐观主义情绪,不由得使我想起海子的诗《面朝大海,春暖花开》。如果可以修改,后半部分诗人的"真情告白"可以精练一些,或分成两个诗节,提炼出能够被大家记住,并具有传诵价值的诗句,方能"对得起"这首诗博大的情怀和乐观主义精神。

第七首诗:与第六首顺承,采用了对话体。开头用"日光""月光"照拂下的海平面,构筑了一些诗意。但这首诗在整体上,我还是没有读懂,感觉比较凌乱,诗人捕捉的物象比较多,显得有些拥挤。比如"比照起蒸不烂、煮不熟、捶不扁、炒不爆、响当当的一粒铜豌豆,你是另一个让人类无可奈何的极致",我就没有读懂,这里引入关汉卿的散曲,是一种人格写照,而你的诗句中"刷新你的意义",是对海而言的?"但既然上个世纪上帝就死了",引述的是不是尼采的哲学?而下面有"精神像混凝土里的钢筋一样结实牢固"。我的意思是,这样的意象选择,有些不习惯。真的没读出来你的意思。

第八首诗:如果说,第七首让我费解的话,这首诗又将我带入"心有戚戚焉"的状态里。在明亮的月光笼罩下,诗人竭力想把大海纳入美好的节奏里,似乎为了安慰大海,"波涛汹涌""白发""苍老"都被诗人有意剔除,尽可能转变成为"享乐的节奏和韵律"。但现实是残酷的,当"它突然翻转",给人类带来苦痛的呻吟时,理性就会毫不留情地将美好的祈愿、情感的抚慰等撕碎。由此,诗人说:面对大海令人惊惧的一面,人们显得无可奈何,人们对大海的了解还是太少了，远远没有"控制"灾难的能力，"只能在异性的呼应里，在经卷、马背上，寻求慰藉"。第二节是对第一节的强力否定，最后的情绪是消沉的，没有了第六首诗的牺牲精神和乐观情绪。

第九首诗：以"设计"清晨和傍晚展开诗意，形成对比，这种写法是诗歌成熟的写法。清晨在海边沙滩上漫步，吹着清凉的海风，释放生命中美好的活力。傍晚"蓝调子就快要在天幕上隐蔽了"，四周一片黑漆漆的，万籁俱寂，只有"潮水散出秋天的叹息"，生命的沉寂期即将到来，而"两支燃烧的蜡烛"散出的微光，静静地给这黑暗无声的世界一点生机。"有个湿漉漉的美人／她有一张湿漉漉的嘴"，在这湿漉漉的海滩上，湿漉漉的寂静中，构成一幅湿漉漉的画面。这种写法，让我想起了苏童在《妻妾成群》中写梅姗——在湿漉漉的天井里，顶着湿漉漉的头发，唱着湿漉漉的京剧，传达梅姗因为五太太进门而遭到冷落、受到威胁时，而产生的湿漉漉的情绪。

尽管你是以组诗的方式呈现，我读到最后，觉得全部九个部分是一首诗，一首抒情长诗。其中情绪的变化、物象的选择、哲理的思索，都存在着有机的联系。而且，从第一首诗到第九首诗，有逐渐深化、不断发展的线索可寻。第一首诗着眼于礁石上的白花，尚处于大海的边缘地带，诗人还没有真正走进大海。第二首诗是诗人站在大海边，望着浩瀚无垠的太平洋，思考自己的生命历程，希望自己与大海发生深度关联。第三首诗是诗人在大海的引导下，重新思索人生的意义，重新确认尊严、寻找自我。第四首、第五首、第六首，诗人真正进入大海深处，情感体验和哲理思索进入了一个新的层次，我觉得这是诗歌的高潮部分，尤其第五首、第六首，我很喜欢。第七首、第八首，是诗人开始从大海深处走出来的一种体验和思考，有些"撤退"的意味。第九首，完全从海上退出来，在沙滩上独自"设计"，而最后"我们对坐在小屋里/像眼前这两支燃烧的蜡烛/静静地散着微光"，从大海的体悟中，彻底回归自身。这是一种经过艰苦探寻、深沉思索而得道的新的"自身"，是对自我、尊严、宇宙、人生有了新的体悟的"自身"。这样，整个组诗构成一个"轮回"。

不知道我的理解是否合适。

批评标尺与史料价值
——读胡遐的《精神的孤独与挣扎》

胡遐女士的文艺评论集《精神的孤独与挣扎》即将出版,嘱我写序。一般情况下,受邀作序之人,或德高望重,或为行内英杰,或者与作者长期交往,掌握了"外人"所不了解的内部,适当"爆料"一些,足以诱发、引导读者理解本文。这三条之于我,无一可入选,故三辞不就。然胡女士再三邀请,诚惶诚恐中答应写点文字,谈谈读后感觉,捧捧人气,不当为序。

数月前,慈溪市文联组织改稿会,提前将几部作品发给我,其中包括胡遐的《精神的孤独与挣扎》。与其他几部散文集、小说集相比,这部评论集特别显眼,本人从事文艺学和中国现当代文学教学和研究多年,出于专业私心,先拜读了胡女士大作。因为是参加改稿会,组织者张巧慧有明确要求:重点工作是找问题,提出修改意见,以提高质量为目的。我是个老实人,严格按照张巧慧的指示,拼命"找茬",临去参加改稿会时,心中不免忐忑:是不是出手太狠了?作者能不能接受?会不会出现尴尬的场面?在改稿会上,胡遐女士听得很认真,一条一条做记录,还不断向我表示感谢,这种虚怀若谷的态度给我留下深刻印象。现在这本评论集,充分吸收了改稿会的意见,在朴素自然、感受真切、与作者"贴心"的基础上,行文更加干净了,编排更加科学了,评论视角也更加凸显了,给人焕然一新的感觉。

按照韦勒克的理解,文艺学包含文艺理论、文艺批评和文艺发展史三个基本学科;文艺理论是对文艺普遍规律和基本原理的把握,具有文艺哲学、文艺美学、诗学的性质,对文艺批评和文艺发展史具有宏观指导作用;文艺批评是按照一定的批评标准(文艺价值尺度),运用一定的批评方法(可以多种方法融合并用),对具体的文艺现象(包括作家、作品、流派、思潮等)进行分析和评价的科学活动;文艺发展史则是运用一定历史观和文艺观,描述文艺发展过程,总结文艺演变的规律和方向。无论是文艺理论、文艺批评和文艺发展史,都必须以艺术生产、文艺传播、文艺接受与消费等为基本对象。而艺术生产、文艺传播、文艺接受和消费,不能脱离一定的社会语境,艾布拉姆斯提出世界—作家—作品—读者"四要素",就是看到文学活动中各种要素的紧密联系,将文学活动看成一个整体。文艺批评家作为特殊的读者,担负着阐释、评价文学现象的任务,传统文艺批评注重作家、作品、流派的阐释和评价,现代文艺批评则百花齐放,更加重视文艺接受和消费、文艺传播、文艺效果,而文化批评则给文艺批评负载更为强大的功能和责任。

文艺批评标准,是文艺批评的价值尺度。如果说文艺是审美地把握世界的方式,是人类"诗意栖居"的所在,那么,文艺批评的标准也应该是审美的,是美学与历史的结合。作家、艺术家对于历史和现实的洞察力,作家、艺术家处理生活材料的方式,文本的呈现样态,是文艺批评最基本的关注面。我在《精神的孤独与挣扎》中,发现了与此相关的诸多关键词,如洞察力、地域色彩、史料、真实、想象力、文化精神、艺术语言等，从不同侧面表明，胡遐女士分析评价文艺作品的价值尺度。

在讨论天涯的《再爱》时，胡遐女士首先发现作者对都市人生活和情感深刻的洞察和感悟，认为天涯用独特眼光透视社会的各个层面，反映出现代生活中多元化的生存状态，让读者在人物、事件、场景和逻辑的演绎过程中，在价值观的渗透、转变和交融过程中，领悟到人性在现实生活中的苦苦挣扎。这种"深刻的洞察和感悟"，实际上是作者对社会生活的深度把握，是文艺作品与时代生活的生动联系。与评论《再爱》思路连贯，胡遐女士充分肯定吴珍艳的《温暖》反映留守儿童的生存现状，"带着强烈的时代烙印"，赞赏金坤森农村题材小说"用艺术的心智和理性思考来观照底层的苦难"，阐释俞妍的《青烟》中"人物精神上的孤独、焦虑及挣扎而纠结心痛"的深刻现实基础。

一个有独特风格的作家，必然有一个独特的语域选择，从而营造出一个完整的、独立的、具有鲜明符号特征的艺术空间，而这一艺术空间，与文学的地域性有着深刻的联系。加西亚·马尔克斯的"马孔多"，莫言的"东北高密乡"，贾平凹的"商州"，陈忠实的"白鹿原"，都带着强烈的"专属"性质，成为作家独一无二的文学符号。胡遐女士自觉地意识到这一点，《精神的孤独与挣扎》特别重视文艺的地域特征，包括地方文史、风土人情、语言运用等等。她注意到陈墨的小说《清明》"用浓重的极富地方色彩的语言"，讲述具有地方色彩的历史故事，肯定作品对乡土语言和民间文学成果的运用。注意到禾家长篇历史小说《宁波宁波》，在历史与想象之间呈现出"浓郁的地域文化特色"；强调展现独特的地域风光和人文风俗，是张寒作品《跟你商量个事》的

"迷人"之处。

对文艺作品真实性的关注,是《精神的孤独与挣扎》最"亮眼"的地方。明代冯梦龙在《古今小说序》中,提出"事真、情真、理真"的理论,欧洲近代文艺理论更将真实性视为文艺作品的关键因素,常常以反映生活的深度和广度、艺术地揭示生活本质和规律作为文艺批评的重要标准。胡遐女士对真实性的要求,也注重文艺作品反映现实生活的本真,在讨论天涯、张墨、励双杰、吴珍艳、叶孤娘、岑燮钧等作家的作品时,她多次提及真的场景、真的细节、真的情感(真爱、悲悯情怀等)、真的人物,分析人物、情节、结构中所蕴涵的生活真实内涵,赞叹宁肯用诗意的方式,书写反腐题材的长篇小说,揭示出人性的深度。特别是分析历史题材作品时,首先关注史料运用的真实性和可信度,从而检验历史题材作品最基本的历史真实;其次,关注作品中真实史料的丰富性和完整性,赞赏禾家遍访图书馆、档案馆、藏书楼和历史遗迹的努力;第三,看重历史题材作品所体现出来的文化精神和人品魅力,在第二辑几篇文章中表现得更为鲜明,第四辑中《施叔范诗钞·前言》《施叔范诗钞·点校后记》《虞世南诗文集·前言》《虞世南诗文集·后记》等文章,可以看作胡遐女士对这种历史真实性尺度的具体实践。

"小说是个技术活",胡遐女士对此有着明确的认识,不仅注意传统的现实主义小说叙事分析,也力图运用现代叙事技术解读小说本文。在《精神的孤独与挣扎》中,她运用叙述时间和叙述视角等理论,分析俞妍的《蜗牛》,注意到金波小说《本报讯》的陌生化语言效果,提炼出金坤森小说的"底层叙事"。对多篇小说文本在人物形象塑造、人物矛盾心理揭示、情节设置等方面,都进行了或多或少的分析;对诗歌文本的意象营造、生命体验和诗体构建，也进行了相对集中的阐释，读过《心之吟唱》就不难体会到。

最近几年，我个人对中国当代文学史料学兴趣盎然，《精神的孤独与挣扎》在有意无意中，为我们了解中国当代文学生态提供了意想不到的史料，具有文学史的价值。

经过20世纪80年代的人都知道，80年代是一个富有激情、浪漫、个性张扬的年代，也是一个属于诗歌的年代。各大专院校、社会青年自发成立的诗社、文学社如雨后春笋，各种各样的油印诗刊、诗集常常在通信和邮寄中往来。今天看来，当年的诗社、文学社多集中于大中城市，县乡一级的文学社团相对难得，影响力有限；而且，当年成立文学社团时，大部分成员凭着一股浪漫激情，没有自觉的历史沉淀意识，能够保存相对完整资料的文学社团，应该是凤毛麟角。《想起了〈七叶〉和〈七星〉》《从〈浙东〉到〈三北〉》等文钩沉了慈溪20世纪80年代自发出现的两个文学社团和文学刊物，表明80年代文学的浪漫激情曾经在这里燃烧！而且，这两个青年文学社团得到著名诗人、文学史家、翻译家袁可嘉先生的热心扶持和亲切指导，留下一段文学佳话。80年代的慈溪，不是现在的慈溪，这些青年文学社团、这些油印期刊、袁可嘉先生等诗人的信函，无疑会给"重写"80年代文学史，"重返80年代"提供有宽度、有细节的史料。

也许，《精神的孤独与挣扎》在批评方法和理念、批评格局、文本操作等方面，尚存在需要进一步扩展、深化的地方。但，仍不失为一本有批评标尺和史料价值的评论集。

2017年11月19日于宁波

紧紧攫住历史深处的孤独

——帕蒂古丽的《最后的王》读后

"库恰王两百年的家族历史，荆棘密布，杂草丛生，我以脆弱的笔为利斧，一路左砍右伐，想砍伐出一条可供我迈步的小径。有时这支笔成为我的船桨，引我渡过令人望而生畏的激浪险流。有时，历史像一头困兽，露出时而狰狞、时而温驯的面目。我的笔时时搁浅在黑暗深处，绝望中我只有吁求真主，求他赐我智慧，加我能量，将我引向通途。在库恰王百年历史中，我恨不能把自己变成一只贪婪的鹰，在两百年的时空来回穿梭盘旋，让一切猎物尽收眼底。"帕蒂古丽新作《最后的王》构筑民族、宗教、民俗、政治、个人等相互纠缠扭结的叙事景观，以史诗的笔法钩沉历史事件，紧紧攫住历史人物的孤独感走进历史深处，解读最后一个库恰王苏里坦的生命历程。

麦王见证过王室的辉煌，也想有一番作为，但很快陷入家庭生活不幸和政治斗争困局。对古丽波斯坦王后的深情思念，让他把自己封闭起来，变成一个孤独的王："麦王关掉了王宫的大门，将音乐声隔绝在外"，"在古丽波斯坦去世后的三年时间里，麦王再没有在王宫举行过大型的麦西热普"，即使迎娶新王后阿米娜，丝毫也没有减轻这种孤独感，连王宫里的鹦鹉也跟着变得孤独，只能用沉闷单调的公鸭嗓重复着

"我是王爷"。就在麦王日益孤独的时候，督办盛世才的部队来到南疆，用"和平"诱骗艾则孜，强行抓捕了麦王，一代"王"竟然生死不明。

阿米娜是支撑"最后的王"苏里坦的核心人物，为王室度过艰难困苦的岁月殚精竭虑，同时也陷入深深的孤独之中。她20岁嫁给麦王，麦王陷入对前妻的思念不能自拔，年轻的阿米娜不甘孤独，用穷奢极欲的生活抵御寂寞，招致大臣和艾则孜的强烈反对。她任性地逃回娘家，以躲避王宫的冷清孤独。她暗恋艾则孜却不能表达，只能把这种不伦之恋彻底埋藏心底。在麦王下落不明的情况下，阿米娜毅然担负起王室的重任，用苏里坦交换艾则孜，几次为苏里坦娶妻。每当苏里坦遇困境，阿米娜倾尽全力扶持他走过艰难岁月，而阿米娜则孤老一生，终未再嫁。从一个任性的新娘成长为支撑风雨飘摇王室的"王后"，阿米娜经历的磨难、忍受的孤独一点也不比苏里坦少，尤其在小说后半部分，她以潜隐的方式一直在默默地、执着地、孤独地关注着、扶持着苏里坦，而将自己的情感和幸福交给了历史尘埃。

"最后的王"苏里坦本是平民家的孩子，在王宫享受过快乐而单纯的童年时光，阿依、海池尔是王宫生活留给他永久的美好回忆。从阿米娜用他替换艾则孜开始，苏里坦就被推上"王"的宝座，命运一直受到各种力量的摆布，完全失去了自我选择的权利。他不得不与杀父仇人和解，在机枪的威胁下发表违心的演讲，陷于政治斗争的恋爱戛然而止。在恐慌动荡的日子里，苏里坦忍受了第一任妻子难产去世的悲痛，不得不"使坏"与第二任妻子尼沙罕离婚，长期忍耐父子分离的煎熬。第四任妻子热依罕对他悉心照料，与晚年的苏里坦相依为命，但热依罕没有文化，无法与他进行深层次的历史文化对话，苏里坦只能和王宫解说员古丽交流，以缓解老年的寂寞与孤独。作为一个"王"，他坐过几次监狱，受过多次批判，蒙受冤屈和磨难，靠着制作捕鼠器的技艺艰难度日。苏里坦的一生是一个小人物被推上历史舞台的一生，既无力抗拒，又不甘心被摆布，造成内心深刻的孤独与寂寞，这种孤独找不到倾诉的渠道，只能不断捡拾先祖墓地的青花瓷砖，到麦王和祖辈那里寻求最后的慰藉。

艾则孜与王宫热烈豪华的生活格格不入，他更加喜欢艺术，有着天生的忧郁和孤独，古丽波斯坦王后难产而死后，更是把自己埋在深深的孤独之中，不惜与喜欢奢华的新王后阿米娜冲突，直至被盛世才的部队关进监狱，还背着一个"叛徒"的名声。当阿米娜王后用苏里坦换他出狱后，他就在小说中消失了，隐居在沙城孤老终生。

阿扎提作为苏里坦的儿子，已经没有继承王位的资格和可能，却不能回避王室的磨难、寂寞和孤独。在《最后的王》中，"难产"是一个挥之不去、躲避不开的梦魇，是一种苦难和孤独拉开序幕的象征。阿扎提的降生与母亲的死亡连接在一起，生于忧患，长于磨难，长期父子分离，下肢瘫痪，成为父王的"活遗物"。热依罕作为苏里坦的最后一位妻子，由于没有文化，不能完全进入苏里坦的内心，更无法触摸历史深层的孤独，但她也难以逃离王室的孤独和寂寞，特别是在苏里坦去世后，偌大的王府花园只留下她一个孤寂的背影。还有那个为爱出走的海池尔，被政治斗争掐断了幸福人生，彻底在小说中失去了踪迹。

"万里悲秋常作客，百年多病独登台。"历史是无情的，历史人物是孤独的，处于动荡剧变时期的历史人物尤其显得孤独寂寞。只有紧紧攥住孤独，才能进入历史人物幽深的心灵,才能进入历史的最深处。为了深刻把握库恰王的历史,帕蒂古丽长期驻守库车,四处走访相关人士,与最后的王妃同住、同吃,甚至与王妃假扮夫妻,还原"最后的王"的生活场景,苏里坦的孤独也成为帕蒂古丽的孤独,苏里坦的瘙痒症也转移为帕蒂古丽的瘙痒症。她"逐个附体书中的人物,扮演多个角色,看维吾尔族的王用汉语跟回族女儿谈恋爱,进入王后寂寞的深宫,进入他们每个人的内心,魂之所系,忽丧忽喜,忽乐忽悲,心潮跟随库恰王族的世事变迁起伏不定"。人物孤独处境与作者孤独体验相互激荡,历史足迹与现实语境进行跨时空对话,成就了《最后的王》。

(原载于《文艺报》2017年10月23日)

小视角还原大时代

——读郁伟年先生的《朝歌晚唱》有感

"历史"是一个很奇怪的东西,既严肃又活泼,极其深刻,又极其肤浅,有时候深埋在诸多纷繁难测的史实后面,剪不断,理还乱;有时候浮出"地平线",在"现象"的广场上活蹦乱跳,按下葫芦起了瓢。当你恨恨地刻意遗忘它、掩饰它,甚至埋葬它的时候,它总是在某个地方等着你、环绕着你、笼罩着你,让你无处可逃;当你执着地想要触摸它、探寻它、占有它的时候,它却在八极之外、万仞之巅,偶然之间,似乎抓住了一丝半缕,又像泥鳅一样湿滑地溜走了……史学家告诉我们:有两种历史,一种是实际发生的历史,一种是叙述的历史。实际发生的历史已经"作古",成为死的材料,它不会说话;叙述的历史是不同的叙述者对历史的触摸和把握,不同的叙述者有不同的历史叙述。"大历史"是对历史的宏大叙事,试图还原历史上的重大事件,有"历史价值"的事件,有意无意地遮蔽历史上实际发生过的"细小事件"。这些"细小事件"需要运用个人化叙事或者口述史的方式,触摸历史的"神经末梢",还原历史中更为鲜活生动的部分。所以,小视角的历史叙述,绝不仅仅是历史宏大叙事的补充、填空,而是另一种历史,叙述者的生命体验、情感温度、心理过程更为具象、细密,往往折射人性的丰富和曲折。

郁伟年先生的《朝歌晚唱》"意图折射出当时农民在压抑的政治环境、僵化的计划经济体制下的生产、生活情况以及千百年传承下来的风俗习惯"。从书名的"修辞"功能来分析,"朝歌"是已经发生的事情,是值得"今天"追述的事情,当然也是对叙述者而言有某种个人化"历史价值"的事情,而"歌"是有情感指向和生命体温的词语。"晚唱"是站在"今天立场"叙述个人的历史记忆,是基于"今天"的心境对"朝歌"的一种解读。"也许是上了年纪喜欢淘古,也许是积淀已久的乡愁需要排解",选择"朝歌"来"唱",构成一种自觉的意愿选择,一种对自我生命历程的"反观",一种对过往经历的再"咀嚼"。因此,《朝歌晚唱》充满怀旧、追忆的感伤和慰藉,也不乏"古今"比照的感悟与分析,在钩沉记忆中小故事的过程中,进行心灵和生命的"自我补偿",用小视角还原大时代的细节。

《朝歌晚唱》最突出的特点就是"小",视角小,篇幅小,空间小。全书分为五辑,由78个小故事组成,每篇基本叙述一个记忆故事。这些故事很小,甚至有些琐碎,空间基本是"我"的村子周边,却深入到特定时代乡村生活的方方面面:古朴自然的风貌、安宁和谐的氛围、循环生态的生产方式,等等,都采用平静舒缓的语调叙述出来。面对如此小而琐碎的故事,如何结构才能不显得凌乱、散落?作者没有采用"记忆顺序",也没有固守时间流程,更没有因循情绪、情感的强度和导向,而是采用分主题结构,将78个故事分为五类,因类而辑,每一辑构成一个生活面,五辑故事又相互参照、相互补充,形成完整的结构。这种结构方式,却最适合于小视角的个人化叙事,能够将历史事件、人物、时代氛围叙述得鲜活生动,又便于随时插入叙述者的情感和反思。清代文学家沈三白《浮生六记》以深情直率的文笔,叙述平凡中见情趣的居家和浪游生活,属于典型的个人化小视角叙事,采用"闺房记乐""闲情记趣""坎坷记愁""浪游记快""中山记历""养生记道"六个分主题,将"盖闺房燕昵之情意,家庭迷盐之琐屑"等"不列于篇章"之事,娓娓道来,独抒性灵,感人肺腑。其结构章法以情感为线索,叙述笔法和叙述对象的高度统一,深得陈寅恪先生肯许。

  《朝歌晚唱》也以"记"为名,按类而记。"稼穑记劳"记述人民公社生产队的劳动场景,有"评底分""耘田""烧焦泥"等22篇,其中包括"我"参与的"拾稻穗""试验田""放羊"等。"四季记趣"17篇,以儿童视角叙述乡村生活中的童年趣事,不见劳作之苦,但有孩提之乐,"捉泥鳅""虫趣""放鹞子""拾舍"等,自得其乐,对比现在的孩子以玩手机、打游戏为乐,有一派天真烂漫之趣。"时代记历"27篇,大多笔法沉重,以亲历亲见,直抵政治生态的"硬伤"和时代生活的艰难。"旧物记情"14篇,以"物"为载体,在温情的叙述中透出些许的伤感,"火缸""米缸""冷饭筲箕""做棉袄""做布鞋"等,器物载情;"煤球炉""拖鸡豸""煤油灯"等见证了那个艰苦时代,读之让人有些酸味。"风俗记实"18篇,用写实的笔法记录了"二十世纪中后期"浙东人民"上坟""端午节""做年糕""探亲""嫁囡"等风俗,有趣的事,作者将"肚仙"和"念经"也记录在"风俗记实"中。《朝歌晚唱》涉及特殊时代乡村生活的方方面面,分布极广,有人,有事,有物,有景,也包含作者的感悟和议论,构成一幅浙东乡村全景动态图。

  《朝歌晚唱》鲜明的生态立场,给我留下了深刻印象。

这里,既有回忆性文字对当年生态化生产和生活的深情怀念,也不失时机地反思违反生态观念的生活方式,更有今昔对比中对"今天"非生态化生活状态的忧虑。"过去,农业生产很少使用化肥,种田主要靠焦泥、河泥、人粪、猪牛粪等土杂肥,施肥后见效较慢,但持续时间长,对培肥土壤、改善土壤结构有很大好处,生产的农产品按现在的话说,基本上都是绿色安全食品。"在农家肥的作用下,田野里一派炫目的美:"一边是一望无际的油菜花,一边是青得滴水的麦穗儿,还有一边是紫白相间的紫云英花。"今天看来,过多地使用化肥,是急功近利,拼命地掠夺地力,植物的生活节奏加快了,人的生活也节奏加快了,对土壤结构造成持久伤害,也对人类造成持久伤害。而使用农家肥,体现了农民对土地的一种尊重,也保证了基本生态的生活方式。所以,"撑便船"到宁波老西门运送粪便,"烧焦泥"制作肥料,就是生产队一项重要的工作。《朝歌晚唱》对"过去"施肥方式的回忆,实际包含着对生态农业的肯定,对当下食品安全的忧虑。

在《看牛》中,作者感叹:耕牛对生产队和农民来说,都是不可或缺的,它为人类忙碌了一辈子,干的是最重的活,"老了,做不动了,还要被人类宰杀吃肉,可怜呢"。在《家狗》中,作者叙述"我养的一条狗被人杀害了",而谋杀者是邻居,竟然还有"我哥","我至今也不明白,为什么有些人为了口腹之欲,忍心把这么忠诚的朋友以这么残酷的方式宰杀"。也许,在宰杀者看来,牛、狗都是人类饲养的,剥其皮,食其肉,是自然而然的,不会产生道德的自我谴责,这是一种典型的人类中心主义观念,影响我们的生活几千年了,成为一种习惯。然而,鲁迅先生曾经发出疑问:"从来如此,便对么?"《朝歌晚唱》用回忆性散文的方式,也表达了这种反思。

　　在亲近自然中，在少年的游戏中，获得灵动的、真切的知识，是过去的少年儿童的一种纯天然的乐趣。《虫趣》里一群少年儿童，从捕捉、玩耍小昆虫，认识金龟子、蟋蟀、蜻蜓、蝴蝶、谷蜢、萤火虫，不知不觉中接触到许多自然知识，将体验性与知识性融为一体，令人向往。而现在的孩子们一天到晚玩手机玩电脑，获取知识的途径是电子产品的图像和文字介绍，"知识"与自我成长相脱节，何谈亲近自然的生命意识？《山珍》一组文章充满"山野"之味，在游戏般愉快的劳动中，获取艾青、松花、蕈、毛栗子、汁果等，"一座山带给我们太多的食物，也带给我们太多的欢乐"，在肯定"生态"童年时光的同时，暗含着对今天少年儿童生活的"对照检查"？《旧物记情》系列文章，借怀念旧物，何尝不是对纯净、温馨、舒坦的青春时光的一种"情感回乡"！

干净清爽的叙事

——读袁晓君的治愈系小说《十五岁的天空》有感

袁晓君的《十五岁的天空》是一部治愈系小说,在我的阅读经验中,阅读这种治愈系小说尚属首次,也许以前阅读过,可能没有注意,就当做一般性少年文学阅读了。这次经过改稿会,才明白治愈系小说不能从一般性的儿童文学角度评说,更不能用我习惯性理解的长篇小说角度去感受这部小说。正如封面所提示的,《十五岁的天空》是一部心理治疗小说,袁晓君从事这一工作,掌握了很多第一手材料,对少女成长过程中所面临的心理问题,有诸多体验,所以她把脉准,措施可行。用文学形式,针对性地进行心灵调适,进行心理治疗,并且明确打出"治愈系"小说的旗号,说明袁晓君具有明确的写作目的和积极的创作动机,属于一种"为人生"的写作。《十五岁的天空》给我一种全新的阅读体验,最突出的感受是"干净清爽"。

一、干净清爽叙事的三个表现层面

《十五岁的天空》创作动机干净清爽。有人说,商业化时代是大众娱乐的时代,文学的娱乐化被无限放大了,似乎文学进入了一场狂欢盛宴,狂欢叙事、私人化叙事、身体叙事、暴力叙事,等等,都能够在文坛刮起阵阵旋风,诸多网络传播平台刻意营造、夸饰这种"风暴",使得娱乐至死成为一种"风向""风尚",愈演愈烈。徐志摩当年曾经写过:我不知道风是在朝哪个方向吹。现在,我们也能体会到徐志摩当年的无奈。

"文章天下事,得失寸心知"。文学作为精神现象,毫无疑问具有娱乐性。同时,文学作为人类高级的精神活动,属于社会生活的核心部分,干预社会生活,给人指点迷津,参与社会进程,引领精神境界,又是文学的题中之义。当年,茅盾先生接手《小说月报》编辑工作的时候,就曾经宣告:将文学作为茶余饭后谈资的时代一去不复返了,文学研究会明确表明"为人生"的主张。欧洲启蒙主义文学、现实主义文学,都有强烈的社会担当意识,甘愿充当"人类灵魂的工程师"。鲁迅强调文学对人的灵魂的疗救作为,呼唤"真的猛士"敢于"肩住黑暗的闸门",毁掉"铁屋子"。阅读《十五岁的天空》时,我不由得想到现代启蒙精神,想到福楼拜的"情感教育",想到鲁迅关于疗救国民灵魂的呐喊——"救救孩子"。

我觉得袁晓君《十五岁的天空》的创作动机是纯的,路子是正的,如果沿着这条路子走下去,能取得更好的成绩,也容易被社会所承认。也许,从现在来看,这条路还比较窄,但前景广阔。中国古代有奇正之辨,就像练武功一样,有些奇门邪派,可以速成奇功,但容易走火入魔,且境界受局限;而正派武功讲究基础扎实,循序渐进,境界高远,成就一代宗师。袁晓君的创作动机干净单纯,没有把故事、人物进行娱乐化处理,不是抱着消费主义态度对待小说中的主人公,而是与韩西汐等一群少女少男共进退,在当下的文学写作中,难能可贵。

《十五岁的天空》叙事线索干净清爽,几乎没有节外生枝。我将《十五岁的天空》放在成长小说的范畴中进行认知,一个问题少女的成长,基于她特殊的家庭环境和学校环境,在人物成长过程中,有许多"故事"可做,很容易就与当下流行的过度娱乐化、消费主义叙事接轨。别的不说,单纯就其单亲家庭的父女关系——"我"和韩伟元的纠结,少女性意识的逐渐觉醒,身体发育阶段性特征,就可以用来大做文章,稍微滑动一下,就能够"流行"起来。但是,袁晓君的叙事很纯正、很干净、很清爽,她选择了最为集中、简单的叙述方式,将少女纯正而稚嫩的青春展示出来。这里面包含两个层面的因素,第一是袁晓君在选择叙事内容的时候,讲究干净清爽,剔除了韩西汐成长过程中诸多"故事";第二是袁晓君坚持单线式叙事方向,按照故事的明确主干有序推进故事进程,既没有设置副线,也没有枝蔓干扰。因而,人物形象比较单纯,让读者阅读起来比较轻松。

《十五岁的天空》叙述语言干净清爽。袁晓君的叙述语言和她所选择的"成长小说""少年文学"这一文体是配合的、统一的。她的叙述语言选择基本采用了相对流畅、接近于日常生活口语的白话语体,词汇选择、句子选择都符合日常生活化的基本规则,引语引叙和人物语言,基本因事而言、缘情而发,清晰流畅地传递了叙述内容。我们看到,《十五岁的天空》中没有拗口的词汇,也很少有流行的"新新人类语言",尽管小说叙述对象是少年少女,却没有采用网络时代的"火星语言"以迎合讨巧,而是选用日常生活口语叙述故事,既保留了口语的活泼,又不失相应的语言规范。在《十五岁的天空》中,袁晓君几乎没有对句子进行扭曲、变形、破裂、颠覆等"后现代"处理,很少用欧化或译体文中冗长、复杂的长句子(这些句子,有时候连作者自己也不明白到底说什么),没有先锋姿态的语言实验,而是明明白白讲故事,清清楚楚塑造人物。

我们知道,自先锋小说开启了小说的语言实验之后,小说叙述出现各种混搭、断裂、扭曲、变形、颠覆,成语乱用,中西混杂,文言和白话变异合体,许多小说叙述语言呈现一种语言暴力,像海啸一样湮灭读者,对文学阅读造成极大挑战。这些"变态"式后现代叙述语言,在有限地扩大现代汉语表现力的同时,也造成了现代汉语表意系统的混乱与不洁。读《十五岁的天空》,我感觉袁晓君没有受到这种叙述语言的污染,身处雾霾之中,居然没有受到侵蚀,不容易。

《十五岁的天空》的叙述时间基本保持了平衡状态,很少把过去、现在、将来揉成"碎片"进行怪异重组,让人摸不着头脑。小说叙述线索基本按照故事时间推进,叙述视角相对稳定,叙述节奏自然平稳。这些,都保证了小说叙述语言干净清爽,或者说是袁晓君选择干净叙事策略所带来的必然效果。

二、小说写作成熟的标志是丰富性和深刻性

《十五岁的天空》是少年文学,又有"治愈系"小说的标签,自然有其特定的文体要求。如果着眼于袁晓君小说写作的发展,进入更为广阔的文学视野,我在这里也想提一些不成熟的建议,供袁晓君参考。

任何事物都有两面性,矛盾的斗争性和同一性也总是相伴相生的。如果说,干净清爽的叙事给《十五岁的天空》带

来成功的话，我们也要注意到问题的另一面。从小说艺术的层面来说，干净清爽是一种美，丰赡深厚也是一种美，干净清爽当然好，但"水至清则无鱼"，要抓到大鱼，还是要将水搅浑。也许，不用作者刻意去搅浑水，生活本来就是丰富多彩、复杂多变的，干净清爽往往是作家"心灵化"的结果，有可能将生活简单化、清洁化了。希望袁晓君还应该注意"浑"，也就是注意丰富性、复杂性、多变性。洗尽铅华、清丽动人，固然有一种单纯的美，而丰赡华美则意味更为悠远深邃，耐人咀嚼，引人入胜。我觉得，袁晓君今后的小说写作，应该在丰富性、复杂性的方向上开拓。

  按照传统的观念，文学是对社会生活能动地反映。社会生活是丰富多彩的，要能动地反映生活，当然需要丰富多彩的文笔，深入到历史和现实的深层次，表现社会生活的丰富性、复杂性、多变性。袁晓君在构思小说的时候，需要更加关注人物和事件的社会背景，没有丰富立体的背景，人物性格就失去展示的舞台，许多细节也会显得营养不良，小说的叙述内容就会显得单薄，生命力也就不强。现实主义小说追求典型环境中的典型人物，实际上是辩证处理环境和人物的关系，环境的典型性不够，情节的生动性难以显现出来，人物的典型性就会大打折扣。陈忠实的《白鹿原》，莫言的《红高粱家族》《生死疲劳》《檀香刑》等，都在环境书写层面下足了功夫，环境成为人物生命的有机组成部分，袁晓君应该学习。就《十五岁的天空》而言，故事选择好了，人物确定了，但人物生成的环境书写相对不够，没有铺开，显得空间比较狭窄，比如说韩西汐与父亲的关系就可以拓展，韩伟元指向韩西汐的外向型空间，围绕着韩伟元的背景完全可以更加丰富复杂一些，而袁晓君进行了简单化处理，有点可惜。如果韩伟元的环境丰富立体了，韩伟元这个形象也就有更加丰富的内涵了，对韩西汐形象会提供更为有力的支撑。

从叙述手法层面而言，袁晓君还可以向多个方向掘进，尝试多样化的艺术表现手段，特别是现代小说技术，也可以适当借鉴中国传统的小说叙事技术，绝对不能停留在《十五岁的天空》这样相对单纯的叙述技术阶段。尝试多样化叙事技术，需要悟性，更需要艰苦的反复训练，要有意识地进行一些"单项训练"，如表现时间的艺术手段，实现空间流转的艺术手段，对人物静态与动态的捕捉，人物心理的深度开掘，等等。《十五岁的天空》叙事线索单纯，是一种有效的选择，也许出于袁晓君对这部小说的特殊定位。建议以后的小说写作，可以适当增加叙事线索，线索多才能叙述复杂多变的事件，逐渐向多线索叙述过渡。叙述时间可以根据叙事结构进行营构，注重对时间的主体体验性叙述，不要过多拘泥于"客观"时间的过去、现在、未来，而是更加切近心理时间。叙述声音要体现人物的自觉性、创作主体的自觉性，对小说每个部分的叙述声音进行精心设计，通过不同声音的"共鸣"，达到一种"复调"叙述。

注重叙述语言的开拓和延展。《十五岁的天空》叙述语言干净清爽，更多源于主人公的角色定位。但是，小说语言要实现个性化，要深刻地展示人物性格和命运，就必须打破单一的语言腔调，要根据人物性格、情节进展、语境需求适当变换叙述语言，增强小说语言的表现力。文学是语言艺术，文学语言和日常生活语言最大的不同就是"陌生化"，文学语言的张力更足，内蕴更加丰富，不能全用日常生活语言进行小说叙述，而是要不断提炼日常语言，逐渐找到适合于自己、适合于叙述对象的文学语言。

当然，从干净清爽的叙事走向丰富复杂的叙事，需要一个过程，这个过程可能有点漫长，需要付出艰辛的劳动。但是，对于一个作家而言，走向丰富，走向深刻，是一种必然的选择，人不可能总年轻、总单纯。祝愿袁晓君早日实现这种升华和蜕变。

2016年12月10日于杭州

站在高处 把节运气 叙说中国文化基因
——读韩光智的散文集《中国年轮》有感

拿到《中国年轮》这本书,首先赞叹整体设计,从版式、装帧,到纸张选择,无不显示出用心。近年来,宁波出版社出版的书,越来越有品位,体现出一种整体性追求,选题方向更加有文化情怀,编辑们的能量发挥出来了,推介宣传力度也加强了,与文化界的联系也更加密切了。这种变化是可喜的,是一个好兆头,预示着宁波出版社逐渐走出"城市社"的诸多限制,勇于承担更多的文化责任,值得庆贺。期待今后出版更多高颜值的文化读物。

《中国年轮》这本书,是一本书写节气文化的散文集,将散文、绘画、诗歌、书法等艺术形式融为一体,文字活泼有致,绘画笔意悠远,诗歌抒情言志,书法中正有怀,四种艺术形式相互补益,构成有机的艺术整体,体现理性叙述和深层情思的统一,通过知识梳理、民俗扫描、诗意提炼和境界营造等途径,实现中国传统文学艺术跨界融合,向中国传统文化致敬。

《中国年轮》选题非常有价值,它将节气文化视为中国文化的优秀遗产,用心勾勒每一个节气的历史流变、民俗事项和现在进行时态,在历史与现实交织的网络中,把握中国传统文化脉搏,深入到传统文化精神的内核中,表达中国人的情感体验和价值理想，涉及中国古代的自然观、宗教观、人生观、天文、历法、政治、伦理、学术、民俗、诗词、农业生产，也有现代影视、流行歌曲、民间段子、网络流行元素，貌似毫不相关的诸多元素，被韩光智"设计"组织，"自动"成为叙事抒情的符号单元，这种集零为整的功夫，令人佩服。

韩光智站在高处，用"中国年轮"来概括节气文化，这是一个大胆的、有分量的概括。在他看来，节气文化不仅仅表现在中国人的日常生活中，而且体现在中国古代的政治和军事层面，对"国之大事"产生深刻影响，甚至成为政治、军事的重要组成部分。韩光智"回到最初本心"，探寻节气文化与原始先民的自然崇拜心理，因为害怕、恐惧而产生的祭祀文化之间存在的深刻联系，进而确认："从点到面，从天文、从农耕再到节气文化；从上到下，从远古、从人心到朝廷，再到民间，就这样，节气构成中华民族的文化基因。"这种认识，站在历史的"源头"说话，站在中国文化的制高点观照节气文化。站得高才能看得远，由此演绎而出的《中国年轮》，别开生面，"节气，是中国农耕文明的智慧结晶"，节气"是中国政治智慧的高度结晶"，"关系着中国几千年封建统治的主流意识形态"，"关系着中国几千年封建社会的核心机密"，蕴含着中国人关于时间、空间、人生、价值、理想等精神内涵，理所当然构成"中国年轮"。

在《中国年轮》中，韩光智用多种方法追根溯源，通过"说文解字"回溯节气所蕴含的时间意识，解说节气与中国人精神生活、物质生活的血脉联系，演绎由节气而生发的动人故事，引叙有关节气的诗词歌赋，俯仰趣味盎然的历史传说，阐释被数千年历史检验过的诸多经典文本，检索中国科技史料，加注现代生活印记，跳着孔武有力、不乏顽皮的艺术舞蹈，摆出形态各异的造型，从远古的画面中，时而款款走来，时而跳跳蹦蹦而来，时而"断崖式"突然降临。为了说清楚节气的来路，韩光智真是煞费苦心，搜集了许多"冷"知识，不惜损伤脑细胞，爆出许多冷思考。《白露》中，拆分解读"白"与"露"，从甲骨文的象形中，挖出"白"的原始义，进而结合《庄子》"虚室生白"的用法，说明"白"就是一种"虚空状态"，引申为纯洁、纯净、澄净、朴素、雅致和贞洁，等等。这种文字的钩沉功夫，短短几句话，把"白露"的哲学意味提炼出来，殊为不易。在《小满》中，作者系统梳理了小麦栽种的历史，不仅给我们普及了科学知识，而且从中国历史发展的宏观语境中，把握小麦生产的意义："在历史的长河中，有两个重要的过程，一个是小麦'经济地位'不断提升，一个是中国先人形成的'节气'观念，有趣的是这两个过程在起始阶段明显地有过'协同作战'。""冬麦的种植，无疑是一个历史的拐点"。这种基于小麦种植、重视"民以食为天"的历史观照，无疑是一种唯物主义观点，也体现出一种彻底的民本理念。《冬至》一篇，从周朝说到现代，时间跨度悠久弥远，在叙述过程中，引入"万物有灵论"，"美是人的本质力量的对象化"等，从自然到人文，从庙堂到民俗，从生活事项到哲学、人类学思考，洋洋洒洒，娓娓道来，显示出韩光智宽阔的知识面和深刻的思辨力。

  对以节气文化为代表的中国传统文化，韩光智抱有执着的本位意识和坚定的文化自信。这一点不仅表现在他对二十四节气溯源析流的"客观"叙述中，更充分表现在具有浓郁情感意味的"颂神曲"和每一篇结尾的赞诗中。由中华民族自然神崇拜而产生的祭祀文化开始，扩展到政治文化、伦理文化、农业生产、文化基因等层面，作者都表露出鲜明的情感倾向。于是，颂太阳神，颂月神，颂句芒，颂火神，颂丰收之秋神，颂玄冥之冬神和佛，成为韩光智情感表达最为浓烈的"出口"，总领《中国年轮》"文之枢纽"。在叙述每一个节气的过程中，作者时不时插入具有中国传统诗意的标题和文字段落，"援笔写赋、焚香祭月"，"观荷听蝉"，"布谷催耕"，"青梅煮酒"，选用具有古典韵味的文化符号，对节气文化进行诗意传达。《大暑》感悟"骄阳下的荷塘，别具一番风景"，另辟蹊径，让人不由得想起朱自清先生的《荷塘月色》。

　　《中国年轮》是一部接地气、有担当、融合多学科跨界知识，用活泼跳动的文字表达传统文化情怀的散文集。韩以晨先生的书画，不仅将《中国年轮》的文字"间接性"进行了具象化，而且凝练、深化、扩展了韩光智文字表述的文化本位意识和诗意情怀，在抒情言志的基础上，更添加淡雅清新、中正平和的艺术趣味。

文明冲突中的生态立场和人道立场
——读帕蒂古丽的散文《肉与铁的对峙》

《肉与铁的对峙》是帕蒂古丽散文集《隐秘的故乡》（北京时代华文书局 2013 年 12 月出版）中的一篇。帕蒂古丽出生于天山下一个多民族共居的村庄，父亲来自喀什的维吾尔族，母亲来自甘肃天水的回族，邻居多为哈萨克族，成年后帕蒂古丽辗转多地，现居住在宁波余姚。《隐秘的故乡》是帕蒂古丽对童年生活的回眸，揭开一个女孩的成长史，浸透着浓郁的地域文化气息。帕蒂古丽似乎对语言具有天生的敏感，她的散文叙述语言总有一种异样的"发现"，让她区别于许多操作汉语写作的女作家，给我们留下深刻印象。

一

新疆是一片广袤神奇的土地，随着现代化进程在中国大地上迅速展开，新疆进入了信息社会的大门，在库车，网络、手机、高楼大厦、宽阔的林荫大道、学校、酒店、飞机场、大型购物中心、生态庄园，等等，应有尽有。也许，相对于现代化程度更高的江南小城而言，库车所在的南疆地区，城市现代化的程度、规模，尚不可同日而语。但是，诸多现代化、后现代性的元素，在这里也是随处可见。现代化城市群加上大美神奇的自然奇景,让新疆成为国人瞩目的旅游目的地。在旅游过程中,新疆,尤其是维吾尔人的乡村生活,走进了更多人的视野。

然而,新疆毕竟太大了,城市之外还有广大的偏远农村,仍然保留着传统的生活方式。对新疆本土人而言,牛、羊、马既是生活中的朋友,也是最基本的生活资料,饲养牛马羊,是新疆农民牧民主要的生产方式和生活方式,杀牛宰羊不仅属于节庆之必须,在日常生活中,也是司空见惯。因此,新疆维吾尔男人身上必备一把刀子,"刀子"不仅仅是凶器,也是他们独特的餐具,如果有一把锋利漂亮的刀子,这个男人就非常有面子,一定程度上说,"刀子"既是现实的必须,也是新疆维吾尔男人的精神追求。

现在,一个女作家,用散文的方式记录了一个维吾尔族女孩子的人生经历。她没有用现代手段"乔装"维吾尔人的生活,也没有用人性的哲理思考人为地"挖掘"深刻主题,而是通过一个女孩子的眼睛,打量这种习以为常的淳朴生活,为我们勾画出远离都市、远离现代化的淳朴安详的维吾尔族村庄。"肉与铁的对峙",实际上是动物与人的冲突。肉——牛、马、羊——在这里作为一种淳朴的、原始的生态符号,铁——刀子、笼头、马嚼子——在这里作为农业文明、工业文明的符号;"肉与铁的对峙",就是原生态与人类文明的博弈。然而,散文所昭示的铁对肉的束缚、屠杀,分明有生态思考和生活感悟。

就像许多悖论一样,悖论的双方均有其存在的合理性。站在"肉"的立场上,马、牛、羊是被迫害者,用生态主义观照"铁"对"肉"的束缚与杀戮,不免使人对"铁"产生恨意。然而,站在"铁"的立场上,不杀牛宰羊,人们就会失去许多生活资料来源；不给牛戴上笼头，不给马套上嚼子，就不能束缚动物的野性，动物不能成为家畜，也不能成为人的生活伴侣。也许，驯化的过程是残酷的，驯养就是为了人，"人"才是价值的核心。当人们把自然变成"人化"的自然，也就将自己对象化了。而这种对象化，恰恰是实现主体性的必要手段和必经之路。因此，从人道主义立场来看，铁与肉的对峙又是必然的，是符合生存法则的。

也许，这就是文明的冲突。

二

《肉与铁的对峙》共包括三段内容：《羊·刀子》《牛·笼头》《马·嚼子》。

《羊·刀子》一开头就写道："刀子悬在爹爹的身上，羊的命悬在刀子上。"全篇充斥着刀子对羊的强势。"刀子"在帕蒂古丽的笔下，成为一种"有灵的活物"，具有自足的主体性，是一个充满活力的"自在"物，表现出极强的攻击性和霸权欲望。"刀子是村庄里的蛇。刀子钻进羊的脖子。刀子钻进羊的肚子。刀子在羊皮和羊肉之间奔跑。刀子很快，羊跑不过刀子。刀子很利，爹爹没事就磨刀子。刀子比石头还硬，羊的骨头就变得很软。"在这里，刀子是有灵气的，帕蒂古丽赋予刀子——这个无灵魂之物——以灵魂，让它像蛇一样，像幽灵一样，在村庄里四处游走，小女孩对刀子的恐惧感也随着刀子的游走线路，日趋加深。帕蒂古丽用了三个词语：快、利、硬。快，是一种西北方言，形容刀子锋利，帕蒂古丽把这个方言词汇"快"与行走、奔跑速度之"快"连接起来，借一个"快"字，连通两种不同的含义，也是一种艺术通感的表达。

相对于刀子的快、利、硬，羊处于绝对劣势，"羊跑不过刀子""羊的骨头就变得很软"。简单几句话，将刀子和羊对立起来，在刀子面前，羊好像变成了无机物，成为一种被动的、弱势的、任人宰割的被支配者，而支配者是冰冷、无气血的无机物。是啊，刀子是无机物，但刀子的主人却是有机物，刀子的快、利、硬，实际上是人的强势。于是，羊作为一种生态的存在，与刀子——非生态的存在产生对峙关系，刀子对羊的态度就是人对生态物的态度。在帕蒂古丽笔下，刀子不仅有快、利、硬三种"品格"，而且很勇敢，很聪明，善于伪装。"刀子满村子走，刀子不怕狗"，"刀子上抹了厚厚的羊油，粘着羊毛，散发着羊的味道，羊就会去接近它"，"刀子假装是一块生铁，把刀刃埋在虚土里，藏在干草里，它假装在睡觉"。刀子也有丰富的经验和辨识能力，"认识它身上踩过的羊蹄子"。

相对于刀子的勇敢、聪明和经验丰富，羊就显得单纯、愚笨得多，"羊只知道吃草，不知道有一天要挨刀子"，"它对刀子一直没有记忆"，"羊不知道铁的味道，好像这个世界只有草，从来就没有铁，没有刀子"。一到遇到刀子，它的命运就定型了，刀子就是羊的天敌。从小羊生下来的那一刻起，刀子一直在等着它，伪装成各种样子等着它。

在我的阅读经验里，帕蒂古丽在写作《羊·刀子》时，实在不想涉及人，但这个话题无法回避人，于是，人——文化文明的创造者、羊和刀子的主宰者——不得不登场。爹爹既是刀子的主人，也是羊的主人，他通过刀子进入另一种文明状态，将活生生的生命——羊，变成肉——一种食材。自从掌握了刀子，整个世界在爹爹眼里，像木头一样可以被制服，所以，爹爹感谢发明刀子的那个人，"发明这个家伙的人很厉害"，这个家伙不仅是刀子，也是一切铁器，自从有了铁，整个世界都变了。人与羊的关系，决定了刀子和羊的关系，"人只给一次认识刀子的机会，通过刀子，人把自己的恐惧输送给了羊"，人发明了刀子，就是为了对付羊的，"刀子"的品性是发明者赋予的。人总是躲在刀子的后面，让刀子和羊发生正面冲突。散文开头第一句话讲明了这种关系，也奠定了整篇文章的基调："刀子悬在爹爹的身上，羊的命悬在刀子上"。

然而，羊毕竟是人饲养的，也许，从羊降生的那一天起，羊就要遇见刀子，这是羊的宿命，也是羊生命的另一种形式，升华——变成肉——成为人的食材。刀子是无情的，它完成了人的欲望，是人的帮凶。

三

刀子可以把羊变成肉，同样可以把牛、马、鸡、鸭等变成肉。人用刀子，最初可能是胆怯的，用久了，就习惯了。当习惯变成了自然，就顺理成章了，就成为一种规则，一种公理。是的，刀子成为人的工具，被视为人类文明的一大进步，但是，当无机物欺凌有机物成为人类进步标志的时候，成为人们约定俗成的生存方式的时候，运用"刀子"过度的情况，就不可避免地出现了。帕蒂古丽写道：

"用惯了刀子，铁笼子和马嚼子，爹爹相信铁的威力。他把家里所有的木器都换成了铁器。木锨换成铁锨，木叉换成铁叉，皮鞭换成钢鞭。他说，铁，不怕火，不怕水，这个世界上，铁比人厉害。"

这种感觉，使用铁器已经习惯的人是不会有的，只有在铁器刚刚产生的时代，在"铁"的世界秩序创立的时代，人才能有。在工具泛滥的时代里，工具不仅仅是人使用的道具，它可以反过来支配人、指挥人，让人为它发狂，最后成为人的"异化物"，导致人的异化。帕蒂古丽所写的铁的时代，和手机、电脑的时代，何其相似。

受到铁器的支配，被铁器异化，过度的铁器崇拜，直接导致人对生活的不珍惜。不仅仅是牛、羊、马，而且对人的生命也产生威胁："他拿起铁钳子威胁妈妈，说要拔了她的牙，给她戴一副铁嚼子，让她好好尝尝铁的滋味。任何牲口一样，只有靠铁，才能制服。"

铁制服了肉，刀子制服了羊，铁笼头制服了牛，马嚼子制服了马。现在，铁用来制服人。当爹爹要用马嚼子制服妈妈的时候，他早就被铁器崇拜制服了。

如果说，刀子结束羊的命运，是从肉体上剥夺了羊的生存权，那么，帕蒂古丽所写的《牛·笼头》《马·嚼子》，则侧重于铁对生命自由的束缚、剥夺，对牛、马自然天性的扭曲。"爹爹给牛犊嘴巴上套上麻绳编的笼头，像是戴上了副麻绳口罩，麻绳笼头把牛犊的嘴巴和妈妈的乳房隔开。小牛犊无法张开嘴叫妈妈，它发出变异的哀声哞叫，妈妈听不懂。"笼头突然改变了牛犊的生活方式，使它无法与妈妈亲近，无法向妈妈倾诉，母子之间的交流中断。

于是，牛开始反抗了，嚼烂了麻绳笼头，又被换上铁丝笼头。当铁丝代替了麻绳，牛犊的所有反抗就变得那样柔弱无力，那样可悲可怜。它被铁丝紧紧地禁锢住，只能反刍胃里的铁腥气，连牛奶里都有隐隐的铁腥味。牛，在铁器的世界里，只能像无机物一样生存，它的精神、习惯，被铁器消

173

磨殆尽。"马嚼着铁嚼子,像嚼着自己的一块骨头。它嘴里只剩下铁的味道。它以为铁的味道,就是这个世界的味道。"马和牛一样,被人戴上铁嚼子,一下子和自然世界分割开来,铁成为马的世界的主宰者。不仅如此,帕蒂古丽也把妇女的命运引入到铁器的世界,将牛、马的无奈与人的无奈相联系。"爹爹给马戴上铁嚼子,就像妇女主任让母亲戴上那个铁环,母亲无法用父亲输送给她的精液孕育出后代,马也无法顺利地把草料转化成所需要的能量。"

无论是牛笼头,还是马嚼子,人们给牲畜戴上时,总是在牲畜嘴巴上做文章,进而破坏了牲畜的脸部形象,改变了牲畜天性具有的能力,彻底改变它们的生活习惯和生存方式,让它们顺应人的价值取向,成为"人化"的世界的一部分,走向背离自然原生态的路途,越行越远。铁,从限制牛、马的生活习性开始,进而束缚牛马——自然物——应有的自由,全面占领它们的世界。铁的强势、霸权,具有能动的破坏力和支配力。

四

在肉与铁的对峙中,肉是一种原生态的存在,铁是一种文明时代的存在。如果说,肉象征着原始性质的游牧时代,铁则象征着人类经过漫长的石器时代进入一个人类文明的新时代——铁器时代。随着铁器的广泛使用,人们改造世界的力量更加强大了,对自然的干预更加普遍了,整个世界变成了人的世界,人的主体性极大地扩展了。所谓"人化的自然""人的本质力量对象化""自然的人化"等理论术语所能概括的"人化"进程,大大地加快了。人在改变世界时,也在不断地改变自身,这种改变是"善化"还是"恶化"?也许不能仅仅由人说了算,其他的生物也应该有发言权。因为,人与世界的"主客体双向运动"一直是在人的主导下进行的,是按照人所设定的方向、方式在运动的,人的价值观支配了其他物种的价值观。

我不知道,帕蒂古丽的内心在表达什么,但我的阅读经验告诉我,《肉与铁的对峙》实际上就是人类发展的游牧时代与铁器时代的对峙。游牧时代在人类发展史上很漫长,从旧石器时代晚期一直到新石器时代,铁器时代相对短暂得多。但是,铁器促进生产工具快速改造,极大推进生产力发展,给人类历史发展注入了前所未有的"加速度",迅速瓦解了石器时代的生活习惯、社会结构和文化表达,笼罩了整个人类生活。从旧石器时代向铁器时代的转型,对人类来说,当然是一种历史进步,按照单线进化论的观点,这种历史进化的方向和动程是"不可逆"的,就像人类从母系氏族向父系氏族转型一样,每一种转型都充满新奇、痛苦,甚至血腥。帕蒂古丽用新疆一个小村庄的生活常态,象征式地呈现了这种转型的铁腥味,挖掘、打捞铁对人的世界、对自然生态世界的异化。

我知道,帕蒂古丽的散文没有丝毫疏离文明、文化进步的意味,她更多的是一种"追怀",对一种遥远的生活状态、生存状态和生命体验方式的召唤。令我惊奇的是,她竟然通过书写当代中国的一个小村庄,用一个小女孩的成长经历,来完成这次召唤。

2016 年 11 月 8 日初稿
2016 年 11 月 25 日修改
2018 年 11 月 28 日定稿

小说贴着人物写

——《杨卓娅短篇小说集》读后

《杨卓娅短篇小说集》收入杨卓娅近年来创作的《鱼鲞》《惊蛰》《贤妻》等16篇短篇小说。杨卓娅是地地道道的象山人,长期浸淫在象山独特的文化和生活氛围中,小说取材于身边的人和事,有意无意之中表现出浓郁的海洋文化气息,这股气息包含沿海渔民生活习俗、现代社会语境下沿海人们的生存困境和生活理想、渔民特有的思维习惯和社会伦理,还有作者鲜明的海洋文化意识。传统海洋文化与现代社会经济文化的冲突,构成了小说中人物内在心理波动和外部冲突的主要动因,人物的喜怒哀乐、悲欢离合,几乎都是由这种冲突产生的。当然,作为当下的短篇小说,也会反映当下人的生存状态和心理欲念,有几篇具有现代气息的文本(比如《贤妻》《金大脚的红太阳》《我承认我有病》《小狗咪哩》等)。这种海洋文化气息,给习惯阅读陆地作家小说文本的我留下深刻印象。从整体上说,杨卓娅的小说能够贴着人物写,通过人物活动的细节展示出人物的真实生活状态,也许是人物身上自带的时代生活气息,让小说集收获了时代性。从这些短篇小说文本呈现的状态来看,杨卓娅比较重视小说叙述中的描写功能,适度发挥描写在小说叙述中的多重作用,表明她是一个具有一定写作经验和自觉意识的写作者。作为一名女作者，感受的细腻性和真切性似乎与生俱来，杨卓娅的感觉非常细腻，常常抓住人物一个细小的动作、表情，或者一个小事件、小场景，给我们时代提供一个微小却具有意味的注脚，其中有些小说文本通过小人物小细节还原时代大主题，通过毛细血管表现这个时代的主动脉血管。

当然，作为年轻的小说作者，杨卓娅在小说文本写作方面上存在一些需要注意的地方。沈从文和汪曾祺强调小说贴着人物写，就是要求小说写得具体、生动、真切，以人物为轴心，为切入点，深入反映时代生活。小说就是写人物，不是为了讲故事。因此，小说贴着人物写的时候，要贴得紧，贴得牢，时刻不离开人物，从这一点要求来看，杨卓娅的有些小说还没有做好。第二，这16篇小说存在着共同问题，就是叙事节奏变化不够，每一篇都是不疾不徐，按照一个速度、一个调门进行叙述，事件的波澜没有通过情节叙述的疾徐快慢体现出来，因而，杨卓娅的小说缺少叙述高潮。第三，这些小说在叙事上太讲究干净，往往一篇小说就是一个叙事线索，故事进程多为单向突进，显得单薄，自然，在反映生活的深度和广度上就很有限，无法切入时代生活的内核。我想，造成这一点的主要原因，除了叙事技术层面的因素外，是不是还包括作者的理性思维不够深入，对历史、现实和理想缺乏更为深刻地理解？小说文本中体现出感受（浅表层次的感受居多）真切，但理性不够。也就是说，没有处理好形象与抽象、情感与理性、认识与感受之间的辩证关系。艺术创作是一种艺术思维，艺术思维不完全等同于形象思维、感觉思维，其中也包含着理性思维，艺术家不仅需要情感、直觉、潜意识，也需要认知和判断，需要深刻的历史意识和批判思维，优秀的艺术家都是具有深刻思想性的艺术家，所有的情感、直觉、潜意识,只有乘着理智的翅膀,才能飞得更高,飞得更远。

一

汪曾祺谈到沈从文先生引导他走上小说写作道路时,印象最深的一句话就是小说"贴着人物来写"。怎样贴着人物来写?他理解有三个层面的意思:第一,小说是写人物的,人物是主要的、先行的,其余部分都是次要的,派生的;第二,作者要同人物站在一起,对人物采取一个平等的态度;第三,人物以外的其他的东西都是附属的,景物、环境,都得服从人物,景物、环境都得具有人物的色彩,不能脱节,不能游离。一切景物、环境、声音、颜色、气味,都是人物所能感受到的。沈从文和汪曾祺都是有个性、有特色的作家,视小说写作为毕生之事,从开始学习小说写作到取得成功,也经历了许多坎坷曲折。因此,"贴着人物来写"既是两位杰出小说家的经验之谈,也包含着他们在小说写作领域的艰苦探索,凝结着两代著名作家的丰富经验和深切教训。

怎样理解小说"贴着人物来写"?仁者见仁,智者见智。有人说,小说要贴着人物性格心态来写,贴着人物的动作习惯来写。有人补充说,小说不仅要贴着人物来写,还要贴着语言来写。莫言在谈到小说写作时,也认为小说应该盯着人写,贴着人物性格来写。作家在写作的时候要借助人物表现思想,自己跳出来在作品中议论是比较笨拙的。汪曾祺先生更多的是从作者和人物的关系角度理解"贴着人物来写"的,作为一个小说作家,他更加关注作家如何写作小说、如何对待人物。莫言也更多的是从这个角度来谈小说写作的,强调作家通过人物来表达思想，而不要通过议论来表达。如果通过议论来传达思想，作家很可能将"人物变成时代精神单纯的传声筒"，小说是人物的舞台，要人物出场自己表演，人物不应该成为作家手中的"木偶"。

如果从文艺美学的角度来理解，沈从文先生主张的小说要"贴着人物来写"则包含着更加丰富的内涵。人物是小说最重要的构成要素，文学是人学，抓住了人物就抓住了小说的灵魂和关键。其中不仅包含着作家如何对待人物，如何处理人物，而且包含着作家如何对待生活、作家如何对待人文理想、作家如何对待人类良知、作家如何处理文学表达、作家如何对待读者等一系列问题。马克思说，"人，就其现实性而言，是一切社会关系的总和"。将这句话应用在小说写作中，完全可以说：人物是小说中一切关系的总和。人物是一定社会历史和现实环境成长起来的"人"，每一个人的历史和现实环境都会"内化"为个人成长的具体环境，从而养成"这一个"人物。金圣叹说施耐庵写《水浒传》是十年格物，一朝物格，实际上就是对人物的理解，把握人物的肖像特征、语言特征、行为特征，理解围绕着人物周围的其他人物。把握住了人物这个关键，小说自然就写出了社会，写出了历史，写出了人类的普遍性，这也就是歌德所说的"通过个性显现一般"。

由此，从"贴着人物来写"看《杨卓娅短篇小说集》，可以更加清楚地看到杨卓娅的成功之处和需要提升的地方。

二

杨卓娅写小说，具有明确的人物意识。她没有满足于讲故事，更不是低头讲故事，而是始终围绕人物讲故事，将故事情节当做人物行动来写，从一开始就抓住人物来写小说。读过她的小说，给人留下深刻印象的是人物，而不是故事本身的曲折离奇（尽管杨卓娅编写故事的能力并不低）。

《杨卓娅短篇小说集》的16篇小说，均取材于当下现实生活，遴选的都是小城渔村的普通人，可以理解为一种底层书写。如何从底层人物身上发现有价值的因素，把人物值得书写的特质拎出来，展示给读者，就成为小说成败的关键。也许与杨卓娅的护士职业相关，小说中的场景相对集中于医院，所写的人物也多为病态人物，不是身体疾病就是心理疾病。

《鱼鲞》将叙述场景放置在小镇卫生院中，出现的人物几乎全部是医院的医生、护士、药剂师，大家都在"冷眼旁观"胡丽红的变化，既没有给予她精神上的安慰，也没有提供物质上的帮助，任由胡丽红在自我想象世界里滑落。主人公胡丽红曾经是一个身轻如燕的妙龄少女，结婚生子后，身材不断发胖，在小说中登场时已经成为一个巨型女胖子，一年四季穿着白大褂和塌底的护士鞋。对自己的身体、对服装、对女性钟爱的化妆品，胡丽红一向淡漠，晾晒鱼鲞成为她唯一的爱好和生活乐趣。相对于身体肥胖病态而言，胡丽红的心理也处于病态中，她无欲无求，不与同事交往，即使同处于一个筒子楼里，也是经常关着门，同事之间见面也是客气地简单问候。她没有朋友，没有家人，丈夫和姐姐也是在必要时候偶尔出现，快速消失。在工作中，她不温不火，因为不断地偷东西，被调整了几次工作，她也从无怨言，也不辩解，更不改正，偷药事件暴露后，直接被警察带走，她也是漠然处之。在生活中，她表达爱的方式就是晾晒鱼鲞，面对匆匆而归、匆匆离去的丈夫,她总是沉溺于"他是爱我的"的幻想中,离婚好像对她没有造成任何影响,她依然晾晒鱼鲞,熟练的动作没有发生任何变化。看到胡丽红这个人物,我不由想起鲁迅在《祝福》中对祥林嫂的描写:五年前花白的头发,即今已经全白,全不像四十岁上下的人;脸上瘦削不堪,黄中带黑,而且消尽了先前悲哀的神色,仿佛是木刻似的;只有那眼珠间或一轮,还可以表示她是一个活物。胡丽红当然不会像祥林嫂那样瘦削,而是庞大的身躯,也许她还少了祥林嫂手中的竹篮、破碗、下端开裂的竹竿,但她们都是"活物",《祝福》近百年后的又一个"活物",成为一个"鱼鲞"。

《惊蛰》的场景也在医院,杨卓娅用"穿着黑衣神情阴郁"的女人为全篇定下了叙述基调,一群阴郁的女人在排队等待医生检查或配药,老来丧子的疼痛造就了她们共同的心理病态。《贤妻》一开始也是在医院,由女主人公段玉的更年期综合征引出故事。《我承认我有病》叙述场景在赶往医院的路途和医院中,本来是"我"带着母亲去大城市看病,没想到"我"也是一个病人;自以为健康的人,来到城市医院是为了治愈别人的疾病,没想到所带来的病人没有病,"我"却成了病人。《小狗咪哩》一开篇,主人公就带着生病的小狗奔向宠物医院。《第三针》叙述发生在医院的凶杀案,主人公因护士给孩子扎针,三次扎不进去,居然用西瓜刀砍杀了护士。这么多的篇幅集中于医院,与杨卓娅的护士经历有关,她可能对医院环境和人物更为熟悉吧。但是,医院何尝不是一个隐喻,小说中出现那么多病态人物,何尝不是杨卓娅打量现实生活的眼光,医院何尝不是一个相对独立而完整的世界?黄子平先生在《病的隐喻与文学生产》中,将丁玲小说《在医院中》文本内部医院与文本外部社会勾连起来,找到了"病的隐喻"功能,从文学史和社会思想史的角度解读丁玲的短篇小说《在医院中》。如果我们把杨卓娅小说中的"医院",还原到杨卓娅所书写的小镇渔村,与其他小说的人物构成"互文性",并且将这个小镇世界放置到现实生活的网络结构中,也许更能理解杨卓娅的笔下何以出现这么多病人。那个为了达到离婚目的的段玉,精心打扮柔弱沉静的外表,处心积虑地一步一步把丈夫培养成"破坏者"(《贤妻》);那个高雅美丽、乐于助人贵妇人方英梅,为了报复宠物狗的背叛者,不动声色地杀死另一条狗(《小狗咪哩》);《东风路向左》里,那个78岁的老人,还要到灯红酒绿的"市场"买春,而70岁的母亲一直隐忍着照顾老伴。《海边》中那对夫妻,为了让儿子受到更平等的教育机会,卖掉渔船,切断自己习惯而自在的渔民生活,来到城里打工,生存的压力让倔强而善良的丈夫,学会昧着良心,选择给海产品涂粉,如果我们的教育相对平衡一些,如果乡村的文化环境相对公正一些,如果菜市场的买卖能够纯净一些,男主人公的良心可能就不会丢,这一丢,不知道何时才能找回来!《香水百合》中,原本在乡下生活优裕惬意的夫妻,花费巨资买房挤进城里,原来的生活平衡一下子被打破,开始一步一步地走向艰难。从乡村到城市,路很短,方式也很简单——买房,帮助城市去库存,城市"回报"你一个"城里人"的身份。近年来诸多城市去库存,大力吸引外来人口通过买房获得城市居住资格,有些城市半年内增加数十万人。至于这些人进城后的工作、生活如何维持,《香水百合》也许是一种预见性回答。

三

卡夫卡曾经说过：细节是小说的生命。细节是短篇小说的"毛细血管"，当我们说小说"贴着人物来写"的时候，更多意味着抓住细节来写。展示人物内在和外在的细微变化，揭示人物命运和心理，都要通过细节。因此，没有细节的小说就是一个"梗概"，只能是小说的粗略架构，是"毛坯"，还不能称之为小说。杨卓娅的小说注意细节，发挥了小说描写的功能，是这几年我所参加的青年作者小说研讨会中，比较有特色的小说。以前，我曾经委婉地批评过有些作者：你的人物怎么没有穿衣服？你的人物怎么生活在空气中？一部分年轻作者以为小说就是讲故事，埋头叙事，顺着事件的线索一路讲下去，而没有意识到小说是写人物的，只有通过细节描写才能把人物写出来。因而，他们笔下的人物没有具体的面孔、身材、性格、生活环境和自然环境，常常用一些形容词代替对人物的具体描画，"精致""苗条""火爆""温柔""静雅""衣着华丽""穿着素雅"等词语，而人物到底长什么样子，穿什么衣服，周边环境如何，读者是看不到的，人物赤裸裸光秃秃地走向读者，作者把评价性字眼强塞给读者。实际上，描写是小说发挥功能必不可少的途径，通过描写让读者感受世界、感受人物、感受自然，带着读者走进小说的角角落落。小说通过细节的描摹，达到客观呈现的目的，让读者判断人物，叙述人为读者留下的想象空间越大，小说吸引力就越强。

杨卓娅对生活的感受很真切，善于捕捉生活中的小人物、小事件、小场景，通过对小场景、小动作的描写，从一个个细碎的侧面或向度,接触到时代生活的大课题,为读者理解这个时代提供一个个小小的注脚。可以说,感受的真切性增强了细节描写的准确性,而细节的准确性提升了小说的可读性。《鱼鲞》中的鱼鲞,就是杨卓娅对江南常见生活事项的一种捕捉,到了一定的季节,江南许多人家都会将鱼剖开,晾晒成鱼干,以备海鲜淡季时食用。在小说中,杨卓娅将鱼鲞提升为一种中心意象,反复出现胡丽红晾晒鱼鲞的场景,而胡丽红本人,最后也成为一种鱼鲞。这一富有江南生活特色的意象捕捉和使用,表明杨卓娅在小说叙事方面的自觉性,用鱼鲞作为人物命运的总体性象征。为了突出胡丽红对人生的麻木、淡漠,杨卓娅营造了这样一个细节,当警察要带她走的时候,胡丽红向警察提出收掉鱼鲞再走的要求,在警察注视下,"胡丽红动起手,熟练地将吊在铁丝上的鱼鲞拿下来。鱼已经晒得很透了,干白,清爽,大家闻到了一股淡淡的鱼香。她将鱼一条条摞起来,总共摞了五六叠的样子,整整齐齐地码放在一只纸箱上"。胡丽红这种冷静淡漠、宠辱不惊,并不是超越日常生活而看破世俗,而是麻木不仁,一切在她看来都是没有意义的,只有鱼鲞才是她关注的焦点,即使警察要逮捕她,也不例外。

  《金大脚的幸福生活》叙述一个新时代骆驼祥子的故事,金大脚是一个爱笑的胖女人,每天守候在歌厅、舞厅门口,靠着蹬黄鱼车维持生计,尽管晚上等黄鱼车,上午帮一家人家管孩子,工作非常辛苦,但金大脚不怕苦不怕累,因为儿媳妇为老李家生了孙子,她充满干劲,期望靠着辛勤劳作改变一家人的生活状态。当她被醉鬼推下山坡时,她依然没有丧失信心。小说的结尾,金大脚抚平创伤,挣扎起身,推着黄鱼车登上山坡,"跟太阳撞了个满怀",她放开车把,任由黄鱼车自由滑行,她第一次感觉到对着太阳流泪真好。这个富有象征意味的细节,用虚拟的方式深化了金大脚的命运,加深了小说的叙事意味。《船眼》叙述老渔民三叔为儿子阿明新造船打造船眼而遭到拒绝的故事,这是一个有深刻内涵的故事,触及传统海洋文明的现代生存问题。三婶进城了,阿明率领人们打造现代化渔船,只有三叔这个老古董坚守着"船眼",以顺乎"人有人眼天有天眼",只有阿聪——傻子——跟在三叔身边,支持三叔的行动。是啊,聪明人谁还会守着"船眼",只有脑子拎不清的傻子才固执于传统海洋文化。夜晚,三叔和阿聪偷偷地给船安装船眼,三叔祭拜海神菩萨的场景,给我们留下深刻印象。

　　杨卓娅善于通过人物一系列小动作,不断地展示人物内心。《贤妻》中处心积虑的段玉,处处以无辜的受害者面目示人,一步一步把丈夫训练成酒鬼,主动给李大军买酒,搀扶着醉醺醺的李大军回家,当熟人劝她"叫他少喝点",段玉总是委屈地、温柔地幽幽道:他哪还会听我的呀。当婆婆训斥李大军时,段玉反过来安慰哭泣的婆婆,一离开婆婆,夫妻俩直奔小酒馆,又开始鼓励、怂恿丈夫喝酒。当李大军舞场恋情爆发,邻居们替她愤慨的时候,段玉一脸平静:"男人嘛,都有那么点花花肠子","我相信他"。当公公教训李大军时,段玉还苦苦哀求公公"你给他留点脸"。即使李大军家暴、离婚,段玉都没有高声斥责过李大军一句,"除了哭,还是哭"。她很满意自己仍然是一个"清爽而温婉的中年女人""一个最贤惠的妻"。这一系列细节(包括动作和声音),成就了段玉"贤妻"的美名。杨卓娅懂得小说贴着人物写,首先要贴着人物的动作和语言来写,叙述人不要代替人物,而是通过人物自我展示,犹如在舞台上通过动作和语言表现人物内心，达到塑造人物的目的。

四

刚才和杨卓娅交流，知道这 16 篇小说全部没有发表过，今天又是改稿会。从修改的角度而言，我也提三点建议，仅供参考。

第一，从这 16 篇小说来看，杨卓娅已经初步领悟到小说的秘密，知道小说要贴着人物写，这是值得肯定的。但是，杨卓娅对"小说贴着人物写"还是不够坚定，写作过程中没有贯彻始终。也就是说，当贴着人物来写的时候，还贴得不够紧，贴得不够牢。有三种表现，其一是叙述人的权力问题。现代小说多选取一个有限制的视角，通过特定视角来叙述故事，这个特定视角常常是小说中的人物，小说中一切人物的行动、语言，都是通过这个视角"叙述"出来的（当然可以转换叙述视角）。杨卓娅的小说基本选择的是限制性视角，既然是有限制的视角，就一定存在视角盲区，一定有叙述人所不能达到的地方。这些叙述人无法抵达的地方，可以通过转换叙述视角，进行补充叙述，而不能用全知全能的叙述方式，一旦用了全知全能视角，作者就赋予了叙述人"越轨"的权限，小说的真实性和逻辑性就会受到伤害。我们会看到，在杨卓娅叙述过程中，存在着不少叙述人的"越权行为"，作者有点迫不及待，超出人物进行叙述，把叙述人的能见度放得很大，与生活逻辑、艺术逻辑产生龃龉。这种现象，即使在写得相对成熟一些的篇目中，如《鱼鲞》《船眼》《金大脚的红太阳》中也会出现，《鱼鲞》《贤妻》等小说的结尾比较典型。其二，是"力有所不逮"，也就是力量不够。有些小说在前半部分还是"贴着人物来写",到后半部分滑入"讲故事"的轨道中,叙述重心开始从人物向故事方向偏移,甚至设计出具有戏剧化的结尾,《鱼鲞》是大家比较认可的小说,也存在着问题,《小狗咪哩》《寻路》等篇,就更加明显了。我看好的《船眼》这篇,后半部分也循着"讲故事"的路子下去了,有点可惜。其三,有些小说,从一开始构思就没有自觉"贴着人物来写",叙述意图不在于人物,而在以一种现象或故事,《惊蛰》《湾海捕了一条魔鬼鱼》《声音》《第三针》等,比较明显。

第二,从小说的叙述节奏而言,这16篇小说呈现出惊人的同质性,叙述节奏缺少变化,没有波澜,叙述声音也是一个腔调、一种速度。应该肯定的是,杨卓娅小说的叙述相对比较稳定,有一种从容不迫、不疾不徐的叙述节奏,基本不会因为故事进程而改变叙述节奏。但是,如果一部小说集中,全是这种不疾不徐的叙述节奏,就显得单调了,应该充分利用多种叙述技巧,快叙、慢叙、停顿、重复、预叙、倒叙、插叙等等,有适当的设计,由此带来小说结构的一些变化,在过去、现在、将来的时态流转、折叠、回环中,完成叙述。如果说长篇小说是结构的艺术,那么,短篇小说就是节奏的艺术,由节奏带动结构变化。现在这个集中16篇小说,每篇的字数大致相同,不是结构没有安排好,而是对小说的节奏不够敏感。

第三,叙事太干净,显得相对单薄、显在,要适当采用一些"节外生枝""花开两朵"的写法,增强叙事的广度和厚度。主要表现在两个方面,其一,叙事线索单纯,16篇小说全部采用单线推进叙述方式,每篇小说基本由一个叙述人讲到底,基本没有转换叙述视角。也就是说,用的是一个固定的眼光,打量一个人物或一件事情,这样,怎么能把人物写活?更不要说将人物写得丰满,写得立体。以《船眼》为例,叙述人固定在阿聪,叙述笔法跟住三叔和阿聪走,只会单方面地叙述一定要安装船眼。如果再增加一条副线,从阿明哥的视角观照三叔,写出他拒绝船眼的深刻动因,两条线索一明一暗,或分或合,相信小说的容量会大很多。《寻路》是一篇有人性内涵和沧桑感的小说,但是笔法跟着"我"走,而没有让外婆、母亲出来说话,线索单一。外婆一生坎坷经历,为什么要选择葬在灵西,这里面有故事,能够窥探外婆内心许多隐秘的内容,从而折射出人性的复杂性,其中的真情、无奈、隐忍,也许是最能打动人的内容,可惜被放弃了。母亲为什么坚决不听外婆的遗言?母亲的青少年时期到底经历了什么?如果让母亲出来说话,与外婆的叙述形成对照关系,而不是急匆匆进入葬礼环节,搞一个力量不大的结尾,这篇小说将会是另一副样子。其二,人物和环境关系的处理,还可以更加技术一些。传统的现实主义文学强调"典型环境中的典型人物",人物一定是某种环境下产生的人物,写人物一定要写环境,环境丰富了,层次感强了,就可以多层面、多角度地展示人物。现代小说写作重视语域选择,一个有特色的作家,首先体现在语域选择的特色,往往能够形成一个相对独立的艺术世界,如鲁迅的鲁镇、莫言的高密东北乡、贾平凹的商州、陈忠实的白鹿原,等等。本集中16篇小说基本集中于江南小镇,属于小镇写作。那么,这个小镇就成为人物活动的具体环境,其向外连接着大社会,包括时代、历史;向内连接着小镇内的机构、场景、习俗、各色人等。以《鱼鲞》为例,小说叙述的场景集中于小镇医院,然而,从叙述本文来看,没有把医院放置在小镇中,一开篇就直接介绍人物,开始叙事,小镇究竟是什么样子(可以阅读毕飞宇的《哺乳期的女人》),读者根本看不到。而且,医院也只是个模糊的场景,读者只能跟着胡丽红的工作调动知道医院的几个点,围绕着胡丽红身边的人物(也是胡丽红的环境)出场、退场,也显得没有自主性,只有在胡丽红需要的时候才出现。也许,正是由于小说对环境交代不够具体、不够完整,胡丽红这个人物形象的社会意义和文学价值就大打折扣了。同样的问题也出现在《船眼》中。从文学书写的角度而言,小镇是连接外部大社会与内部小社会的最佳场所,也是连接历史与现实的有效途径,文学史上那么多作家书写小镇,是有合理性的。《船眼》的取材已经接触到传统文化的当代处境问题,遗憾的是由于对环境书写不够,失去了进一步深化主题的机会。

当然,就短篇小说而言,由于受到篇幅的限制,不可能面面俱到,我提出建议,希望杨卓娅选择适合自己的,坚持自己的路写下去。小镇书写是有着丰富积累的一种文学书写,在中国现代文学史上,许多作家是走出小镇以后,回过头来,带着另一种经验观照小镇、回味小镇、咀嚼小镇。也就是说,他们先有一段疏离小镇的经验,再回到小镇的时候,在疏离与靠近之间,形成一定的张力,就会把小镇写活,把小镇写成现代中国的一个小地方、一个大地方。这也许就是王静安所说的"入乎其内,出乎其外"吧。

2018年8月30日于象山

用"温情叙事"沟通两个世界
——徐海蛟《孩子的世界你不懂》研讨会发言

徐海蛟的《孩子的世界你不懂》由宁波出版社出版。这是一部用心创作、用心出版的书,从选题、文字、情节,到装帧、插画、书签,都很用心。感谢海蛟和责任编辑,他们通力合作让我们看到一本好书。读了这本书,有几点想法,在这里和大家交流一下。

一、关爱——温情叙事的基调

海蛟讲述了15个故事,每个故事相对独立,又能够有机地融合到全书的整体叙事序列中,构成有机的小说体式。在这15个故事中,每个故事都呈现孩子的童真、天性,活泼善良,孩子们之间不仅相互关爱,而且将这种温情带给家长,带给社会,营造出一个温情的世界。《向光头致敬》讲述活泼可爱的女孩子伊侬生病,因长期化疗导致头发脱落,为了帮助伊侬同学重拾生活信心,余老师和"我们"全剃光头,欢迎伊侬同学归来。这个故事并不复杂,也属于"小事",但其中的温情让人感动。《马刺猬优雅记》叙述不合群的同学马小强,家庭环境造成一种封闭孤独的性格,常常闹事伤人,但同学和老师没有躲着他、放弃他,而是想方设法与他交流,逐渐让他克服"自闭",走出"自我",融入同学大家庭。孩子们的童趣、童真、童心,让我深深体会到人性美,也不由得想起明代思想家李贽的"童心说",想起老子说的"专气致柔,能如婴儿乎"。这个故事所展示的深意,不仅仅是对马小强进行"疗救",更在于我们如何面对有心理问题的孩子,如何打开他们的心结。试想,如果"我"和同学们因为马小强孤独、自闭、常常伤人,而放弃他,孤立他,马小强会变成怎样一个人?将来对社会造成怎样的影响?故事中马小强有一句话:"这TMD什么学校?真想炸了它?"看到这句话,我的心猛地一颤,越是孤独的人,越渴望得到别人的关爱关注,如果得不到及时的关爱关注,就会走向极端。我们这个世界不太平,学生心理问题频发,发生了许多令人恐怖的事件,有些人可能从小就自闭、孤独,从小失去应有的关爱,造成心理偏执,自我控制行为能力偏低,给人们安静的生活带来威胁和阴影。马小强变得优雅,是一种爱的福音,是爱的胜利。原来,爱,就是这样简单,就是这样直接。

这里的世界是真诚的,孩子不撒谎!

二、分离与融通:沟通两个世界的使者

徐海蛟为我们书写的是五(6)班的少年生活,营造了一个童年世界。而在这个少年世界的外围是一个成人的世界。家长们望子成龙、望女成凤,大人用自己的"理想"来造就孩子,或许弥补自己的人生缺憾,美其名曰"为了孩子"。海蛟提炼出一个句子:妈妈觉得冷,外婆觉得冷。是啊,妈妈和外婆觉得冷了,就把自己的感觉强加给孩子,对孩子的世界进行各种干预,也对孩子的世界造成伤害,对孩子成长带

来负面效应。于是，孩子们集体对成人世界进行反叛、逃离，或者消极抵抗。这样一来，就出现了两个世界的疏离与抵抗。这一点，在许多故事中都有所表现，《别再亲我》《不许分走我的爱》，应该是大家都熟悉的故事。

我特别注意到《阿弥陀佛，小僧自有主张》。同学张了远学习成绩不算优秀，上课常常打瞌睡，引起同学们和老师的误解。随着故事逐渐运行，张了远大放异彩，这个从小有佛心、佛缘的孩子，震惊了大家。但正因为如此，在当前"成才"只有读书一条路的现实状况下，张了远与周围世界必然产生冲突，其中张爸爸就不能接受现实。在徐海蛟的叙述中，张了远的世界和爸爸的世界实现了最后的和解，由于故事的纪实性和单纯化叙述的限制，海蛟不得不把和解的过程和障碍简化。实际上，其中的动荡，无论张了远家庭的动荡，还是学校的动荡，都不是采用童年视角所能完全呈现的，徐海蛟的叙述在这里受到限制，走到了叙述的极限，无法突破瓶颈。但无论如何，徐海蛟努力在结果中找到一种平衡状态，和解意味着两个世界的妥协、沟通。也许，在海蛟的世界里，孩子的成长是多元的，抱着开放的、欣赏的态度，认同张了远的选择。然而，海蛟又不能不面对现实，他不可能总是沉浸在自我营构的世界里，也许觉得那样对家长、对学校不公平，他不得不醒过来，回转到成人的世界中来。

在徐海蛟的书写中，余老师是一个天使，一个沟通学生世界和成人世界的天使。这样的小学教师，与学生打成一片，引导、扶持、鼓励学生成长，注重学生的个性发展，营造全班同学相互关爱的氛围，将"一个都不能少"坚持到底。这样的小学老师，和家长打成一片，及时向家长说明学生情况，抽丝剥茧般地劝导家长走出认知误区，释放孩子们的能量。

他有情怀,有责任心,有童心。徐海蛟曾经当过数年教师,对小学教育有着深切的体验,也许,余老师就是他为我们展现的理想型小学老师吧。余老师对伊依、马小强、张了远,对许多同学而言,既是老师,又是兄长、朋友。在《不速之客》中表现出的爱心、童心,特别是与"屠夫"老师相对照,体现出足够的自信与魅力:"孩子的世界"——我懂的。

三、有感觉的文字

《孩子的世界你不懂》定位于儿童文学写作,语言尽可能采用明白如话的口语,叙述流畅自然,词汇选择多为日常生活中常见词汇,句式也不复杂,人物对话能够达到叙述目的即可。也就是说,徐海蛟的目标在于叙述事件,能够把事件叙述得清晰流畅,让人明白就行。因而,在叙述过程中,徐海蛟并没有刻意塑造人物,也不用选择具有个性化的人物语言,情节设置基本跟着故事节奏行进。然而,在并没有精心淬炼叙述语言的情况下,徐海蛟还是在不经意中,写出有感觉的文字,表现了海蛟多年从事文学写作的功力。

> 他说"知道"这两个字的时候,仿佛不是在说话,而是往墙上钉钉子。(《马刺猬优雅记》)

主人公说话斩钉截铁,一诺千金,这样的话语往往不在多,而在于管用。"知道",看似轻描淡写,却很有力度,句式短促有力,表现主人公的性格。杨争光曾经于20世纪90年代发表一个中篇小说《棺材铺》,里面的人物对话简单实用,一个字两个字往外蹦,没有多余的话语,每个字好像刀劈斧砍一般，掷地有声，与王安忆的《歌星日本来》那种细腻、絮叨、缠绕式叙事形成鲜明对照。徐海蛟在这里说人物语言像往墙上钉钉子，也有《棺材铺》人物语言的效果。

  见到李笑笑的一刹那，王老吉惊觉那天下的阳光很刺眼，伸出手都能摸到它光滑闪亮的质地。……王老吉在斜阳里紧紧闭上了眼睛，刚才还像丝绸般的阳光此刻都恍惚成水中寡淡的倒影了。(《别再亲我了》)

  少年王老吉开始懵懂地进入青春期，一直把李笑笑视为天仙美女，无数次想方设法接触心目中的女神，总是胆怯。好不容易当着李笑笑的面英雄一回，觉得自己聪明干练，像真正的英雄一样，博得心目中女神的欣赏。这时候，王老吉见到李笑笑，长期积压的自卑突然间化为自信，他觉得伸手能够到阳光那光滑闪亮的质地了。然而，老妈不合时宜地跑进画面，溺爱的一个妈妈的吻，瞬间打破了王老吉自我建构的英雄形象，像一盆冷水把他浇了个湿透，使他迅速由"英雄"变成"小屁孩"，而且当着李笑笑的面，刚才"丝绸般的阳光"一瞬间"恍惚成了水中寡淡的倒影了"。妈妈的溺爱打碎了少年的英雄梦，剥夺了他在女神面前表现的机会，一个少年成长中具有蜕变意义的瞬间，遭遇到来自亲情的压抑，王老吉发自内心地抗拒妈妈，发出"别再亲我了"的呼声。这是一个少年的"独立宣言"，他不愿意继续活在亲情溺爱的阴影里，而要自己走出去创出一番天地。他不愿意再做妈妈的"乖宝宝"，不愿意让人把自己看作"小屁孩"，他要长大，他的个性意识开始觉醒了。在这个觉醒过程中，李笑笑（当然是王老吉臆想的李笑笑）充当了引导者、监督者，而妈妈充当了"拦路虎"，王老吉的叛逆期来了。

像这样具有内涵的叙述语言，《孩子的世界你不懂》中还有很多，往往在不经意中出现，仔细思索，很有感觉，简单直白的文字背后隐藏着这样那样的内容，值得回味。

2017 年 6 月 22 日于宁波

有情调的行当书写
——在吴新星《苏三不要哭》研讨会上发言

首先祝贺吴新星的长篇儿童小说《苏三不要哭》出版，并获得第二届青铜葵花儿童小说奖。这个奖项含金量比较高，北京大学曹文轩教授担任终评委员会主席，邀请了谢冕、聂振宁、王泉根、林文宝、毕飞宇、徐坤、李洱等七位学者、作家组成终评委，从全国范围内遴选出11部作品颁奖，吴新星的《苏三不要哭》能够获奖，殊为不易，表明她的儿童文学写作已经得到主流媒体、作家和学者的肯定。颁奖词说："作品通过旧时代一位苏州底层少年的学艺经历，详尽地描述了昔日的生活日常，融洽地展现了京剧等传统行业的生存状态和各地的民俗风情。作品描写学徒们对命运的不屈抗争和彼此间的相濡以沫，激荡着人性的温暖与力量。在国家危难的关头，谁都是落难的'苏三'。秉持着'苏三不哭'的理念，勇敢地活下去。"这个评价是比较高的，对一个如此年轻作者的作品，用了"详尽""融洽""激荡""秉持"等字眼，也让我感觉得这些评委们对吴新星的关爱和期望。

吴新星是宁波大学的学生，以优异成绩进入人文学院攻读古典文学研究生，张如安教授和李亮伟教授多次在我面前提及她，赞她基本功扎实，肯用功，坚持儿童学文学写作，是一个有理想有毅力有功底的好学生。今天，拿到这本《苏三不要哭》,我由衷地佩服如安兄和亮伟教授的眼光。我与吴新星接触不多,记得多年前她曾经交给过我一部小说书稿,匆匆看过,感觉不错,但没有引起重视,因为我固执地认为人文学院应该培养学者而不是作家,尤其在研究生阶段,现在看来这种固执是多么不合时宜。吴新星就读研究生以后,可能上过我的课,她每次见到我,都称呼一声"老师"。我一直觉得没有教授过吴新星什么,师生之谊纯属学校教育的关系,想来惭愧。今天,也许是我一个弥补的机会,在这个作品研讨会上,我将吴新星看作学生,谈谈阅读《苏三不要哭》的感受,希望会对她有所帮助。

一、梨园行当书写是"文的自觉"与"人的自觉"的表现

《苏三不要哭》叙述一群梨园弟子成长的过程,属于典型的行当书写。行当书写就是书写百工,写百行的人和事。梨园作为百工中一个特殊的行当,本来就是中国文学传统书写的内容之一。从古代诗词,如白居易的《琵琶行》到元杂剧、明清小说的奇书文体,梨园书写经常与青楼、勾栏、瓦肆等社会文化符号连接在一起,构成一个相对独立的内在循环系统,出入其间的有才子、商人、官僚、客船,等等,构成中国文学史上一大叙事类型,形成了一定的叙事套式。这种书写一直延续到晚清、民国时期,在鸳鸯蝴蝶派、近代谴责小说、五四留学生文学也占据相当比例。被许多人赞誉的吴语小说《海上花列传》,有不少部分涉及梨园行当书写。在五四新文学革命时期,梨园故事被作为个性解放的重要内容,在文学革命中也"先锋"了一把。

自"革命文学"开始,经过"左翼文学"的洗礼,在革

命激进思潮的影响下,百工书写开始聚集到"革命"的方向上,作家们的眼光开始投向"第三等级",现代产业工人和农村乡民开始走上文学的中心舞台。而且,由于现代中国战乱频仍,"军人"的社会作用越发突出,作为一种新的力量突进文学书写的阵地。到延安解放区时期,"工农兵文艺"终于成为主流方向,文学书写的主要对象发生了巨大变化,传统作家驾轻就熟的传统行当书写——梨园书写、青楼书写、羁旅书写等,逐渐退出历史的舞台,唯有一缕残影时断时续地存活于"旧体"文学当中。延安文学以降,中国当代文学基本是工农兵文学的主战场。在工农兵文学中,"工"不是古代、近代文学中百工,而是作为革命力量的工人阶级,他们已经进入国有企业或集体企业,成为社会的主体力量。传统社会中的百工——非农业生产的人口,主要是手工业者,特殊技能、特殊行当的从业人员,在社会变革中梨园弟子们开始进入国有化的宣传队、剧团、文联、作协、文化局、群艺馆等机构,主要任务是学习工农兵、书写工农兵、表现工农兵。在很长一段时间内,传统意义上的百工受打压、被排挤,只有被改造后进入集体或全民所有制机构的人,才能得到认可,即使能够成为文学艺术表现的对象,也很少作为"正能量"出现。

新时期以后,随着改革开放不断深化,中国社会结构发生变化,许多手工业者开始重操旧业,用手艺换得生存的机会,靠"绝活"行走于市井之中,百工书写开始逐渐复苏。邓友梅的《烟壶》、陆文夫的《美食家》、汪曾祺的晚年写作等,都是对工农兵文学的重大突破,也出现了《棋王》这样"神神道道"的作品。梨园书写在这种社会语境中"重生",到了电影《霸王别姬》、毕飞宇的《青衣》,梨园书写似乎成为许多作家"时尚"的选择,俨然成为文学艺术的一道风景线。对梨园的重新书写,是新时期"人的自觉""文的自觉"的一种具体表现,人性的丰富性和独特性,在梨园书写中得到扩展和深化。

我们知道,梨园书写对作家的要求比较高,主要原因在于书写对象——梨园子弟,属于文化修养较高、艺术气息浓郁、个性比较突出的群体,加之梨园传承悠久,形成了自成体系的技艺做派、师承支脉和舞台经验积累,与传统诗词音乐绘画书法舞蹈服饰等艺术门类联系紧密,没有一定的文化知识和专业经验,很难深入梨园"圈子",更遑论进行梨园书写。今天,吴新星的《苏三不要哭》,以长篇小说的形式,将梨园书写引入到儿童文学园地。我不知道在当前儿童文学领域,还有多少此类小说,但吴新星敢于挑战,做出这样的选择,而且取得了成功,她铺陈民国时期的动乱生活作为人物活动的舞台,对人物形象塑造起到很大的支撑作用,小说展现出来的道义精神和梨园情调,很有感染力。这些都说明,吴新星对"人"的认识和感受更加具体,更加真切了。

二、一个有道义、有情调的故事

《苏三不要哭》以民国年间李家班一群学徒的生活经历为书写对象,出没其间的人物有瑞生、瑞生爹、荣宝、金先生、董宝、李班主、李裳、王爷爷、凤麟、周伯伯、小七等人,空间迁移在苏州—天津—上海,所指时间集中于三年(抗战全面爆发前),将江南与北方连接起来。涉及的生活面有绣铺、书场、戏园、乡村、黑社会、角儿、小戏班等。吴新星能够抓住江南富有特色的城镇商业生活气息,通过街巷、建筑、山水、民俗风情的铺排点染，构成李家班的生活环境，展开人物活动和情节进程。而道义精神和尚雅情调也随着人物活动和场景转换，一层一层地展示出来。

尊师报恩，是中国传统文化精神中不可或缺的核心内容，在"百工"行当中体现得更为充分，更为具体。由于"百工"更强调个体的技艺修养和创新能力，其传承方式只能通过师傅—徒弟的方式进行，与现代学校分班教育方式大相径庭。师傅不仅教授徒弟某种技艺，给徒弟找到终生的"饭碗"，更为徒弟塑造一种精神气质、一种生活趣味、一种生活方式。在梨园传承过程中，师傅的精神气质和超凡技艺，往往由优秀弟子传承，历代名伶身上不仅具有高超的行当技艺，更有与行当紧密联系的精神理想和生活方式，"清高雅致"成为梨园普遍认可的生活风尚。正是由于师傅的精心培养和严格管理，才能成就优秀弟子，造就一代艺术大师。所以，弟子视师傅如亲父，尊师报恩不仅是弟子的行为规范，也是弟子的使命。

《苏三不要哭》中，瑞生、董宝，包括一度出走的凤麟、不适合学戏的小七，都对"戏"这个行当、对培养自己的李班主尊敬有加，常思报恩。瑞生在三年学徒生活中，爱戏，思乡，回归，最后立下恒心坚持学戏，在戏里戏外体验人生，丰富人生，融入李家班这个和谐的大家庭。当李班主解散戏班子时，瑞生坚持留下来，细心服侍李班主，师徒携手共渡难关。到上海后，遇到日本飞机轰炸，瑞生、董宝、凤麟和金先生一起，第一时间赶到废墟里，冒着生命危险寻找周伯伯一家。温暖感是小说给我的突出印象，在温暖的氛围中，一群戏曲学徒传承着尊师报恩的道义，将道义担当与艺术情调融合起来，在艺术人生中践行道义。特别是董宝，因游泳失足落水,失踪多日,历尽艰难找回到已经解散的李家班,毅然留下来,与李班主、瑞生等人共渡难关,令人感动。

守节直行,是《苏三不要哭》给我们传达的另一种道义精神。李班主作为一个戏曲传承人,创建李家班,立志"从娃娃抓起",为戏曲行当培养"角儿"。在时代因素的干扰下,李班主的行当理想受到各种势力压迫,遭遇各种意想不到的难题,最后不得已解散李家班,但李家班散班不散心,无论留守的瑞生、董宝,还是离开的凤麟、小七等,都在新的境遇中坚守李班主的戏曲理想,堂堂正正做人,孜孜不倦演戏,有些孩子身上不乏侠义之风。在李家班发展过程中,李班主和王爷爷坚守行当气节,想尽各种办法,宁愿个人受委屈,忍饥挨饿也要将孩子们培养成人。为了给孩子们积累舞台经验,李班主利用一切关系,不惜自降身价,唱堂会,赴茶馆助兴,挂靠戏院,甚至为了生计迁移到天津练摊,走乡串村演出,试图为孩子们谋求一条出路。李班主和王爷爷无论在外面受到什么伤害,遭受多么大的压力,在孩子们面前也要强装没事,一如既往地严格训练弟子,保护孩子们不受到一点伤害。他们始终不改梨园骨气,纵使再受苦,也不低头。李班主的女儿李赏,不得已第二次离家出走,也是坚守梨园气节的具体表现。

儿童文学能够传达出这样的道义精神,难能可贵。

"情调"是《苏三不要哭》比较突出的个性特征,也是吴新星儿童文学写作的追求,这种情调贯穿在人物设定、环境营构、情节铺排和语言叙述之中,也体现在小说编辑出版的版式设计、插画风格等方面。这种情调是什么?从小说看,江南情调、古典戏曲情调、艺术情调等,都趋向雅致的艺术趣味,许多段落具有唐诗宋词的气息。

"从半旧的雕花窗口看出去,是一溜坡状的屋檐,垂敛如鸟翼。层叠错落的瓦楞上,浅浅地铺了一层白霜。对面人家,也是这样的一溜屋檐,平常时节,檐下大都晾晒着衣裳;现在,只有两只绢丝灯笼还不畏寒,气血如同它们的颜色一样旺。哦,檐下还有几串风干得瘦长的腊肉呢。"

小说开头这一段描写,是小主人公瑞生坐在窗台上看出去的光景,把江南小户人家的生活"端到"读者面前,半旧的雕花窗、坡状的屋檐、错落的瓦楞,还有那一层白霜,通过景物环境描写,把故事发生的地点、时间告诉了我们。平常大都晾晒着衣裳,点出这是江南小户人家聚居区,瑞生家虽然是小户人家,过着小户人家的日子,但瑞生父亲是做戏装的,绣铺有艺术气息。于是,两样物品便在景物环境的描写中出现了:两只绢丝灯笼,一串风干腊肉。绢丝灯笼,有一种迷离、怀旧的意味,是一种有情调的装饰品,让我想起了施蛰存的《上元灯》。《上元灯》里那雅致精美的灯笼和主人公纯真稚嫩的情爱,与《苏三不要哭》中绢丝灯笼和像灵秀植物一样的小孩瑞生,在我的阅读经验中形成"互文"关系,昭示着一种艺术化的生活和雅致趣味的书写。而风干的腊肉,是一种混合着风霜油腻的美食,属于一种"接地气"的世俗生活。两种完全不同趣味和风格的物品,出现在同一段环境描写中,构成一种矛盾的象征符号,主人公的世俗生活和精神向往出现裂痕,怎样协调?为以后瑞生离开绣铺,走进李家班学戏埋下伏笔。

吴新星用了许多行当术语作为小说分章标题,也标识着瑞生的人生不同阶段,增强了小说的古典艺术韵味。在叙事结构中,梨园行当与瑞生融为一体,定角、堂会、搭档、摩戏、封箱、赶场、搭班,既是戏曲行当中学徒的"必修课",

也是瑞生人生体验中最深刻的记忆,成为瑞生和戏班学徒们"艺术人生"和"世俗人生"的交汇点,在各个交汇点上移动,构成瑞生的生命历程。让瑞生在古典戏曲的熏陶中成长,在世俗生活的磨炼中成长。艺术趣味和人格修炼,常常把瑞生从日常生活的困顿不安中提升出来,让他更有耐心、有毅力、有理想、有坚守地面对世俗世界,超越世俗世界。

三、平稳妥帖的叙事结构:讲好一个故事

吴新星选择了一个好故事。有一个好故事,还需要把好故事讲好,如果讲不好,会令人更失望。我觉得,吴新星讲好了这个故事,她选择平视视角,用很符合儿童阅读的叙事节奏,从容不迫地讲好了瑞生成长的故事,有温情,有理想,有意味。

先讲《苏三不要哭》的叙事节奏。作为儿童小说,可能有儿童接受心理的考虑,叙事节奏不会大起大落,但是适当时候的张弛还是有的,情节推进的疾徐还是要的。而《苏三不要哭》的叙事节奏,基本没有变化,除了第二十章尾声的叙事节奏稍微快点,其他各章叙事节奏基本平稳。我用平稳妥帖来概括。吴新星选择这种平稳的叙事节奏,与题材选择、人物形象、故事结局和叙事语境,达到了较高程度的契合。故事平稳推进,叙述语调不疾不徐,娓娓道来,如日常聊天,说明吴新星有一定程度的叙事自觉和自信,对故事的把控能力比较强。一般说来,小说的第一章是整篇小说的引言或楔子,叙事节奏相对比较快,概括叙述用得相对多一些,需要介绍主要人物,奠定全书叙事基调。吴新星没有采用这种较快的概括性叙事方法,而是从一开始就四平八稳地铺开。给

人的感觉,她不慌不忙地准备好纸和笔,不紧不慢地开腔,把一个坐在半旧雕花窗口看世界,犹如一棵灵秀的植物一样的瑞生推到我们面前,一下子抓住了我,沿着灵秀植物的笔调,展开绣铺的日常生活细节。即使在故事进程比较激越的段落,吴新星也没有加快叙事节奏,而是压抑着疾的欲望,依然选择相对平稳妥帖的笔调,展开一个一个画面和细节,把生活事件的大变化、大动荡,不疾不徐地向前推进,在小说第九章、第十二章、第十三章,表现比较典型。迫于生计压力,李家班不得不从苏州迁往天津,故事本身是动荡的,但吴新星抓住上海晨雾、上海弄堂、商店招牌、小七离开等展开叙述,既表现迁徙羁旅之苦,也将戏班特点展示出来,保持叙事节奏的统一性。

从叙事结构层面而言,整篇小说基本按照故事时间顺序和线索推进。主人公瑞生是一个十岁左右的孩子,经过三年学徒生活,进入梨园,在小说结尾依然没有成为"角",仍然是一个孩子,但这个孩子和当初坐在窗口看世界的孩子完全不同了,他具有了道义精神和坚韧性格。《苏三不要哭》是一部成长小说,一部儿童成长小说,这让这部小说只能选择相对单纯的叙事线索推进,采用行当化的线性结构方式,按照瑞生成长的时间顺序单线直行,保证小说的整体叙事干净、集中,更适合儿童阅读。

有感觉的叙述语言,是《苏三不要哭》给我留下的突出印象。小说的背景是民国,需要叙述语言有一定的历史意味,选择的叙述对象是梨园弟子,需要有对这个行当的体验。而民国时期梨园行当的生活,相比民国时期普通民众生活,美和雅的比例相对大一些。还有,小说的地域跨度,苏州—上海—天津,需要结合南方和北方。苏州是江南水乡,有苏州园林和评弹的艺术滋养,生活精致典雅,是中国文人理想的栖居地。叙述瑞生绣铺时期的生活、李家班在苏州的生活,就需要苏州元素:烟雨朦胧、粉墙黛瓦、昆曲评弹、小桥流水、绣铺、药铺、琵琶,等等。这一部分叙述占据小说大部分篇幅,也是小说基本的叙述笔调。关于上海和天津的叙述,相比苏州的叙述,雅致的意味就相对淡薄许多。上海是近代商业大都市,李家班路过上海的时候,吴新星捕捉的是上海的商业繁华,这里并不适合李家班的发展,他们只是匆匆过客。然而,令人意外的是,瑞生后来回到了上海,这里成为瑞生生命升华的地方,是他的道义和艺术坚守实现的地方。天津是李班主的家乡,李家班试图在天津获得新生,他们挣扎过、奋斗过,尝试了各种方法,甚至深入乡村,走家串户,但终于没有扛过生活的劫难,李家班解散了。在天津,瑞生和孩子们在磨难中快速成长,逐渐把江南文化的韧劲和北方文化的硬气融合起来,以"苏三不要哭"的精神,践行人生道义,奋力追求艺术成功。

"春夜的月光从窗棂中照进来,似乎笼着花香,有些迷迷蒙蒙的。瑞生看着迷迷蒙蒙的月光,又想起出门前娘给他打点行囊。"这是小说第三章中的一段,叙述初入李家班的瑞生,对前途一片茫然,孤独一人在月夜思念娘亲的情绪。瑞生的情绪是迷迷蒙蒙的,春夜的月光也是迷迷蒙蒙的,瑞生的前路也是迷迷蒙蒙的。这种叙述语言的表现力,让我突然想起了苏童《妻妾成群》中的一段描写:

"梅珊把长长的水袖搭在肩上往回走,在早晨的天光里,梅珊的脸上、衣服上跳跃着一些水晶的光点,她的绾成圆髻的头发被霜露打湿,这样走着的她显得湿润而忧伤,仿佛风中之草。"

在《妻妾成群》里，梅珊因失宠而借助晨练京戏发泄，清晨的天光里，湿润的霜露与湿润而忧伤的主人公形成"异质同构"关系，失去宠幸而又没有根基的梅珊，仿佛风中之草。在《苏三不要哭》中，迷迷蒙蒙的月光与迷迷蒙蒙的瑞生也形成异质同构关系，把这样一个像灵秀植物一样的男孩，抛入迷迷蒙蒙的境遇中。

像这样的叙述，《苏三不要哭》中，还有不少，说明吴新星是一个讲究小说叙述语言的人。我赞赏这种讲究，也希望她把这种讲究保持下去，而且更进一步。在小说中，有些地方是可以这样讲究的，她却遗憾地放过去了。"五彩的藻井，朱红的柱子，处处可见精细的绘画和雕镂"，这是瑞生跟着王爷爷第一次跑堂会的场景。在小说叙述中，不应该出现"处处可见精细的绘画和雕镂"这样的句子，而是应该通过具体描绘，发挥小说的描写功能，一幅画一幅画写过去，一处雕镂一处雕镂展示出来，让读者感觉到"处处都是精细的绘画和雕镂"，而不用叙述人说出来。《红楼梦》中贾宝玉看到秦可卿房间布置的一段，可以供吴新星学习。也许，吴新星在这里忙于交代故事进程，更加注重"叙述"的功能。实际上，小说作为一种艺术，叙述和描写都是必不可少的，描写可以让故事的进程停下，让叙述人和读者都停留下来，不要一头扎进故事中去，而是一起看看风景，说说闲话，从叙述中荡开去，"节外生枝"，丰富小说的叙事肌理，让小说内涵更为丰富，更有表现力。我比较欣赏《苏三不要哭》的开头，吴新星将"绢丝灯笼"和"风干腊肉"并置在一起，注意到瑞生精神生活和世俗生活的裂隙。如果能够沿着这个思路，将开头写得更加丰富一些，除了绢丝灯笼，再增加一些具有苏州意味的文化元素，在"风干腊肉"这一端也增加一些世俗生活元素，进一步扩大瑞生两种生活的裂隙，从文化精神和世俗生活两个层面展开"苏州式"的叙述，从小说一开头就营造一种韵味，也许更有表现力。

2018年5月29日初稿
2018年12月30日修改定稿

用富有书卷气的本色书写呈现"地火"力量
——读晓风的中短篇小说集《儒风》

晓风先生以古典文学研究家的学养、高校管理者的体验和当代作家的敏锐,完成多部小说。今天,我集中谈谈《儒风》,就教于大方之家。《儒风》给我的感觉主要在三个方面,一是传承古典文人发愤著书、不平则鸣的写作传统,富有担当意识和反思精神;二是坚持本色书写,"吾口说吾心,吾手写吾口",不炫技、不造作、不夸饰,问题意识突出,切中时弊,选材真实,感受真切,叙述平稳,坚守了现实主义写作的本真;三是叙述文字散发着浓郁的书卷气,是一种知识分子良知的文学表达,在情节设置、情感控制、语汇选择、句式结构等方面,都体现出"以理驭情"的理学精神。每篇作品,都深刻地揭示当今高校存在的"流行病",这些问题一时半会还找不到良方医治,有些问题仍然在肆虐着教育工作者,但晓风先生用文学的形式呈现"地火"的力量:薛鹏举、刘子仁、田本纯、季平章、杨亚男等人,在"一地鸡毛"中,依然坚守着"儒风"。这"儒风"便是"地火",总有蓬勃的一天,燃尽"一地鸡毛"。

一、创作动机:传承发愤著书、不平则鸣的批判精神

发愤著书、不平则鸣是中国古代文人写作的优良传统,

代表知识分子的社会担当意识,是中国知识分子作为社会精英集团、成为"社会脊梁"的核心精神追求。

早在《诗经》的时代,诗人就勇敢地说:"昊天不平,我王不宁。不惩其心,覆怨其正。家父作诵,以究王讻。式讹尔心,以畜万邦。"(《节南山》)司马迁处在西汉由盛转衰的历史当口,面对穷兵黩武、崇尚厮杀、尔虞我诈、众默其声的现状,由个人深刻的人生体验悟出:"古者富贵而名摩灭,不可胜记,唯俶傥非常之人称焉。盖文王拘而演《周易》;仲尼厄而作《春秋》;屈原放逐,乃赋《离骚》;左丘失明,厥有《国语》;孙子膑脚,《兵法》修列;不韦迁蜀,世传《吕览》;韩非囚秦,《说难》《孤愤》;《诗》三百篇,此皆圣贤发愤之所为作也。此人皆意有所郁结,不得通其道,故述往事、思来者。"(《报任少卿书》)韩退之处于唐代分水岭中,观世道而觉文心,提出"大凡物不得其平则鸣:草木之无声,风挠之鸣。水之无声,风荡之鸣。其跃也,或激之;其趋也,或梗之;其沸也,或炙之。金石之无声,或击之鸣。人之于言也亦然,有不得已者而后言。其歌也有思,其哭也有怀,凡出乎口而为声者,其皆有弗平者乎!乐也者,郁于中而泄于外者也,择其善鸣者而假之鸣。金、石、丝、竹、匏、土、革、木八者,物之善鸣者也。维天之于时也亦然,择其善鸣者而假之鸣。是故以鸟鸣春,以雷鸣夏,以虫鸣秋,以风鸣冬。四时之相推敓,其必有不得其平者乎?其于人也亦然。人声之精者为言,文辞之于言,又其精也,尤择其善鸣者而假之鸣。"(《送孟东野序》)汉唐以降,醒世刺世者代有其人,已经形成了中国文人的一种主要精神取向和中国文学的写作传统。晚明之世,社会动乱,民不聊生,民风剧衰,小说家们自觉担负起劝善惩恶之重任,借古今讲史和俗话劝人"心恒心,行恒行,言恒言""从恒者吉,背恒者凶"(《醒世恒言序》),维护天地道义。爰及现代,多事之秋,鲁迅借狂人而呐喊,呼唤志士仁人觉醒奋起,"毁掉铁屋子"。鲁迅主张"凡事总须研究",胡适主张"怀疑一切"。

从《诗经》的"美刺"、屈子的"香草美人",到司马迁、韩退之、冯梦龙、鲁迅等,作者皆处历史转换关头,从本真之心出发,发愤著书,不平则鸣,经典留史,为一传统。而中国新文学之兴起,又有一传统,乃是西方优秀知识分子的批判精神。自从普罗米修斯盗取天火给人间,西方知识分子用自己的眼光重新审视历史和现实,独立判断,探寻真理,为20世纪人文科学研究和文学写作提供了批判性思维方法,对20世纪文学产生巨大影响。

反观中国当代文学,无论是"发愤著书"的中国文学传统,还是西方知识分子的批评精神,遗响难觅,"难见真的人"。独立、清醒的批判精神,为多数知识分子的梦想,仍然存在于梦想层面,极难付诸实践。20世纪80年代以来,一些作家进入一种纯技术的文学天地"畅玩"起来,或在文字游戏中炫耀技法,或陷入怀旧感伤中寻找"精神家园",或耽于优雅闲适的"诗意栖居"。当此之时,阅读晓风先生的"校园文学",突觉眼前一亮。

正如晓风先生所言:"在小说领域,我只是个不求名分、不问结果的业余作者。我的本来身份是大学里的古典文学教授,同时还滥竽为一个大学的管理者。目前,管理者的身份已将教授的责任挤压至一隅,而业余小说作者的角色则以隐形的方式出现,在校园内很少为人所知。我对时间这块容易缩水的布料的剪裁方案是,白天全部用于履行管理者的使命,夜晚基本上为教授的责任所支配,可以被业余小说作者所利用的只有清晨——那该属于'边角料'了。"这段话有几个引起我们注意的关键词:业余作者、隐形方式、清晨写作。因定位于"业余",故无功利,无任务,无压力,能够在一种自由状态下写作,说自己想说的话,写自己想表达的思想,叙自己想叙述的故事,不求名,不求利,听从个人心灵的召唤,发出"真声"。隐形方式,是否意味着剔除了周边人事、工作、生活的日常烦扰,净化社会身份,专注于文学写作,进入一种自由的文学世界;清晨写作,在清醒的时候写作,荡涤心灵后的写作,进入一种"虚静"状态的写作。业余、隐形、清晨,三者结合起来,也许就是罗兰·巴特所说的"纪德式"写作吧,至少完全不是一种功利化写作。

《儒风》聚焦于当下高校建设的核心问题和热点问题,《回归》通过薛鹏举回归常人世界的艰辛历程,涉及高校办学方向、学科建设等环节,有一种对知识分子身份的深深焦虑。大学校长薛鹏举的人生际遇,绝不是个案,不会让"高歌猛进""快速发展"的大学方向有所变化,但至少能促使更多的学人自省。《换届》以组织部部长季平章为视角,全方位展示了高校干部换届过程中,高层管理者的博弈与纠缠。几十年前,王蒙曾写作《组织部新来的年轻人》,多年后,晓风先生叙述了"组织部的中年人",如果将两篇小说联系起来,我们会看到从组织部青年人的不适,到位高权重的组织部部长的焦虑、不适,在跨越几十年时间后,其间的意味有些深长。结尾部分金素云突然杀出,出人意料,又在意料之中,常青书、金素云等人用相对卑劣的手段谋求职位,亦属"见怪不怪"。我们需要思考的是,一个工科教授,一个组织部年轻干部,何以"堕落"到如此地步?难道仅仅因为个人道德品质低下？道德滑坡的现象绝不仅仅出现在他身上。细思极恐。《课题》《发票》叙述热点问题，通过田本纯、刘子仁的故事，切进高校科研机制的内部，是一种"切着写"，而不是一种"贴着写"。《评估》所涉及的层面更为阔大，其中许多细节，不是高校普通教师、科研人员和管理人员能够"知情"的。《儒风》在书写这些人物、故事的时候，透出一种悲凉、无奈的情绪，在文人式克制的叙述中，传达出"不平则鸣"的批判精神与反思意识。

二、创作方法：本色叙事中的冷静与写实

《儒风》取材于大学校园生活，属于"百工书写"的一种"杏林书写"，是典型的知识分子小说，材料来源于知识分子，由特定身份的古典文学教授来写作，选用的叙述话语属于知识型话语体系，坚持实事求是，有一说一，是一种冷静的写实笔法，属于现实主义写作，而又不同于传统的现实主义写作。

"百工书写"是中国新时期文学觉醒、人的觉醒的产物，经历了艰难曲折的历程，而知识分子写作在新时期"百工写作"中处于弱势。

《儒风》所采撷的人物，都是大学校园的管理者、教学科研工作者，从校长、组织部部长、知名学者，到普通教师、机关工作人员，他们带着各自的身份、心理、年龄、学养、专业特点、行为方式和语言，走进故事中，在《儒风》的舞台上本色出演。晓凤先生没有人为地夸饰一个人物的可贵品质，也没有刻意贬责一个人物的丑恶嘴脸，而是将每一个人物都当成平等的角色，按照他们应该发挥的故事功能，捕捉

他们的动作和语言,给他们在故事中以相应的位置。在这里,没有理想人物的伟岸、赞叹,也没有俯视式的嘲讽,叙述者完全站在平视的视角,冷静地、客观地讲述每一个人物、每一件事情,几篇小说更像是现实主义的"如实"报告。这是业余作者的优势,只要把内心想说的话说出来,把生活中见到的事情讲出来,把日常任务的面目勾画出来,就达到了目的。作者没有玩技巧,场景转换、人物设置、情节推进,都不讲究技术,而是按照事件应有的方式和速度呈现,从而确定一种平稳舒缓的叙述节奏。这种平稳不仅体现在文本中,更体现在文本背后的创作心态中。

也许,源于冷静而写实的叙述笔法和平稳舒缓的叙述节奏,《儒风》在文本风貌层面呈现出"散文化"趋向。

三、叙述特点:又见书卷气书写

文以气为主,气之清浊有体。

由于中国新文学从发生的时候起,就向古典文学宣战,导致先天不足,在知识分子书写中,没有了知识分子书卷气,而更多地沾染上"向工农兵学习"的实用工具性叙述。在为数不多的关于知识分子叙事中,读书人的钟灵毓秀消失殆尽,代之而起的有孔乙己式衰败气,于质夫式颓废气,魏连殳式自暴自弃,莎菲式自怨自艾,或者还有些许"洋气"。间或出现30年代的周作人的平和淡雅,然气息不足;《围城》式的睿智,不免刻薄;陈翔鹤偶尔书卷一把,竟然不得"善终"。新时期以来的知识分子叙事,《人啊人》凌厉有余,趣味不足;《废都》中的庄志之蝶有点趣味,境界不高。如果寻找书卷气息的写作,还要追到言情小说,特别是鸳鸯蝴蝶派的叙述文字里面。这不能不说"书卷气"写作的"文脉"不继。

《儒风》让我看到了久违的书卷气,而不是学究气。其一是有读书人的境界和心胸,在商业社会大潮和表格人生的包围中,薛鹏举、田本纯等人,还能坚守一丝"儒风",难能可贵;其二是有雅致的趣味,包括主人公的生活向往、情感取向,包括几个女性外貌书写和性格,保持着读书人的清醒理性,"以理驭情",乐而不淫;其三是追求人格独立,尽可能协调个人与家庭、学校、同事的关系,显得"折中",受得委屈而又心有不甘;其四是语词选择有古典文学教授的学养,用词典雅,懂得控制,非一般作家可及;其五是叙述方式单纯、定向,线索清晰,语言干净,情节很少枝节横出。

总之,《儒风》与当下的小说写作风气不同,有一股"清流"的气息。

第 三 辑

文艺散论

黄莺扰梦阻辽西
——金昌绪《春怨》解析

摘要：运用叙事学的基本理论解析唐诗《春怨》依事抒情的特点，探究其事件和情感的关系，描述由叙事结构向抒情结构的转化，分析诗中叙事因素如何能够纳入抒情结构中，并形成构思精巧、句法圆紧等艺术效果的原因。

关键词：《春怨》 叙事聚焦 语义方阵 抒情结构

打起黄莺儿，莫教枝上啼。
啼时惊妾梦，不得到辽西。

金昌绪，初唐时期余杭人，因本诗而留名，《全唐诗》和《唐诗三百首》都收录了这首诗。本诗构思精巧，语言流畅明了，具有民歌色彩，在看似简单的语句背后，隐藏着浓郁的诗意。因而，为历代文人墨客所重，借用、化用该诗意者代有其人，苏东坡《水龙吟·次韵章质夫〈杨花词〉》："梦随风万里，寻郎去处，又还被莺呼起。"几乎可以看作是本诗诗意的翻版。

一、结构：叙事与抒情

这是一首典型的"闺怨"诗，其抒情方式值得玩味。它既不同于"衣带渐宽终不悔,为伊消得人憔悴"那样直抒胸臆,也不是"碧云天,黄花地,西风紧,北雁南飞。晓来谁染霜林醉,总是离人泪"那样借景抒情,更不是"枯藤老树昏鸦,小桥流水人家,古道西风瘦马,夕阳西下。断肠人在天涯"结景为情。而是依事抒情,借赶走扰梦的黄莺儿达到抒情的目的。全诗展示的是情感的流程,从诗的内在意蕴来说,无疑是抒情结构;然而,这个抒情结构,又是建立在叙事的基础上的,其中必然有一个围绕感情的叙事结构。因此,叙事结构和抒情结构的配合统一,或者说如何把叙事纳入抒情结构中去,就成为本诗能否达到预期抒情效果的关键。

我们先来看看本诗所依之事。如果按照时间顺序进行排列的话,可以看到这样的图式:

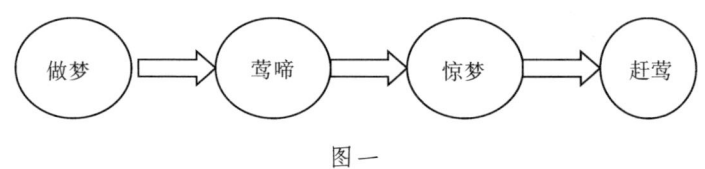

图一

如果作者按照这样的顺序来写的话,就不是叙事,也不能达到抒情的目的。因为,在图一中,尽管每个事件的元素都已经存在,但是,这些事件的元素,只是按照时间顺序先后排列的,整个事件的逻辑性和意义,并没有凸显出来。这样的事件,不能作为叙事学的事件,无法构成叙事结构。而且,由于各个事件元素之间缺乏个性化信息和个性化的联系,不能充当唤起抒情主人公情感的事件,因而,也不可能用来抒情,更谈不上叙事结构与抒情结构的配合统一了。

事件是"由行动者所引起或经历的从一种状态到另一种

状态的转变"①，作为故事事件的叙述顺序和作为素材事件的时间顺序，是有严格区别的，作为素材的事件的时间顺序"是一种理论建构，是我们可以根据支配一般现实的日常逻辑规律而得出的。"② 而故事事件的叙述顺序则是叙述人的一种选择，各种事件元素之间有着或明或隐的因果逻辑，因此，叙述人对事件的叙述顺序是经过一定的选择安排和加工的，事件元素之间呈现一种因果关系，而事件的意义正是在这种叙述之中。《春怨》叙事结构（主要是叙述顺序），呈现出下列的图式：

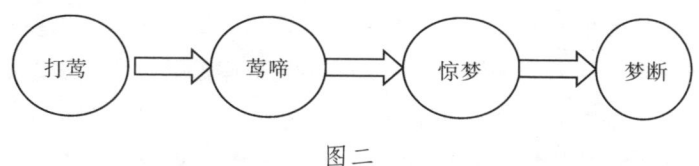

图二

由图一和图二的对比中，我们可以发现：作者对事件的叙述顺序和事件发生的时间顺序是相反的，也就是说，作者采用了倒叙的叙事结构。为什么要采用倒叙的叙事结构呢？因为倒叙的叙事结构可以简捷、精练、不露痕迹地把叙事结构转化为抒情结构。"一部叙事作品总是由种种功能组成的，其中的一切都具有程度不等的意义。这不是（叙述者的）技巧问题，而是结构问题。"《春怨》的作者并不是简单地在时间顺序上，对故事进行由结束到开始的倒叙，而是通过连续

---

① ［荷兰］米克·巴尔：《Narratology: Introduction to the Theory of Narrative》(Second Edition)，谭君强译：《叙述学——叙事理论导论》（第二版），中国社会科学出版社 2003 年 3 月版，第 219 页。

② ［荷兰］米克·巴尔：《Narratology: Introduction to the Theory of Narrative》(Second Edition)，谭君强译：《叙述学——叙事理论导论》（第二版），中国社会科学出版社 2003 年 3 月版，第 93 页。

的先果后因式叙述,产生一种追问和解释的效果,在解释和追问中,把抒情主人公的感情表现出来。这种追问和解释的过程,就是不断显现各种事件"功能"的过程,通过各种事件"功能"的联系,构成一个统一的结构,让事件成为对主人公来说有"意义"的事件,从而把对整个事件的叙述纳入抒情的范畴,完成从叙事结构向抒情结构的转化。"打起黄莺儿",为什么"打莺"呢?是因为抒情主人公不要黄莺继续在枝头啼叫。为什么不要黄莺继续啼叫呢?因为黄莺的啼叫声扰乱了抒情主人公的梦,使主人公的梦不得到辽西。后一句紧跟着前一句,句句解释,步步追问,层层深入,从具象到抽象,从表面到深层,一直追问到情感深处,牵出思念辽西亲人的闺阁之思,形成一个完整的抒情结构,达到表现"春怨"的目的。最后一句"不得到辽西",既是"打起黄莺儿"的根本原因,也是全诗的最后结果,在这里"因"和"果"重叠在一起,把起点自然地归于终点,又使终点有机地回应起点,不仅完成本诗圆满灵动的结构,而且加重了本句在整个诗中的分量,形成本诗抒情的重点,起着振起全篇的作用,如果没有这一句,叙事结构也无法转化为抒情结构,全诗的叙事就无法达到抒情的目的。

二、行动:主动与被动

《春怨》以构思巧妙、句法圆紧取胜。明代王世贞言:"不惟语意之高妙而已,其句法圆紧,中间增一字不得,着一意不得,起结极斩绝,而中自纡缓,无余法而有余味。"(《艺苑卮言》)那么,这首诗是通过什么样的艺术手段,来达到构思巧妙、句法圆紧的艺术效果的呢?从叙事学的理论来分析,"叙事聚焦"的独特性是关键,通过富有个性化的叙事聚焦,把叙述人、聚焦者和聚焦对象纳入一个微妙的关系中,使人物的行动迂回曲折地指向抒情主人公的内心世界,表现出梦断辽西的相思之苦。

  抒情性作品一般篇幅短小,不可能事无巨细、全方位地展示闺中思妇的种种生活情态,关键问题是从怎样的视角,选取怎样的典型生活场景来达到抒情的目的,"庭院深深深几许,杨柳堆烟,帘幕无重数"是一种视角,"三杯两盏淡酒,怎敌他,晚来风急",又是另一种视角。这种视角,实际上是观察视觉和所呈现出来的所有因素之间的关系,荷兰叙事学家米克·巴尔称之为"聚焦",观察视觉就是"聚焦主体,即聚焦者(focalizor)是诸成分被观察的视点。这一视点可以寓于一个人物(如素材中的成分)之中,或者置身其外。如果聚焦者与人物重合,那么,这个人物将具有超越其他人物的技巧上的优势"[①]。而所呈现出来的所有因素就成为聚焦对象。《春怨》采用的聚焦者和事件参与者"妾"相重合的聚焦方式,有利于聚焦者更加方便、更加深入、更加细致地进入事件过程,甚至进入人物"妾"的内心世界,从而与聚焦对象的联系更加紧密,可以把聚焦对象的每一个细节都展示出来(如果有必要),达到理想的抒情效果。正因为如此,当把聚焦对象定位在"打莺"这样的生活场景时,聚焦者能够步步深入地展示"妾"的心理活动,准确地把握"妾"和"莺"的关系,并用精练的诗句进行叙述,使整个诗作显得精巧、单纯、圆紧。

  [①] [荷兰] 米克·巴尔:《Narratology: Introduction to the Theory of Narrative》(Second Edition),谭君强译:《叙述学——叙事理论导论》(第二版),中国社会科学出版社 2003 年 3 月版,第 173 页。

然而，这首诗的艺术魅力还不仅仅表现在聚焦对象的巧妙，更表现在抒情主人公善于超逾聚焦对象。该诗前三句一直在叙述"打莺"这件事，聚焦对象是"妾"和"莺"的关系，而到了第四句，突然出现了一个新的意象——"辽西"，讲述的是"梦"和"辽西"的关系，这才是诗的主旨，是抒情主人公所想表达的情感。也就是说，这首诗叙事的聚焦对象尽管是"打莺"，但抒情焦点却不是人和莺之间的关系，而是通过人和莺的关系，表现人和人的关系。全诗以"妾"与"莺"的关系入手，又能超逾这种关系，上升到"妾"和"辽西"的关系，表达相思之情和无奈之苦，这一入一出，不但精巧别致，而且获得一种超越感，加强了诗的余韵，更有艺术感染力。

从叙事学"角色模式"① 的角度来看，《春怨》所叙述的行动是"打莺"，参与者是"妾"与"莺"，而叙述者、抒情主人公和"妾"尽管从叙述理论看来，属于不同层面的"人物"，但在这首诗中可以看作是统一的。通过分析两个参与者"妾"和"莺"做了什么，我们可以清楚地看到二者之间的关系：

---

① 亚里士多德在《诗学》中认为：在叙事中"行动"是比"人物"更主要的概念，人物只是行动的参与者，是动作的发出者或接受者，必须在行动才能显出"意义"。结构主义语义学家 A. J. 格雷马斯提出"角色模式"的概念，他认为重要的不是人物是什么，而是人物做什么，他把这种具有结构功能的人物称为角色，并把角色分成相互对应的三组：主体（sujet）/客体（objet）；发出者（destinateur）/接收者（destinataire）；辅助者（adjuvant）/反对者（opposant）。

	主动者	被动者	动作	转换
第一句	妾	莺	打	
第二句	妾	莺	啼	莫教
第三句	莺	妾	惊	位移
第四句	妾	夫	到	不得

首句"打起黄莺儿",中心谓词是"打起",妾是行动的主体,是动作的发出者,而莺是客体,是"打"这一动作的受接受者,在这一行动中,妾是主动者,莺是被动者。我们可以想象当时的情形:妾美梦正酣,将要与远在辽西的亲人相会,而莺啼不断,惊醒了妾,打断了梦,于是,恹恹思春的妾主动走出房间,赶走惊梦的莺。次句"莫教枝上啼",中心谓词是"莫教",动作的发出者仍是妾,动作的接受者仍是莺。抒情主人公妾是主动的,而莺是被动的,"行动"的"权力"掌握在抒情主人公的手中。但是,诗中两个重要的意象"梦"和"辽西"还没有出现,一旦这两个意象出现,事件的两个参与者妾和莺的关系便发生了根本的转化,抒情主人公不再是行动的主动者,而成了被动者。第三句"啼时惊妾梦",中心谓词是"惊",因莺啼而惊,莺成为行动的主体,是动作的发出者,而妾是动作的接受者,妾由主动者转变为被动者,动作的"权力"已经转移。这一转变使诗意发生重要转折,表明后面的结果是抒情主人公根本无法把握的,也暗示出悲剧结局将要出现。第四句"不得到辽西",抒情主人公因被动而未能达到目的,用"不得"这样既无奈又幽怨的词语,清楚地表明抒情主人公已经无法掌控自己的意愿,行动的控制权已经完全被外界的因素所掌握,给妾留下的只能是梦断辽西。

三、情感：希望与失望

《春怨》表现的是闺阁相思之情，抒情主人公处于希望和失望之间，最终以失望结束，这种希望和失望之间的感情起伏，是通过诗中四个意象之间的关系来表现的。诗中出现的四个紧密联系的意象：妾、莺、梦、辽西，正好构成一个语义方阵：

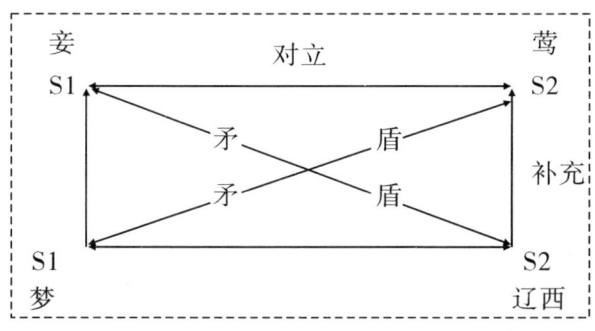

图三

按照格雷马斯的理论，妾和莺的对立关系是基本的语义轴。妾要到辽西，但莺却坚决破坏妾的目的性追求，它用啼鸣干扰妾，使妾"不得到辽西"，体现了莺对妾的绝对否定。黄莺轻盈娇软，其形小巧可爱，其声清脆婉转，当春而啼，可诱发少妇无限春思，常被用来排遣春情。"燕燕轻盈，莺莺娇软。分明又向华胥见。夜长争得薄情知？春初早被相思染。"（姜夔《踏莎行》）而在本诗中，黄莺儿全然失去了娇小可爱，变成了可恼可恨的惊梦之鸟，它一点也不理解抒情主人公的心思，只管自己在枝头欢畅抒情，却破坏了人的相思之情。而妾"打起黄莺儿"的行动，则是对莺的绝对否定。

妾和莺的绝对否定关系，构成了本诗的基本关系，也是叙事的重点，所以，妾和莺在诗中出现的频率最高，二者在前三句中都出现（前两句主语省略），而"梦"出现了两次，分别是第三句和第四句（主语省略），辽西只出现了一次。诗也正是从两者的关系入手，前两句重点写妾对莺的绝对否定，第三句重点写莺对妾的绝对否定。"梦"和"辽西"也是对立关系，梦本来是抒情主人公能够借助到达辽西的唯一手段，但这种对立表明梦不可能到达辽西，连梦也不能到达，而况人乎！更添悲哀之情。梦与妾构成补充关系，梦是妾实现目的的一种手段，这是当时所能采取的唯一手段，所以，梦是对妾的必要且唯一的补充。辽西与莺也构成补充关系，在妾和莺的对立中，辽西是站在妾的矛盾位置上，而与莺形成某种意义上的同盟。从诗意的角度来说，辽西地处边关，与妾山水相阻，使妾难以到达而无法见到想念之人，在阻碍了妾的意愿这一点上和莺的目标是一致的，从妾与莺这一基本语义轴的角度来说，辽西是对莺的补充，与莺一起浇灭妾的全部希望。

妾与辽西的关系和莺与梦的关系都是矛盾轴。其中妾与辽西的矛盾是本诗基本的矛盾关系，也是本诗抒情的重点。辽西是妾的情感指向，也是妾情感的归着点，但因为妾与莺的对立关系、莺与梦的矛盾关系，使得妾与辽西的矛盾无法解决，妾始终无法靠近辽西，从而引发妾无边的惆怅、寂寞和苦闷。莺与梦是矛盾关系，而不是对立关系，尽管莺直接惊醒的是梦，但梦并不是最后的受害者，梦也没有对莺进行直接的干预性动作。从全诗不难看出，莺和梦的矛盾，只是一个过渡，是为表现妾与辽西的矛盾服务的。

我们说妾与莺的对立关系是语义方阵的基本语义轴，只是就这首诗的叙事元素进行的分析。而《春怨》是一首抒情诗，叙事只是抒情的一种手段，或者说是抒情主人公感情流动的一个过程，从抒情元素出发，妾与辽西的矛盾关系，才是本诗最基本的关系。如果把叙事元素和抒情元素结合起来，我们就能够更清楚地看到诗中四种意象的关系：

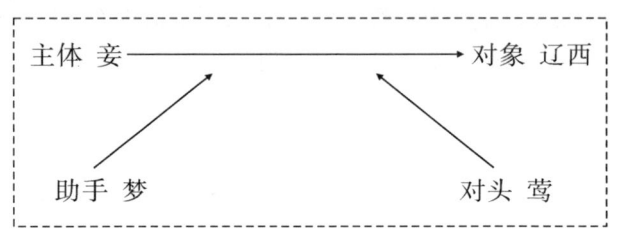

图四

本诗题为《春怨》，我们可以把"春怨"看成具有抒情性的行动，这一行动的主体当然是抒情主人公——妾，行动的对象是辽西，而不是莺，莺只是诗中一个动作"打起"的对象，是浮在表面上的对象，并不能构成全诗整体性动作——只有辽西才是真正的对象。全诗以妾起头，以辽西收尾，形成一个完整的结构。梦是抒情主人公的助手，给主人公带来希望，而莺则是抒情主人公的对头，是破坏者，破坏了抒情主人公的希望。在唐代社会条件下，闺中思妇想见远在边关的亲人千难万难，只有借助梦来实现虚幻的相见欢，聊以解消相思的饥渴和闺阁的寂寞，梦，也只有梦，才能给抒情主人公带来希望，抒情主人公把全部的希望都寄托于梦，这个梦也许比主人公的生命还重要。但是，莺无情地惊散了这一场梦，阻断了梦，使这个梦无法达到辽西，从而也就阻断了妾的希望，留给她的只能是失望、惆怅和无奈。

归来的叙述：真实与清白[1]
——丁玲的《意外集》与《魍魉世界》

摘要：《意外集》与《魍魉世界》是丁玲有关"囚禁三年"的自我叙述，时间跨度和作者经历的复杂性，造成了两种文本的叙述张力和矛盾。通过文本分析和历史还原，可以发现《魍魉世界》是作者晚年"归来"的一种政治上"自证清白"，而非历史真相的主动还原，在政治清白与历史真实的复杂纠缠中，与《意外集》产生叙述冲突。

关键词：丁玲　《意外集》　《魍魉世界》

1979年，丁玲正式回北京复出后，已经进入人生的晚年阶段，但她依旧留下了近百万文字，除了一些访问、发言等，《风雪人间》《魍魉世界》是兼有文学价值、史料价值的两部回忆性自传。《魍魉世界》提供了大量鲜为人知的"特殊三年"史实，丁玲对这一纠缠大半生的"历史问题"（即被国民党囚禁三年）做了详细的回忆叙述，成为管窥作者在特定时间里的精神、思想的重要渠道。《意外集》是上海良友图书印刷公司1936年出版的丁玲作品集，包含八篇文章，前五

---

[1] 本文作者为南志刚、赵敏，这里收入原文，修改稿发表于《宁波大学学报》（人文科学版）2016年第3期。

篇文章是丁玲被囚禁后创作的,后三篇是丁玲发表于1933年被捕之前的文章。赵家璧在《重见丁玲话当年》中曾回忆起丁玲对《意外集》成集过程的说法:"当我提及此书时,丁玲同志用左手拍拍旁坐的郑育之同志说'这个集子,完全是周文替我出的主意。当时我回到上海,正在筹划到陕北去,我的母亲在湖南,非常需要钱,周文就帮我把几篇东西凑成一个集子,还叫我写了篇序,送给良友出版了。'"①《魍魉世界》最后一节,陈明讲述了《意外集》成书过程:当丁玲逃出南京准备去陕北时,想寄些钱给母亲但是苦于没钱,"周文建议把不久前刚发表过的《松子》《一月二十三日》《陈伯祥》《八月生活》《团聚》五篇近作汇编成集,如果字数不够,可以再把我被绑架后,左联朋友从我一堆旧稿中选出送去发表的《杨妈的日记》《不算情书》《莎菲日记第二部》等加在一起,就差不多了。"②。前五篇文章是丁玲被捕时期的"当下"叙述,与事隔近五十年的《魍魉世界》有关叙述形成可对照的阅读文本。

《意外集》出版之初,就有论者注意到丁玲写作的变化:"经过风波的作者,观察人生更加深刻,描写人生亦更加细致"。③ 此后,有学者从无产阶级作家立场、左翼作家方向、阶级矛盾与社会现实等层面对《意外集》进行分析。秦林芳认为:"在丁玲创作道路从左联前期向陕北前期的演变过程中,《意外集》有其特殊的意义。深入分析作者在这些作品

---

① 王中忱、尚侠:《丁玲生活与文学创作道路》,吉林人民出版社1982年版,第106页。

② 张炯主编:《丁玲全集》(10),河北人民出版社2001年版,第99页。

③ 苏茹:《评丁玲的意外集》,《是非公论》1936年第27期。

中流露的思想、感情，可以发现，它在较大程度上对其左联前期以《水》为代表的创作路子做出了调整，同时开启了陕北前期个性化创作的先河。《意外集》在相当大的程度上表现出了对左翼革命文学思潮的疏离和对自我体验的忠实。它以'人'为视点，对'人类生存的具体存在现象'（尤其是艰难时世中'小人物'的生存困境和悲惨命运）给予了极大的关注，表现出了相当鲜明的人道倾向。这一思想基调使《意外集》在整个左翼文学的话语场中呈现出了相当明显的个人化写作的色彩。"① 本文将《意外集》和《魍魉世界》还原到具有时间跨度的历史语境中，通过两种文本的相关叙述"对读"，分析从《意外集》到《魍魉世界》的叙述变化，追问这种变化的深刻动因，从两种文本的张力中探究丁玲晚年写作心态。

一

《意外集》是1933年至1936年的文学写作，《魍魉世界》是丁玲晚年时对1933—1936年生活遭遇的回忆性书写，前者写于民国时期的南京，后者写于新中国成立后的北京，时间相距近五十年，空间跨越南北，人生几度起伏，现当代社会巨变，但丁玲所特有的压抑、痛苦、无助等情感基调延续不绝。这种情感基调从《莎菲女士日记》一直延续到晚年丁玲的回忆。

《魍魉世界》中，丁玲用痛苦、无助和迷茫的心情，回忆了"特殊三年"的痛苦、无助和迷茫，回忆中的情绪犹如

---

① 秦林芳：《论〈意外集〉在丁玲文学道路中的意义》，《中国现代文学研究丛刊》2010年第5期。

"莫干山的冬天"和荒凉的苜蓿园:"这里虽然没有那阴森恐怖的场面来威胁刺激你,但前途也确像高山上的深秋一样,凉飕飕地等着暴风雪的来临"①,苜蓿园也是"荒村里的一座草庵",丁玲奄奄一息地蛰居在那里,等待国民党宰割。在国民党的"神经战"下,丁玲敏感虚弱的神经已经快支撑不住了,她痛苦地意识到,"在如此险恶的环境中自己已经无能为力和无所作为了",生了蒋祖慧后,她的心境更是像"掉进了枯井那样幽暗与悲伤"②。

《意外集》延续了"莎菲式"无助、痛苦与绝望,无尽的雨雪、寂寞无力的炊烟、灰蒙蒙的天空和肆虐的狂风,传达着丁玲"处于黑暗中"的诉说。《意外集》是在烦躁、不安、焦躁心境下"用心用意"的写作,"我本来是写文章的,是作家,只能透过自己的文章发出信号。于是我努力振作起来,拿起了搁置了两年多几乎生了锈的笔,我沿着自己的创作路子,用心用意,写了《松子》,接着是《一月二十三日》《团聚》等"③,浸透了丁玲真实的创作情感,体现了其内在稳定的创作格调。

《意外集》前五篇以不同视角展现同一狭小空间内的故事,弥漫着暗淡、压抑、无望的精神气味。松子没有勇于反抗,没有追求自由,没有安全感,他只有恐惧、孤独,只能遁入黑暗之中。丁玲笔下的穷人们不是敢于奋起的,不是革

---

① 张炯主编:《丁玲全集》(10),河北人民出版社 2001 年版,第 41 页。

② 张炯主编:《丁玲全集》(10),河北人民出版社 2001 年版,第 63 页。

③ 王中忱、尚侠:《丁玲生活与文学创作道路》,吉林人民出版社 1982 年版,第 75 页。

命的力量,他们是无望的,挣扎在生死之间,只能永远囚困在灰蒙蒙天空下、霏霏雨雪中。这黑暗并不是黎明前的黑暗,不是末路上崛起的过程,而是永无止境的黑暗,"沿着自己的路子"首先是"莎菲"那压抑、徘徊的精神困境,"作品中那种默默无言的暗淡的精神世界,是丁玲天生的自由的、反抗的灵魂受到压抑的结果"①,精神、肉体受到双重束缚,让丁玲"五四"时期的自由精神、反抗精神受到抑制,造成压抑、扭曲的叙述话语,沉陷于精神囚困的表现,而失去了救赎意识和抗争勇气。

丁玲关注小人物,善于表现小人物的困顿人生,《意外集》虽然没有为小人物找到出路,但基于人道主义的悲悯情怀和细致描写,同样体现出丁玲"路子"。《八月生活》中印刷厂学徒在蚊子、蚂蚁、老鼠成群,歧视、辱骂可以为常的时空下艰难的生活,他们"脸在整令或半令纸的重压下,红着,红到发紫,汗水湿透了衣服,手脚都麻木了,却还机械般地动着,喉咙里压出这一片'杭唷'"。《团聚》揭示了底层一家人团聚的过程,怀孕的大女儿因丈夫潦倒而归家团聚,失业的大儿子携妻回家团聚,精神病发作的二儿子回家团聚,做教职的三儿子被辞退回家团聚,所有人带着各自的不幸回撤到无力的家中,"团聚"没有给家庭带来幸福,反而更加深了不幸。丁玲"在创作方法上,它从强调革命功利性的'新现实主义'回归描写'小人物'悲惨、痛苦的五四现实主义传统"②。

---

① 孙瑞珍、王中忱:《丁玲研究在国外》,湖南人民出版社1985年版,第250页。
② 秦林芳:《论〈意外集〉在丁玲文学道路中的意义》,《中国现代文学研究丛刊》2010年第5期。

二

年轻的丁玲，对国民党统治抱着厌恶和抗争的态度，即使被囚禁时遭遇"神经战"，依然不卑不亢，坚韧不屈。即使在特殊环境下写作，丁玲也不忘记通过委婉曲折的方式表明政治态度。《陈伯祥》毫不隐瞒对国民党看守的鄙视和厌恶，陈伯祥"粗鲁愚蠢，灵魂麻木，是国民党的忠实鹰犬"，"他买了个苍蝇拍，成天拍苍蝇，把死苍蝇放在院子里地上，让成群的蚂蚁来抬，黄蚂蚁和黑蚂蚁打架，他似乎看得很有趣，不大疲倦"①。这种淡淡的白描手法，更为直观地传达出作者的深度厌恶。

《魍魉世界》延续了《意外集》对国民党的厌恶与抗争，时间推移与语境变化，让丁玲可以将这种的政治态度传达得更为明确、更加充分。丁玲直接以魔鬼、匪徒、走狗、土匪、小瘪三、笑面虎、刽子手、阴谋家等称呼国民党及其党羽，"我独自一人在一群刽子手、白脸狐的魔窟里，在黑暗中一分钟、一秒钟、一点、一滴地忍受着煎熬"②。丁玲毫不隐瞒对"叛徒"冯达的厌恶，数次声明要与冯达分开，但在牢狱中不得不与冯达生活在一起，并且还生下女儿，"明知不是伴，事急且相随"，多年以后丁玲仍然反复表达当时的无奈。

时间推移和语境变化，让丁玲得以在《魍魉世界》直接表明对党始终不渝的忠诚："我这五十二年间坐过两次监牢。第一次是在一九三三年在上海被国民党特务秘密绑架，随即

---

① 张炯主编：《丁玲全集》（4），河北人民出版社2001年版，第101页。

② 张炯主编：《丁玲全集》（10），河北人民出版社2001年版，第94页。

押到南京囚禁三年多。在这期间没有自首叛变,没有在国民党刊物上写过文章,没有给敌人做过一点事。直到一九三六年秋,在党的帮助下逃出南京,奔向苏区。"① "在敌人的囚禁中,我始终没有暴露自己的共产党员身份,没有泄露组织秘密,没有为敌人做事,没有给敌人写文章。我想尽办法保持自己政治上的清白,准备有朝一日回到党里继续革命。"② "不久,我可以出版一本新写的书,叫《魍魉世界》,这本书是写国民党给我的教育,这些人在上海把我绑架,囚禁南京,想尽各种办法,对我恐吓,欺骗;我一个人要对付那么多魔鬼,我怎么才能保持我前进的路,可以干干净净地回到党的怀抱里来,而没有惭愧的地方,也不需要忏悔。这本书是不好读的,是拿生命换来的"③,如果说《意外集》是丁玲对囚禁生活的自我咀嚼,《魍魉世界》便是如丁玲是对集体认同的大声呼号。

《魍魉世界》是丁玲对自己一生坚定政治立场的总结式叙述,她反复多次表达对叛徒的切齿痛恨和对国民党诱降的蔑视。她无法正视汪盛获(共产党江苏省委原宣传部部长)的叛变,"没有勇气去看一个神圣的共产党员失身成为这么一只可鄙的走狗"④,无法接受同志沦为敌人的残酷现实。丁玲对顾顺章(共产党叛徒)的态度更是坚决,从痛心转变成憎

---

① 张炯主编:《丁玲全集》(10),河北人民出版社2001年版,第252页。
② 张炯主编:《丁玲全集》(8),河北人民出版社2001年版,第310页。
③ 张炯主编:《丁玲全集》(4),河北人民出版社2001年版,第464页。
④ 张炯主编:《丁玲全集》(10),河北人民出版社2001年版,第11页。

恨,更坚定了人格清白、无愧于党的信念。丁玲不乏自我欣赏、自我表扬,诸如:面对国民党种种劝降花招"坚若磐石",保持冷静头脑与国民党头目徐恩增斗智斗勇"没有上当",严正拒绝张道藩以改写剧本为名的阴谋。"对这种人我过去根本不屑于注意,只有仇视,并不了解他的根底"①。

三

《意外集》是丁玲在被国民党监禁中的写作,相对于被捕之前的左翼文学书写,情感表达不得不隐蔽、委婉,更多的是人道情怀的自然呈现、场景人物的细致描摹和情感情绪的细腻传达,"莎菲式"无助、压抑、迷茫在身体和精神的双重重压下,获得了富有时代气息和个人处境的新内涵。写作《魍魉世界》时,丁玲已经步入晚年,但"历史问题"依然像巨石一样,压在丁玲心头没有解决,她有一种自证清白、给历史一个交代的迫切欲望。"特殊三年"的历史问题纠缠了丁玲大半生:延安时期丁玲主动请求党给她一个结论,促成《审查丁玲同志被捕被禁经过的结论》,被确认"仍是忠实的共产党员";1956年10月24日,中宣部作出《关于丁玲同志历史问题的审查结论》,认为丁玲有"变节性行为";1979年5月3日,中国作家协会复查办公室《关于丁玲同志右派问题的复查结论》,维持1956年结论;1984年8月1日,中组部发出〔1984〕九号文件《为丁玲同志恢复名誉的通知》:"丁玲同志是一个对党对革命忠实的共产党员"。这些跨越四十年的反复"结论",决定了丁玲人生大起大落。《魍

---

① 张炯主编:《丁玲全集》(10),河北人民出版社2001年版,第58页。

魍世界》有着明确的目的性：自证清白，表明政治决心，获高层认可，促进个人问题彻底解决。

从登上文坛时的"莎菲式"丁玲，转向《田家冲》《水》的"左翼式"丁玲，到延安时《我在霞村的时候》《在医院中》暴露黑暗的丁玲，最后是经过政治梦魇复出。丁玲复杂曲折的人生道路、大起大落的政治待遇，始终有两条"道路"在争夺她，使她在纠缠中不得安宁：一条是坚守"五四"人道主义、个性解放的道路，一条是获得集体认同、不断革命的道路。《意外集》正是勾连"莎菲式"丁玲与"暴露型"丁玲的锁链，是丁玲延续"五四"写作的重要环节。《魍魉世界》是丁玲最终为自己"定位"的晚年之作，丁玲反复确认集体认同、不断革命的道路，表达"九死不悔，老且弥坚"的赤子之心、忠诚之情，而相对淡化、压抑了五四文学精神。两个文本叙述"同一件事"，却在不同背景下展开了不同的叙述，呈现出不同的价值取向，是中国现代文学的两种道路矛盾冲突在丁玲身上的特殊体现，对于跨越现当代的作家而言，具有普遍性。

四

《意外集》与《魍魉世界》代表了不同写作时段中丁玲的两种身份和两种叙述风格：一种是被禁的当事人身份，其写作更多延续了"莎菲式"的个人倾诉；一种是"归来"后回忆者的身份，其写作更多了集体认同的自证清白。实际上，由于"特殊三年"对丁玲一生的深刻影响，这两种身份形成的两种不同叙述风格，始终纠缠着丁玲，二者不是"替代"关系而是"并存"的状态，只是在不同的历史境遇下某一种身份意识更为凸显。"五四"文学精神是丁玲登上文坛的主要精神资源,其影响力无法从丁玲身上洗去;现代中国社会革命将丁玲推进左翼文学、延安文学和社会主义文学进程中。丁玲复出后以偏"左"立场对待过去的人和事,常常有语出惊人的偏"左"言论,我们丝毫不怀疑丁玲内心深处对党、对社会主义的挚诚情感,但其中经历大起大落的"余悸",故意做作的态度,也是不可忽略的因素。因而,《魍魉世界》的"有意"夸张叙述,也就不难理解了。

《魍魉世界》的"有意"叙述,表明让丁玲处于政治上的自证清白和还原历史真相的两难。一方面,晚年丁玲有还原历史真相的诉求,特别在政治上证明自己立场一贯坚定,有"赤子党心",经受住了国民党恐吓和诱惑;一方面,丁玲自觉不自觉地回避了诸多内容,其中有时过境迁和年龄老化而导致的记忆缺失,也有故意忘记的历史真相。如:如何获得相对优厚的待遇?以什么条件作为交换把自己的母亲接来?《魍魉世界》对这些历史真相采用"空白"叙述的方式,代之以反复强调个人的革命信念。这样一来,丁玲从主观意愿层面达到了目的:从政治上向党、个人做了清白交代,更加彰显自己的"忠诚度"。但是从历史真相还原的层面来看,丁玲有意无意回避、忘却而形成的"空白"叙述,使得"特殊三年"的历史事实更为模糊、隐蔽更深,需要后来者下更大的气力才能理清楚。《魍魉世界》更多地倾向政治性叙述,而相对淡化历史叙述,政治欲求对历史史实造成一定伤害,不能不说是一种莫大遗憾。

丁玲的遭遇并不是个案,而是20世纪中国大多数知识分子的共同经历。《意外集》与《魍魉世界》所形成的叙述张力和矛盾性,即是丁玲的内在世界与外部环境冲突的产物,

《意外集》属于年轻丁玲"特殊三年"的"感伤叙述",《魍魉世界》是晚年丁玲复出后的"清白叙述"。从青春"感伤"到晚年"清白",也是 20 世纪中国文学从 30 年代到 80 年代的一个缩影。

一场饶有趣味的论争：战争与抒情的二律背反

摘要：20世纪40年代，徐迟与胡风关于抒情的论争，表现了现代诗人对于战争状态下诗歌性质和诗人责任的不同思考，也体现了两位诗人对社会生活与艺术关系的不同选择。而这种不同的艺术理解和选择，不仅预示了两位诗人不同的艺术风格和道路，预示了徐迟和胡风不同的人生命运，更加预示当代中国"抒情"的境遇。徐迟和胡风，代表了现代诗人走进当代中国的两种截然不同的类型。

关键词：徐迟 胡风 抒情

1939年，中国人民的抗日战争进入新的阶段——持久战，面对全民动员的热烈、战场境况的惨烈、国民党军队的武汉大撤退，许多文学家对文学的状况不满意，认为文学跟不上时代的脚步，"文学的活动是始终在散漫的带着自发性的情状之下盲目地迟钝地进行着"（徐中玉《论我们时代的文学批评》）①。文学如何为全民抗战贡献力量？什么样的文学才能与抗战形势相互协调？如何建设这样的文学？成为困扰

---

① 见胡风：《今天，我们的中心任务是什么?》，《七月》5集1期（1940年1月），《胡风文集》(2)，湖北人民出版社1999年版，第603页。

当时文人的关键性问题。1939年7月,徐迟在香港《顶点》杂志发表了《抒情的放逐》一文,提出了个人对于战争状态下应该写作什么样的诗歌,怎样写作诗歌。1940年1月7日深夜,胡风写作了《今天,我们的中心问题是什么?》,针对当前"关于创作与生活"的不正确看法,进行了集中批评,文章最后一部分针对徐迟的《抒情的放逐》。双方争论的焦点表象层面是战争与抒情的问题,而深层问题则是特殊状态下,文学创作是否需要作家的主观精神、艺术个性等问题。值得注意的是:透过这场关于"抒情"的争论,我们依稀可以窥视徐迟和胡风,这两位现代诗人,怎样走上了不同的艺术选择和人生道路,并出现迥然不同的生命结局。他们所讨论的问题,在中国当代文学史中以各种姿态、方式反复呈现,却始终没有得到令人满意的答案。王德威先生将这场论争纳入"抒情传统与中国现代性"的整体动程中进行考辨,惜篇幅不多,语焉不详①。今天,当我们重新检索这场论争的时候,发现这场当时和后来均影响不大的论争,却显示出独特的意味。

一、"抒情反是破坏的"

"抗战的爆发,开启了这位年轻文学家的眼睛和灵魂,他看到了血污的现实和苦痛的生活,受到全国人民爱国精神的感召,积极投入了抗日救亡运动。他走向社会,用街头诗等宣传抗日救国。他以战地记者身份深入前线慰劳抗日将士,进行战地采访,写出了《在前方——不朽的一夜》等战地通

---

① 王德威:《抒情传统与中国现代性》,生活·读书·新知三联书店2010年版,第42页。

讯,报道了爱国将士孤军作战和英勇杀敌的事迹。他还深入战地进行调查,发表了《凄怆的南市》《南浔浩劫实写》《太湖游击队》等通讯和《武装的农村》等小说,揭露和谴责日本侵略军的暴行,报道了战区人民组织起来开展游击战争。"[1] 面对战争的惨烈和民众的爱国热情,徐迟开始思考处在民族战争时代诗人的社会责任,应该写作什么样的诗歌,这个时代需要什么样的诗歌。显然,徐迟更加看重社会需求,他思考的结果是"抒情的放逐"。

《抒情的放逐》一文的核心观点是:"这世界这时代这中日战争中我们还有许多人是仍然在鉴赏并卖弄着抒情主义,那么我们说,这些人是我们这个国家所不需要的。至于这时代应有最敏锐的感应的诗人,如果现在还抱着抒情小唱而不肯放手,这个诗人又是近代诗的罪人。"[2] 因为,这是时代需要建设,而"抒情反是破坏的",那些伤感的、抒情的、个人化的"抒情小唱","我们怀疑它们的价值"。

值得玩味的是,在不足1300字的文章中,徐迟并没有开门见山阐明自己的观点,而采取了"迂回战术",由西而中,由古而今,由诗歌的抒情本质讲到"不安"时代的诗人选择。即使最后要得出结论的时候,徐迟依然写道:"然而这并不是我所要说的,我扯远了。"这种"迂回"式的论述逻辑,可能是一种行文策略,而采用这种"游击战"策略,如果不是过于谦虚,很可能是一种不够自信、不够明确的表现。如果我们对照胡风反驳文章的行文策略,不难发现:胡风的立

---

[1] 王凤伯:《徐迟小传》,《中国当代文学研究资料·徐迟研究专集》浙江文艺出版社1985年版,第4页。
[2] 徐迟:《抒情的放逐》,原载香港《顶点》第1卷第1期,《徐迟研究专集》第155页。

场更加确定，语气更加自信。这是不是可以说明：徐迟写作这篇文章的时候，在表达自己关于诗歌与时代关系思考的时候，思想上有所游移。

该文第一节，先从"近代诗的特征"说起，提起刘易斯评论艾略特的观点：艾略特放逐了抒情。徐迟对此深表赞同，并认为"抒情的放逐"是"近代诗在若干苦闷期以后，始能从表现方法里找到一条出路"。徐迟要谈的问题是：抗战时期应该写作什么样的诗歌？他把笔锋伸到西方现代诗歌理论中。

也许徐迟意识到，仅仅用西方现代诗歌批评作为理由，并不能充分说明问题，于是，他把论说的视野延伸到人类生活的历史变化。在他看来，诗歌"放逐了抒情"并不困难，因为人类生活早就"放逐了抒情"。徐迟也承认"诗与抒情几乎是分不开的"，"但在时代变迁中，人类生活开始放逐了抒情"，这个时代变迁的因素，用现在的话说就是"城市化"。城市化切断了人与大自然必然的、紧密的联系，导致人们抒情心灵与境界的缺失，"久居都会的人"，"更能感到抒情心灵与境界的缺乏而难堪苦闷"。这样一来，抒情就"见弃于人类"，而诗跟着生活走，必然导致"抒情的放逐"。显然，在徐迟的艺术观念中，抒情与自然生态、农业时代紧密结合在一起，而近代城市兴起和科学技术的发展，造成人类与自然的疏离感，"人类不在大自然中求生活"，甚至连恋爱之歌也在舞榭酒肆进行。也就是说，当人们远离自然，也就进入"放逐了抒情"的生活，诗歌随之也"放逐了抒情"。如此说来，"抒情的放逐"乃是近代诗歌的必然特征。

然而，写出了"放逐抒情"诗歌的艾略特，并没有意识到这种"历史的变迁"，在艾略特的诗歌中，"抒情潜意识地被放逐"，"他描写了一种以睡眠或觉醒视作仅系习惯的男人和女人"①,这正好与时代相适应,因为"这个时代,生命仅是习惯,开始没有意义了"。不仅艾略特,夏芝也没有充分意识到近代诗的特征,只有刘易斯等一般年轻的诗人意识到近代生活的特征,从而写作"已经放逐了抒情的诗"。

明确了"放逐抒情"是近代诗歌的方向,《抒情的放逐》篇幅已近半,这才笔锋一转,进入正题:战争状态下的诗歌。在徐迟看来,现在战争状态下,"抒情的放逐"是"抓住了一个非常好的机会"。因为,千百年来"从未有人敢诋毁风雅,敢对抒情主义有所不敬",而现在残酷的战争"炸死了许多人,又炸死了抒情","再三再四地逼死了我们抒情的兴致","人们的反应也是愤恨或其他的感情,而绝不是感伤",抒情主义就变成"好没有道理的",诗歌写作就只能"放逐了抒情"。

在为战争状态下诗歌的特征进行了定位之后,徐迟宣布:抒情主义是现在的国家所不需要的,坚持抒情主义的诗人是"近代诗的罪人"。由此,他对照最近的抗战诗歌,"发现不少是抒情的或感伤的,使我们很怀疑它们的价值"。在文章最后,徐迟强调:抒情的放逐是建设的,而抒情反是破坏的。

毫无疑问,徐迟具有强烈的时代感,他反对感伤主义的抒情性诗歌,认为这种抒情主义与战争状态不合拍,他要求诗人"描写炸不死的精神",诗歌完全融入时代的洪流中,这无可厚非。然而,全文对"抒情"的不满与误读,则不免矫枉过正。我们知道,抒情诗的根本,是作家艺术个性和生活经验的诗意化表达,是诗人"心灵化"的产物,一切社会现实和历史精神,均需要经过诗人的"心灵化",内化为诗

---

① 这是徐迟引用夏芝(即叶芝)的话。

人的情感。因此，离开了抒情，诗歌就不成为诗歌，否定诗歌的抒情性，就会从根本上瓦解诗歌的艺术性，消解诗人的主体性，当然也就否定了诗歌存在的理由。

二、"空洞的叫喊、灰白的叙述"

不同于徐迟行文的"迂回战术"，胡风的行文策略充分体现了"主观战斗精神"，语句直接，笔锋犀利，思想明晰。如果说，徐迟试图从西方诗歌评论和诗歌理论展开论述的话，那么，胡风则体现出更为直接的现实感，他总是从现实状况出发，直接批评当下的文学（包括诗歌），表达自己关于诗歌建设的意见。

作为现实主义诗人和七月诗派的掌门人，胡风对抗战以来文学（包括诗歌）的基本判断和徐迟全然不同。1939年1月，胡风在文协扩大会议发言说："诗歌之发达，是由于在这个神圣伟大的战争时代，对着层出不穷的可歌可泣的事实，作家容易得到感动以至于情绪的跳跃，而他要求表现时所采用的形式，就是诗。"① 尽管他对战争以来的诗歌发展也有诸多批评，但总体上是肯定的。"诗的形式是走向自由奔放的方面来了。因为得适合悲壮、乐观、慷慨激昂的情绪，旧的形式便被冲破了。抗战初期，诗作品主要的潮流是热情奔放的。"② 在胡风看来，这种由"可歌可泣的事实"而"得到感动的情绪"，就是抒情，为什么一定要把抒情限制在"山水风景"的感动呢？这种热情奔放就是抒情，为什么要把抒情

---

① 胡风：《略观战争以来的诗》，《抗战文艺》3卷7期，《胡风全集》(2)，湖北人民出版社1999年1月版，第546页。
② 胡风：《略观战争以来的诗》，《抗战文艺》3卷7期，《胡风全集》(2)，湖北人民出版社1999年1月版，第547页。

限制在"感伤"的范围内呢?"抗战以来的诗的主流不能谥为'感伤主义'"①。

胡风毫不客气地批评徐迟"不但把抒情监禁在对自然的感应里面,还把抒情和科学弄成一对对立",未免站在消极浪漫主义立场上理解"抒情",反对社会发展和科学进步,其根本原因是"用小知识者在资本主义的都会里茫然失措的心境来理解抒情的发展"。胡风认为抒情与科学不是对立的,"战争是被有血有肉的活人所坚持,这些活人,虽然要被'科学'武装他们的精神,但绝不会被'科学'杀死他们的情绪,而且要被'民众革命战争的感情'所培养,所充实,提高到更高的境界"。②

针对徐迟批评抗战诗歌中"发现不少抒情的或感伤的"诗歌,要求诗人"放逐了抒情",描写"炸不死的精神"之论,胡风明确指出:"炸不死的精神,要得,然而,如果抽去了体现它们生命的诗人的主观精神活动,如果他们不在诗人'个人的情绪里面取得生命',你想想这诗该是怎样的诗呢!"与徐迟相比,胡风坚持诗歌的艺术本质,把抒情——诗人的主观精神——视为诗歌的生命,强调诗歌"个人的"因素。在胡风看来,一切社会生活要进入诗歌,都必然经过诗人"个人"选择和感动,无论是战争状态还是和平状态,诗人都是通过"个人"感受时代精神和现实氛围的。如果抛开了"个人"的抒情,那么,所谓"炸不死的精神"也就成为"空洞的叫喊"和"灰白的叙述",成为"感伤的叫喊而已"。

---

① 胡风:《今天,我们的中心问题是什么?》,《胡风全集》(2),湖北人民出版社1999年版,第614-616页。

② 胡风:《今天,我们的中心问题是什么?》,《胡风全集》(2),湖北人民出版社1999年版,第616页。

胡风坚信："真正的诗人，就是要能够在'个人的'情绪里面感受他们（时代、大众——引者注）的感受，和他们一道苦恼，仇恨，兴奋，希望，感激，高歌，流泪……无论是抒情诗、叙事诗、报告诗、街头诗，或者史诗，虽然表现的方法各有不同，但在基本的原则并不能两样，甚至就是小说、剧本、报告等，也依然不能离开这一艺术的道路。"他把"个人的"看作艺术的普遍道路，这条道路就是坚守艺术家个性的道路，也是坚守艺术的道路。由此，胡风从正面立论，强调诗人的"主观战斗精神"，坚持自己的现实主义诗论，从艺术基础上批评徐迟"抒情的放逐"。

我们看到，在20世纪40年代这个动荡的时期，胡风的"入世"精神尽人皆知，但在进行文学艺术批评的时候，仍然坚守"艺术性"，并未因为战争状态而削弱艺术的力量。1939年4月4日深夜，胡风写作的《关于造型艺术的现实主义一感》一文中，胡风对造型艺术迎合"时代"的情绪而忽视艺术力量的做法十分不满，批评造型艺术家偏重于"现象"的表现，而失去了"有生的律动"："当作者们的线条和色彩不能表现出有生的律动，甚至不能取得正确性的时候，那就顶多可以一时引起观众心理蕴积的情绪的'记号'，必然地会完全失去了艺术的力量。"[①] 由此看来，胡风将艺术的力量看成艺术永久的价值，而不是迎合一时一地的现实，如果艺术失去"有生的律动"，也就失去了价值。那么。这种"有生的律动"是怎样来的呢？胡风认为来自作家在现实体验和情绪的基础上而形成生命意识，形成"自己的方法，自

[①] 胡风：《关于造型艺术上的现实主义一感》，《胡风全集》（2），湖北人民出版社1999年版，第562页。

己的基地"①。这显然不同于《抒情的放逐》中所说的"在这个时代里,生命仅仅是习惯,没有意义了"。

三、"春天来了"与"时间开始了"

《抒情的放逐》可以说是中国现代新诗理论的"战争文本"。在战争状态下,一切文学艺术都自觉不自觉地重新寻找"定位",一切文学理想和文学风格都要放置在战争语境下重新考量。战争带来社会经济文化语境的重大变化,也带来诗人个人生活、情感、思想的巨大变化,当然就会引发文学理想和文学风格的变化。"战争对新诗人们来说既是严峻的挑战,也给了他们转变的契机和动力,推动着他们走出了封闭,走向了现实——如其虚骄确是抗战前新诗一病,则抗战的暴风骤雨倒不失为对症的猛剂。不少新诗人经过抗战风雨的洗礼,果然变化巨大。徐迟和戴望舒就是两个典型。徐迟在抗战之初还野心勃勃地创办《纯文艺》杂志,梦想着继续发扬其纯诗、纯文艺的理想,但目睹家国人民的灾难和日本侵略者的暴行,不久就使他率先放逐了个人的抒情,而断然宣告:'我已经抛弃纯诗,相信诗歌是人民的武器……'从而走上了街头和战地,积极投身宣传抗日的朗诵诗运动。"②

"抗日战争的爆发与发展,改变了我的生活、思想和文学风格"。③ "抛弃了纯诗""放逐了抒情"的徐迟开始对20世

---

① 胡风:《民族革命战争与文艺》,《胡风全集》(2),湖北人民出版社1999年版,第572页。
② 解志熙:《摩登与现代——中国现代文学的实存分析》,清华大学出版社2006年版,第4页。
③ 王凤伯:《徐迟小传》,《中国当代文学研究资料·徐迟研究专集》浙江文艺出版社1985年版,第4页。

纪30年代周作人、林语堂为代表的"闲适主义""格调主义"进行反思,认为在战争状态下,诗人再也不能限制在个人"感伤主义"的"抒情兴致",而应该"放逐抒情",加入"改造这世界"时代洪流中去。因此,徐迟批评抒情,将抒情理解为"感伤"是有所指的,他坚定地认为战争已经"炸死了抒情""逼死了抒情的性质",只有"放逐了抒情",才能融入时代的大潮中,实现诗歌与时代的合流。

实际上,在反对"以闲适为格调"的层面上,胡风和徐迟并没有区别,甚至可以说是一致的。胡风天生就具有强烈的"入世"精神,他所提倡的体验现实主义从一开始就肯定"文艺是从实际生活中生出来的",实际生活发生了变化,文艺当然也随之发生变化。胡风在这一时期许多会议发言、文学评论都强调这一点,强调文艺切近中国人民的抗日战争。"他既反对三十年代中期文坛以周作人、林语堂为代表的语丝—论语派的'以自我为中心,以闲适为格调'的性灵主义和趣味主义,也反对三十年代左翼文学运动受苏联拉普的'左倾'机械论和庸俗社会学影响造成的长期存在的'公式主义'。"① 但是,胡风与徐迟的不同在于,徐迟要求诗人"放逐抒情",放弃诗歌的个性创造,而胡风则更加重视作家"对于生活有感情、有欲求、有理想",因而,"胡风主张体验现实主义诗论,弘扬诗人的'主观精神',反对客观主义,必然否定一切排斥、贬低抒情的理论"②。导致胡风对徐迟的尖锐批评。

---

① 潘松德:《中国现代新诗理论批评史》,学林出版社2002年版,第460页。
② 潘松德:《中国现代新诗理论批评史》,学林出版社2002年版,第464页。

如果能够确认《抒情的放逐》是现代诗论的"战争文本",是徐迟在战争状态下对新诗写作的"特殊"要求的话,那么,随着抗战的全面胜利,徐迟应该走出这种战争状态下的诗歌理想和诗歌风格,回归到诗歌本身的"艺术力量",回归到诗人的"抒情"。我们发现,经过"放逐了抒情"之后,徐迟的文学道路发生了巨大变化,抗战时期"积极投身宣传"的热情有增无减,再也没有回到"抒情"的纯诗,而对社会政治兴趣益发浓厚,诗人的身份淡化,通讯特写作家的身份日益突出。此后,徐迟的文学写作与中国社会重大事件紧密地结合在一起,1945年的《狂欢之夜》《七道闪电,七个巨雷以后》,1946年的《洗雪这国耻》和《谁先恐惧?》,1953年至1955年的《在高炉上》《汽车厂速写》等特写和《春天来了》《我所攀登的山脉》等诗歌,新时期的《地质之光》《哥德巴赫猜想》《生命之树常绿》《在湍流的漩涡中》等报告文学,都有着直接的社会事件作为背景。曾经将诗歌与科学对立起来的徐迟,用文学的笔为科学家立传,这样的变化与"放逐了抒情"是不是有联系呢?

　　与徐迟"高歌猛进"式的创作相比,坚持"主观精神"的胡风,走上了一条完全不同的道路。中华人民共和国成立初期,充满"主观精神"的胡风也热情地讴歌《时间开始了》,但他显然没有意识到"体验现实主义"与"革命现实主义"的巨大裂痕,更无法预见这一裂痕给个人、朋友、文坛带来的旷日持久的大面积灾难。

　　一面是"放逐了抒情"的徐迟,一面是坚持抒情的胡风,20世纪40年代,这两个诗人关于"抒情"的论争,竟然出现大相径庭的人生道路和文学道路。这是不是表明,在当代中国,"抒情"不合乎"国情",中国当代文学几十年"抒情兴致"的缺失,从这场论争及其结果中,也许会发现些许的端倪。当王德威先生追溯"抒情传统与中国现代性"的时候,这个历史现象也许比两位诗人的文本更加有价值。

(原刊于《江苏文艺研究与评论》2018年第2期)

《中国当代文学史料丛书·通俗文学史料卷》编写说明

通俗文学,与此相关的表达有"俗文学""民间的文学""大众的文学""通俗的文学"等,在中国古代历史叙事和文学史叙事中,没有形成完整的叙事系列,因为"不登大雅之堂,不为学士大夫所重视",只是"流行于民间,成为大众所嗜好,所喜悦的东西"。① 真正关注通俗文学,并把通俗文学作为一种文学史存在而讨论的,应该从胡适和郑振铎开始。

五四时期,胡适提倡白话文学,提出了"双线文学的新观念":"一条是那模仿的,沿袭的,没有生气的古文文学;一条是那自然的,活泼泼的,表现人生的白话文学。"② 多年以后,胡适依然为这种"双线文学进化论"而自得:"特别是我把汉朝以后,一直到现在的中国文学的发展,分成并行不悖的两条线这一观点。……这一在文学史上有其革命性的理论实是我首先倡导的,也是我个人(对研究中国文学史)的新贡献。"③ "这一研究思路打破了此前按照朝代和文体讨

---

① 郑振铎:《中国俗文学史》,商务印书馆2005年版,第1页。
② 胡适:《白话文学史》,欧阳哲生编:《胡适文集》(8),北京大学出版社1998年版,第160页。
③ 胡适口述,唐德刚整理、翻译:《胡适口述自传》,安徽教育出版社2005年版,第278页。

论文学演进的惯例,找到了一根可以贯穿二千年中国文学发展的基本线索。……可以这样说,'双线文学观念'是本世纪中国学界影响最为深远的'文学史假设'。"① 郑振铎更为激进地宣布:"'俗文学'不仅成为中国文学史的主要成分,且也成了中国文学史的中心。"② 五四一代学人,如陈独秀、李大钊、鲁迅、周作人、钱玄同、沈尹默、顾颉刚等,都很看重中国文化和中国文学的民间资源,不同程度地表达过对俗语、俗文化和通俗文学的关注。

按照这样一种理路,由五四新文化运动所倡导的新文学,应该广泛吸纳通俗文学的丰富资源,建构与通俗文学密切关联的中国文学史叙述逻辑。然而,事实并不是这样,五四一代学人在建构中国现代知识精英文学的同时,毫不迟疑将近现代通俗文学打入"冷宫",甚至要将通俗文学排除在文学之外。由《文学旬刊》改版的《文学》宣告:"以文学为消遣品,以卑劣的思想与游戏的态度来侮辱文艺,熏染青年头脑的,我们则认他们为'敌',以我们的力量,努力将他们扫出文艺界以外。"(《文学》1923年7月第81期)自此以后,"三顶帽子也扣上了市民通俗作家的头颅:一是封建思想与买办意识的混血种。二是半封建半殖民地十里洋场的畸形胎儿。三是游戏的消遣的金钱主义。"③ 尽管左翼文学和延安时期,曾经提倡和鼓励进步文艺家采用"人民大众"喜闻乐见的"旧形式",书写表现新时代,但"新文学"轻视通俗文学的

---

① 陈平原:《胡适的文学史研究》,王瑶主编:《中国文学研究的现代化进程》,北京大学出版社1996年版,第223页。
② 郑振铎:《中国俗文学史》,商务印书馆2005年版,第1页。
③ 范伯群:《我心目中的中国现代文学史框架》,见《多元共生的中国文学现代化进程》,复旦大学出版社2009年版,第12页。

整体格局没有发生变化。

中华人民共和国成立以后，出于建设新的共和国文学艺术的迫切要求，全方位对文学艺术进行"社会主义改造"，出台了一系列文艺调整、改造和管控的政策文件，并按照行政化方式组织实施，形成了富有"中国特色"的管理理念和管理机制。在文艺"社会主义改造"中，通俗文学所具有的"先天性""原罪"，被有意、无意地放大。一方面，根据《中共中央关于处理反动的、淫秽的、荒诞的书刊图画问题和关于加强对私营文化事业和企业的管理和改造的指示》，在北京、上海等主要城市开展收换旧书刊活动，通俗文学的近现代资源空间受到挤压；另一方面，通俗文学作品和通俗文学作家感觉到"不同待遇"，心怀委屈和不平，《通俗文艺作家的呼声》部分传达出五十年代通俗文学的生存状态。实际上，中华人民共和国成立以后，大部分通俗文学作家怀着"配合"的积极心态，努力融入新时代的洪流，通过上编"模块3：一个新的开始：群众文艺运动"的一组文章不难看出。但是，由于通俗作家们发现的"民间"和主流意识形态所提倡的"民间"出现较大"间隙"，许多通俗文学作家有"配合"不上之叹，导致通俗文学刊物的办刊方向出现"问题"，"改造地方文艺刊物"便成为题中之义，赵树理及其主编的《说说唱唱》提供了典型案例。

20世纪80年代，是当代通俗文学的复苏期。在《实践是检验真理唯一标准》和《关于建国以来党的若干历史问题的决议》激荡下，伴随着思想解放的思潮，域外文学艺术资源蜂拥而至，西方畅销书、港台言情小说和新武侠小说、港台影视作品，在尚没有形成"市场"的大陆，吹起阵阵"市场"风潮，直接刺激大陆通俗文学写作。一方面是通俗文学作家队伍逐渐复苏、壮大，通俗文学刊物相继复刊、创刊，通俗文学的读者群与"新文学"的读者群合流，呈现出一派"振兴"景象；另一方面，基于对"通俗文艺"的固有意识，80年代"清除精神污染""扫黄打非""整顿书刊市场"等"运动"，都给通俗文学带来了一次又一次冲击。这种创作与管理、市场与政治之间的张力，构成20世纪80年代通俗文学的奇特风景。从20世纪90年代到新世纪，互联网的逐渐普及，为通俗文学（特别是类型文学）写作提供了极大方便，"网络文学"作为一个热词持续发酵，通俗文学的管理机制、生产机制、传播机制和阅读机制，都发生了翻天覆地的变化，扑面而来的网络文学带来了"剪不断、理还乱"的头绪。当此之时，把握通俗文学现状，扫描一段时期内通俗文学景象，评估其得失成败，是通俗文学批评和研究的必要准备。

　　如果追寻中国当代通俗文学研究的历史化路径，20世纪90年代应该是开端。尽管，在此之前，不能说没有关于中国当代通俗文学的思考和研究，但远远没有形成必要的研究格局和研究队伍。真正将通俗文学带入学术思考领域的，无疑是从90年代开始，这当然有赖于以范伯群先生为代表的学者们，长期执着于中国近现代通俗文学及其文学史定位的研究，"现代通俗文学既在时序、源流、对象、功能上均与知识精英文学有所差异，那么当然有建立独立的研究体系的必要，而这种研究又是不能脱离现代通俗文学的内在发展规律的，是在它自身的历史发展过程中去探索它的成功经验与失误教训，总结出它的健康发展之路，考察它是否与知识精英文学具有互补性，从而确定它在中国现代文学史'大家庭'中的地位和价值"①。近现代通俗文学所受到的"新文学"种种"威压",中国当代通俗文学也同样经历着。作为中国当代文学的一部分,当代通俗文学如何进入文学批评和文学史范畴,也是需要解决的问题。于是,从90年代开始,关于通俗文学的性质和特点、通俗文学批评标准和方法、通俗文学入史问题,成为当代通俗文学研究的学术着眼点。在此基础上,如何认识金庸及其武侠小说,如果把握网络文学及其所带来的文学格局变化,成为当代通俗文学研究历史化不容回避的问题。下编第六个模块"另一种空间"选录四篇文献,分别介绍中国通俗文学在东南亚的传播、台湾"暴雨专案"、1949—1976年大陆翻译外国通俗文学情况、海外对中国通俗文学的研究情况等,旨在拓展思路。

在编选过程中,编选者深切地体会到:作为一种文献选本,既有广阔的选择空间,也存在或隐或显的局限性。在此需要说明如下几点:

1. 本卷所选文献,均来自1949年以后,大陆公开出版的图书报刊。对报刊所载文献一般采取全文收录方式(其中一篇会议综述采用节录方式),图书则采用节录方式。

2. 在编排体例上,按照"上、中、下"三编次序,每"编"由若干模块构成,归入相应模块的文献以出版时间为顺序。在一编中,既体现所选文献与当代通俗文学进程的时间对应关系,又注意从"问题"出发,将能够说明某个问题的文献,集中在一起,方便读者对某一具体问题进行"流程"把握。

---

① 范伯群:《中国现代通俗文学史·绪论》,北京大学出版社2007年版,第2页。

3. 诸多学者在当代通俗文学研究中取得多方面成就，学术影响力有目共睹。但，为了体现学术研究的多点位、多层面、多声部，尽可能展示不同层面的学术成果和声音，只能忍痛割舍了许多名家名文，实属无奈。

吴秀明教授在《总序》中说："从本质上讲，史料的搜集、整理和编选就是建立在对历史'还原'基础上的一种再叙述，一种重返历史现场的在努力"，通过编选文献"还原"历史，让史料站出来"说话"，何其难哉！《庄子·秋水》有"拘于虚、笃于时、束于教"之说。限于编选者的眼界和水平，该选本未免挂一漏万，不当之处，敬请大方之家指正。

当代文学史研究"战略转移"的整体性亮相

1986年,王瑶先生在全国社会科学"七五"规划会议发言中说:"从中国文学研究的状况说,近代学者由于引进和吸收了外国学术思想、文学观念、治学方法,大大推动了研究工作的现代化进程。"① 作为这一思路的实践成果,《中国文学研究现代化进程》特别强调梁启超、王国维、鲁迅、吴梅等近现代学者对待史料的态度和方法,几乎每一章,都专节解读其在"史料实证"方面的贡献。夏晓虹阐释梁启超的"科学精神",刘梦溪梳理陈寅恪的"工具·材料·观念·方法",董乃斌解读郭绍虞的"批评史学科的史料学建设",杨镰论述孙楷第先生"建立在版本目录学基础上的戏曲研究",李少雍谈朱自清"语义学与考据学的融通",范宁谈郑振铎"新资料、新方法与新观点",沈玉成、高路明总结游国恩先生"凝聚毕生精力的《楚辞注疏长编》",等等。从梁启超、王国维,到吴世昌、王元化等17位学者,站在中西文化交流的前沿,充分吸收西方的思想方法和理论资源,与深刻的历史意识相结合,加之深厚的史料功夫和灵动的文本解读能力,

---

① 陈平原:《中国文学研究现代化进程·小引》,王瑶主编:《中国文学研究现代化进程》,北京大学出版社1996年版,第2页。

将文学研究导向现代"史学",开创了中国文学研究的崭新局面。"而当代文学,由于学术研究时间比较短、积累有限,特别是由于外部学术环境的影响,长期以来盛行的是'以论代史'的研究理路,推动当代文学研究内驱力和进行学术评判的依据,主要是思想观念而不是文献史料,后者甚至被置于无关紧要的位置。"① "重观念、轻史料"严重阻滞着中国当代文学学科建设和学术研究。

冯友兰先生在《中国哲学史新编·绪论》中区分了"本来的历史"和"写的历史",认为"本来的历史,客观的历史,它好像是一条被冻结的长河。这条河本是动的,它曾经是波涛汹涌,奔流不息。可是现在它不动了,静静地躺在那里,好像时间对于它不发生什么影响"②。但是,中国当代文学史的"本来的历史"并没有"静静地躺在那里",等待我们去发掘、去激活,它依然持续地发挥作用,以这样那样的方式"生存"在当下的文学研究中。中国当代文学的"史料"不是被动的,它会"说话"。洪子诚先生的《材料与注释》"尝试以材料编排为主要方式的文学史叙述的可能性,尽可能让材料本身说话,围绕某一时间、问题,提取不同人,和同一人在不同时间、情景下的叙述,让它们形成参照、对话的关系,以展现'历史'的多面性和复杂性"③。还原了1957—1967年几次重要的文学史实,开拓了当代文学"材料"挖掘与甄别的新空间。

---

① 吴秀明:《中国当代文学史料问题研究·绪论 学科视域下的当代文学史料及其本体构成》,中国社会科学出版社2016年版,第5页。
② 冯友兰:《中国哲学史新编》,《三松堂全集》(第八卷),河南人民出版社1991年版,第7页。
③ 洪子诚:《材料与注释》,北京大学出版社2016年版,第2页。

十九世纪和二十世纪之交,中国学术更需要哲学思想和理论思维的"资源",以促进中国传统学术的现代化转型。"我国上下,日日言教育,而不喜言哲学。夫既言教育,则不得不言教育学。教育学者,实不过心理学、伦理学、美学之应用。心理学之为自然科学,而与哲学分离,仅囊日之事耳。若伦理学与美学,则尚俨然为哲学之中二大部。今夫人之心意,有知力,有意志,有感情。此三者之理想,曰真、曰善、曰美,哲学实综合此三者而论其原理者也。教育之宗旨,亦不外造就真善美之人物,故谓教育学上之理想,即哲学上之理想无不可也。"① 王国维的《红楼梦评论》针对"清代的考据风也弥漫于《红楼梦》的研究"状况,"旗帜鲜明地批评以'考证之眼'读《红楼梦》,提倡从美学的角度去研究这部小说"②;《人间词话》融合传统诗学与西方美学,提出"境界为本"的诗学思想。经过一个世纪的发展变化,特别是经过八九十年代以来,世界诸多哲学、美学、社会学、历史学等思想和方法,纷纷登临大陆学术界,就中国当代文学而言,可资运用的思想资源不可谓不丰富。运用西方思想资源研究、解读中国当代文学的论文和著作,成为当代文学研究领域的一道景观,甚至出现"方法"论战、"主义"打架,人为造成困扰。"在90年代,试图用'创作方法'来概括50年的当代文学,是一些研究者比较热衷的想法。但是,这就要提出不少概念来涵盖纷繁复杂的文学现象和创作成果。有的著作中,就分别提出了诸如现实主义、革命现实主义、非革命现实主义、文学理想主义、革命浪漫主义、异化的现实

---

① 王国维:《哲学辨惑》,《教育世界》1903年7月号。
② 刘梦溪:《用现代科学方法研究中国文学的奠基人王国维》,王瑶主编:《中国文学研究的现代化进程》,北京大学出版社1996年版,第63页。

主义、古典主义、现代主义等的名目。要分辨清楚这些'主义'的意思，它们之间的区别，不是一件容易的事，而哪些作品被归入哪种主义，更是一件伤脑筋的事。还有一个现象让人不太好理解，为什么每个作家，每部作品，都非要戴一顶'主义'的帽子不可呢？我把这叫作'主义情结'。借用胡适的话，我们还是少谈些主义，多研究些问题吧！"①洪子诚先生所说的"主义情结"是否因为中国当代文学研究的思想资源过剩？显然不是！而是运用诸多主义、方法、概念，"翻着跟头"解读文学现象和创作成果的时候，忙着跟主义转圈子，而没有充分考虑到中国当代文学史如何回到历史本身，相对忽略了中国当代文学研究的"案头工作"，影响了中国当代文学研究历史化进程。

凡治史者，皆重史料，史料建设是历史研究的基石。"我们对于本来历史的知识，是以充分的史料为根据。在建筑工程方面，任何大的建筑，都必须把它的基础建立在原始的岩石上。在历史学方面，原始的岩石就是原始的史料。历史学中的论断都必须以原始史料为依据。""只有根据充分的史料，才可以认识历史的发展的曲折复杂的过程。"②古典文学研究和中国现代文学研究都经过了长期艰苦的史料建设工作，厚积薄发。新世纪以来，许多当代文学研究者不约而同地提出"古典文学化""现代文学化"，其核心就是重视当代文学史料建设。程光炜先生呼吁："当代文学史的研究，在进行初步的问题、边界和方法的探讨之后，应该向着'现代文学

---

① 洪子诚：《问题与方法——中国当代文学史研究讲稿（增订版）》，生活·读书·新知三联书店2015年版，第68页。
② 冯友兰：《中国哲学史新编》，《三松堂全集》（第八卷），河南人民出版社1991年版，第13页。

化'的目标前行。……重建当代文学与现代文学、古典文学之间的历史关联，在学理上逐步完成相对完整的叙述，使当代文学不仅是一个可批评的对象，同时也是一门历史脉络和看得清楚的学问。"① 吴秀明先生提出："'理论思维'与'文本细读''史料实证'一起，是构成它们互为支撑而又互渗互融的'正三角'（'△'），它在受制于'文本'与'史料'的同时，也对后者产生能动的反作用。"认为无论对于当代文学学科还是当代文学学者而言，"文本解读"和"史料实证"都是赖以支撑的阿基米德点，呼吁对"治学理路和思维方式""进行带有'战略'意义的结构性调整"②，从原来比较单一的"阐释"向"阐释"与"实证"兼具，在研究思路、格局、向度与方法上进行"战略转移"③。《中国当代文学史料问题研究》和《中国当代文学史料丛书》正是这种"战略转移"的实践成果，如果说，前者是中国当代文学史料研究理论思路的整体展示的话，那么，后者就是中国当代文学史料的第一次整体性亮相。

《中国当代文学史料问题研究》首先在"绪论：学科视域下的当代文学史料及其本体构成"中，通过梳理学术史，辨析"问题的提出"，从史料共通性的视角构建当代文学与现代文学、古典文学的联系，又注重当代文学史料学作为当代文学分支学科的必然性与合理性，探讨史料本体与泛政治

---

① 程光炜：《"当代文学六十年·赵树理研究专辑"主持人的话》，《文艺争鸣》2012 年第 12 期。
② 参见吴秀明：《探寻立体呈现当代文学史料的体系与方式——〈中国当代文学史料问题研究〉的编纂理念与学术追求》，《南方文坛》2017 年第 3 期。
③ 参见吴秀明：《史料学：当代文学研究面临的一次重要的"战略转移"》，《中国现代文学研究丛刊》2012 年第 2 期。

化的几种类型,深刻揭示"思想阐释与研究主体的独立性",奠定了全书的理论基础。上编10章,从公共性、私人性、民间与"地下"文学、期刊社团与流派、通俗文学、台港文学、书话与口述文学、版本与选本等,描述"当代文学史料的存在与叙述"。下编分8个专题,探讨"当代文学史料研究与历史观问题""当代文学史料研究与政治关系""当代文学史料研究与文学史编写"等。该著所涉及的问题,不敢说全为"首创",但能够在相对广阔的时空领域内"纵说横说"(梁启超语),跨越文学内外,聚集史料形态,深耕主要专题,构建中国当代文学史料问题研究的整体性"理路",诚为鲜见。

《中国当代文学史料丛书》包括《公共性文学史料卷》《文学期刊、社团与流派史料卷》《文学评奖史料卷》《通俗文学史料卷》《文学史与学科史料卷》等11种,旨在"为广大文学研究者提供第一手的文献史料,为当代文学学科建设做点实实在在的基础性的工作,同时也为构建'当代文学文献史料学'做必要的准备。"①丛书在广泛汲取了已有当代文学史料的基础上,如全国大专院校合作编撰的《中国当代文学研究资料丛书》、孔范今等人主编的《中国新时期文学研究资料汇编》、洪子诚主编的《中国当代文学史·史料选》、路文彬主编的《中国当代文学史料文论选》、吴秀明主编的《中国现当代文学作品与史料选》(当代文学卷),进一步拓宽学术视野,丰富史料形态,注重文件决议、讲话报告、书信日记、思潮动态、会议综述、社会调查、国外(海外)信息等泛文本史料,形成了涵盖面广、内容丰富、形态多样、

---

① 吴秀明:《中国当代文学史料丛书·总序》,南志刚主编:《中国当代文学史料丛书·通俗文学史料卷》,浙江大学出版社2017年版,第5页。

体系明晰的中国当代文学史料选本。与诸多中国当代文学史料选本相比，整体性更强，为实现中国当代文学研究向"实证"与"阐释"并重的"战略转移"，提供相对完整而坚实的支撑。

"历史的首要任务已不是解释文献、确定它的真伪及其表述的价值，而是研究文献的内涵和制订文献；历史对文献进行组织、分割、分配、安排、划分层次、建立体系、从不合理的因素中提炼出合理的因素、测定各种成分、确定各种单位、描述各种关系。因此，对历史说来，文献不再是一种无生气的材料，即历史试图通过它重建前人所作所言、重建过去所发生而如今留下印记的事情；历史力图在文献自身的构成中确定某些单位、某些整体、某些体系和某种关联。"① 按照米歇尔·福柯这一理解，中国当代文学研究作为"历史学"的一部分，也力图在当代文学史料的构成中确定某种单位、某种整体、某种体系和某种关联，而如《中国当代文学史料丛书》这样具有整体性的史料丛书，无疑是完成这一"历史的首要任务"的开始。

---

① 【法】米歇尔·福柯：《知识考古学》，谢强、马月译，生活·读书·新知三联书店1998年版，第7—8页。

中国特色文学批评话语的内源性传统与价值追求

——中国特色哲学社会科学话语体系思考

教育部、财政部制定了《高等学校哲学社会科学繁荣计划（2011—2020）》，在重点建设内容中要求："不断丰富我国哲学社会科学的学术思想和理论体系，努力形成具有中国特色、中国风格、中国气派的学术话语体系。"①

这一要求，是在科学把握世界哲学社会科学的基本形势和中国哲学社会科学现代化进程的基础上，根据实现中国梦的总体要求而提出的高屋建瓴的整体性要求，抓住了当代中国哲学社会科学的关键问题，也抓住了中国现代文学批评的根本问题。从五四新文学开始，中国现代文学批评在话语建构过程中，急于现代化，急于与世界先进的文学批评接轨，过多地偏重于西方近代以来的文学批评话语，相对忽视具有中国特色、中国风格和中国气派文学批评话语的构建，导致中国文学批评话语体系充溢着西方文学哲学、美学和文学批评的关键词语、基本理论和操作方法，中国传统的文学批评

---

① 《中共中央关于深化文化体制改革推动社会主义文化大发展大繁荣若干重大问题的决定》，教育部社科司组编《新的历史征程——深入推进高校哲学社会科学繁荣发展资料汇编》，中国人民大学出版社2012年版，第110页。

范畴、理论和方法被有意无意地削弱、淡化，严重西化的文学批评话语体系与中国传统的文学批评话语出现较大的裂隙，以至于中国古典文学批评的核心概念、范畴被人为消解。中国文学批评话语跟着西方亦步亦趋，失去了独特的个性和风格，始终在世界文学批评格局中处于"跟随者"的位置，对世界文学理论和文学批评的整体建设没有做出应有的贡献，基本处于"失语"的境地。一个具有世界最优秀传统的文学大国，一百多年来对世界文学理论和文学批评毫无贡献，不能不引人反思，究其根源，就在于中国现代文学批评话语缺乏中国特色、中国风格和中国气派。在世界格局中，没有特色的文化就没有存在的独立地位，也不可能引起世界关注，当然也难以实现中国梦的整体要求。

一、中国现代文学批评话语建构历程与存在问题

近现代之交，文学界三大革命——诗界革命、文界革命、小说界革命力图走出中国古典文学的藩篱，建设具有世界视野和时代精神的文学批评话语。黄遵宪提出诗歌"吾口说吾心，吾手写吾口"，对诗歌进行富有时代性的改造；梁启超提倡新民说，在考察西方近代文学发展进程的基础上，期望像西方一样，借助小说之力推动社会改革、政治改革、经济改革、教育改革、道德改革、移风易俗等，提出"欲新一国之民，必先新一国之小说"，因为"小说有不可思议之力支配人道故也"。国学大师王国维将席勒的美学思想、叔本华的哲学思想与中国传统文学批评相结合，研究了宋元戏曲、古典诗词、《红楼梦》等，进行了系统的文学批评话语实践，提出了"境界说"等一系列重要的文学批评理论。鲁迅的《摩罗

诗力说》引入尼采超人哲学解读文学。这些文学批评拉开了中国现代文学批评话语建构的序幕。

　　五四文学革命主要引进西方近代人道主义实现中国的"文艺复兴"（蔡元培语），"白话文学"和"人的文学"是五四文学革命的两个主要内容，西方人文主义和古典主义文学批评话语成为当时文学批评话语的主要资源。胡适在美国留学期间形成了"一部文学史实际就是文学工具演变史"的观念，从而确认"一代有一代之文学"，视文言文为"死文字"，白话为"活文字"，用"死文字"书写的古文必然是"死文学"，用白话书写的文学才是"活文学"，宣告：现在和将来的中国文学必然是运用白话书写的"活文学"。白话文学的提倡，为中国文学发展注入了时代内容，加强了中国文学和现实生活的联系，使中国文学很快走上现代化的道路，为新文学发展开辟了一条新的道路。但是，这种立足于西方近代文学演变经验的结论，导致五四文学革命过多地否定中国古典文学，反封建、反专制，斥"桐城谬种"，打倒"十八妖孽"，在激进的变革中忽略民族文学传统或多或少地带来中国新文学的先天性缺陷。周作人的《人的文学》发出了五四"人的文学"的最强音，在此文中，周作人首先介绍西方近代人道主义思想，提出建立以"个人为本位"的"人的文学"，并将中国古代文学中许多内容打入"非人的文学"。在"白话文学"和"人的文学"影响下，五四作家介绍翻译西方人文主义、古典主义的文学理论，并以此为基准，构建西方话语色彩浓郁的新文学批评话语。

　　20世纪30年代文学理论批评的主要资源有两个：一个是马克思主义，一个是西方现代主义。1928年前后的"革命文学"拉开了30年代文学的大幕，当时提倡革命文学的主体力量是后期创造社和太阳社,他们移植世界左翼文学的经验和做法,带着强烈的革命感情和激进的情绪,武断地否定五四文学和鲁迅,遭到鲁迅、茅盾、冯雪峰等人的深刻批判。经过党进行深入细致的思想工作,"革命文学"的提倡者和鲁迅停止争论,成立"中国左翼作家联盟",建立了中国文学史上第一个左翼文学统一战线。"左联"成立后大力推进中国左翼文学发展,积极翻译介绍马克思主义思想,为中国马克思主义文学批评话语的构建进行必要准备,后来成为延安文艺和新中国成立初期文学批评的主要资源。同时,受西方现代主义文学的直接影响,30年代中国的现代主义文学开花结果,西方现代派文学观念和文学批评方法以这样那样的方式进入中国。整体来说,30年代文学批评仍然是在西方哲学、美学和文学批评的基础上建构的,对中国文学经验和文学批评话语的继承和发展做得很不够。

20世纪80年代中期开始,西方后现代主义哲学、美学思潮陆续传入我国,引发了中国文学批评观念、方法的深刻变革,后现代主义文学批评话语成为中国文学批评的主流话语。与现代主义相比,后现代主义具有消解中心、颠覆权威和碎片化特征,它不试图进行救赎,而是陷入无奈的"狂欢",文学批评一方面脱离文学创作实际,一方面远离社会生活现实,成为批评家自我的逻辑推演和情绪宣泄,成为个人的喃喃自语,批评家陶醉于孤独的精神"独舞"。

当然,在近百年的文学批评话语体系建构过程中,并不是没有出现中国特色的文学批评话语和文学批评实践,包括梁实秋、朱光潜、钱钟书在内的一批学者在传承中国古典文学批评的基础上,努力建构具有中国特色的文学批评,大批从事中国古典文学研究和批评的学者依然坚守着中华民族的文学经验和话语体系。但是，就中国文学批评建构的主流而言，出现以下两种倾向确是不争的事实：

其一，浓厚的西方文化倾向。从中国现代文学批评建构历程不难看出，中国文学批评话语主要以西方古典主义、人文主义、现代主义和后现代主义话语为资源，把尽快融入世界、走向西方作为现代化的目标，文学批评的理念、方法、标准都带着浓厚的西方文化倾向。用这种批评话语评论文学作品、作家和文学现象，自然把中国现代的文学创作引向"西化"的道路，所以这套文学批评话语不太适应中国古代文学研究和批评，许多古典文学学者并没有按照这套文学批评话语进行古典文学批评。

其二，严重脱离民族文化传统。五四以降，在文化激进主义的导引下，中国古典文学批评被视为"无体系"、逻辑性不强的文学批评，诸多文学批评的关键词语、批评表述方式被淡忘或消解，导致中国文学批评长期处于"无根"状态，疏离了自己的精神家园。

从世界文学批评格局来说，中国现代文学批评既没有"根"，找不到自己的精神家园，又无独立存在价值。所以，中国现代文学批评只能是西方的"跟随者"，如孤魂野鬼飘来荡去，难以对世界文学批评建设有所贡献。

二、中国特色文学批评话语的内源性传统

"文化是民族的血脉，是人民的精神家园"，丰富多彩的中国文学批评是中国现代文学批评的精神家园，也是中国现代文学批评在世界文学批评格局中的安身立命之本，构成中国特色文学批评话语的内源性传统。

中国古代文学批评话语与中国传统文化血脉相连，是中国古典哲学、社会伦理、美学追求的集中体现。中国古代文学批评将文学看作社会生活的整体内容的重要部分，从社会进步的角度整体思考文学问题，首先重视"文之枢纽"。《文心雕龙》系统地提出"原道""征圣""宗经"，"原道论"成为中国文学批评核心内容，尽管其中"道""圣""经"的内涵需要现代化，但这种将文学纳入社会文化整体视野之中，明确指导思想的思维是可取的。作为中国特色的文学批评话语，也要与时俱进，结合中国特色社会主义建设事业建构文学批评话语，立足中国社会发展和文学发展的实际，建构具有中国特色的文学批评话语体系。

中国特色文学批评话语应该传承中国文学精神。中国文学批评积淀着中国文学精神的丰富内容，至少有十大精神对今天的文学批评建设具有借鉴意义：一是体现儒家诗教的温柔敦厚，二是体现社会功能的劝善惩恶，三是文人安顿生命诗意方式的闲逸情怀，四是人与自然和谐共融的天人合一，五是真情书写的发愤著述，六是辩证人品文风的文如其人，七是体现社会伦理诉求的善恶因果，八是体现世俗理想的团团圆圆，九是体现济世精神的忧患意义，十是体现爱国精神的家国之思。在新的历史条件下，对这十大文学精神进行现代转换，是构建中国特色文学批评话语的重要内容。

中国古代文学批评的关键词语和表述方式，也为中国特色文学批评话语建构提供直接营养。"气"既是中国古典哲学的核心概念，也是文学批评的核心术语，"文以气为主，气之清浊有体"，以"气"为核心的理论表述涉及作家论、创作论、风格论和文学接受等多方面。对"文/质"辩证关系的把握体现了中国古代文学批评对文学内容与形式的深刻认识，

"质胜文则野，文胜质则史，文质彬彬，然后君子"，要求文学作品的内容与形式完美统一，相得益彰。"时运交移，质文代变"强调文学发展与时代精神的深刻联系，是中国古代文学发展论的集中表述。各具风格的众多诗话、词话、曲论、小说评点等，代表了中国古代文体论、风格论的杰出成就，其批评方法独具一格，既是中国特色文学批评的丰富资源，也是世界文学批评不可多得的宝贵遗产。与西方文学批评相比，中国古代文学批评对抒情文学有着更为深刻的体验和独特的表述，滋味说、韵味说、境界说等构成意境说的体系，"韵外之致""象外之象"和自然天成等作为中国抒情文学的审美追求，已经成为中国古代文学批评对世界文学批评最重要的贡献。

中国特色文学批评话语，首先也是体现中国特色，而中国古代文学批评无疑是构建中国特色文学批评不可或缺的资源，离开了这一资源，所谓中国特色就是无源之水、无本之木。

三、中国特色文学批评话语的价值追求

中国特色文学批评话语建构，是中国特色学术话语体系之重要内容。要实现文学的"中国梦"，文学批评话语不仅要传承中国古代文学批评，更要面向当下、面向未来、面向世界，体现富有时代精神和世界视野的中国文学批评价值追求。具体包含以下内容：

马克思主义、毛泽东思想和中国特色社会主义理论是指导思想。近代以来，中国遭受西方列强的侵略瓜分，殖民经济压迫民族工业和农业生产，国民经济处于崩溃的边缘，军

阀混战，民不聊生。一代一代的有识之士纷纷探求富国强兵之法，提出了多种救国救民之策，洋务运动、太平天国、戊戌变法、义和团运动、辛亥革命相继失败，只有用马克思主义武装起来的中国共产党带领全国人民，实现了民族独立和人民解放，改革开放以来中国特色社会主义建设取得巨大成就。历史无可辩驳地证明：只有社会主义才能救中国，只有坚持和发展马克思主义才能实现民族独立和国家富强。马克思主义、毛泽东思想和中国特色社会主义理论是一切工作的指导思想，必须自觉地将中国特色文学批评话语体系建构纳入中国特色社会主义建设的整体事业中，在社会主义核心价值观的范围内构建文学批评价值观。因此，马克思主义、毛泽东思想和中国特色社会主义理论作为指导思想，就是中国特色文学批评话语体系的核心价值，是否坚持这个指导思想，是中国特色文学批评话语体系建构能否成功的关键所在。

人民性是时代赋予的责任。关注社会、关注民生、关注人生的基本问题是中国文学的优秀传统，文学就是在人民劳动实践过程中产生的，"饥者歌其食，劳者歌其事"，文学作品是人民的生活要求和生存理想的艺术性传达。文学史发展的实践证明，只有和人民群众血肉相连的作家，只有真实深刻反映悲欢离合的作品，才能最终得到人民的承认，才能在历史上广为流传，杜甫"穷年忧黎元，叹息肠内热"，白居易"文章合为时而著，歌诗合为事而作"。不仅中国古代文学，人民性也是世界进步文学普遍的倾向性之一，著名的俄罗斯诗人普希金就主张诗歌要具有人民性，俄国民主主义文学批评家杜勃罗留勃夫从理论上界定了人民性，认为"要真正成为人民的诗人，还需要更多的东西，必须渗透着人民的精神，体验他们的生活，跟他们站在同一的水平，丢弃等级的一切偏见，丢弃脱离实际的学识等等，去感受人民所拥有的一切质朴的感情"，主张"人民性"和现实主义的统一。毛泽东指出，"我们的文学艺术都是为人民大众的"，不仅解决了文艺为什么人的问题，而且以此为出发点，解决了文艺创作的出发点、文学普及与提高、文学批评标准等一系列重要问题。可以说，将人民性提高到文学批评标准和文学社会作用的地位，是中国特色社会主义文学理论对世界文学理论的重要贡献。中国特色的文学批评话语建构要坚持人民性的标准，只有反映人民深切遭遇，表现人民疾苦和生活理想，符合人民大众根本利益的文学，人民才能喜欢、关注。

爱国主义是基本精神。近代中国多灾多难，爱国主义成为近现代文学的主旋律。鲁迅的作品、郭沫若的诗歌、郁达夫的小说、艾青的诗歌等，都闪烁着爱国主义的光芒。当前，在中国人民实现中国梦的历史征程中，爱国主义依然是中华民族的最大共识，也是中国文学批评话语的价值追求。中国文化是中国大地上所有民族文化相互交融的整合体，处理好汉民族文学和少数民族文学的关系，继承和发扬整个中华民族的爱国主义文学资源，特别是注重少数民族语言文学的资源，避免狭隘的民族主义和国粹主义倾向，充分扩大彰显中华民族的文化认同，尽可能淡化民族（种族）认同和身份认同。建立具有中国特色的、体现民族融合的文学批评话语，将我们共同的家园建设得更加美好。

精益求精的艺术追求。古今中外优秀的文学作品都是苦其心志、精益求精的产物。中国古代文学艺术追求自然天成的艺术境界，主张天地人的和谐统一，力戒人为斧斫痕迹，崇尚"清水出芙蓉，天然去雕饰""羚羊挂角，无迹可求""无我之境"，为此，中国古代文学家"发愤著书"，反复

"推敲",提出了一系列谋篇布局、熔裁炼字的理论和方法,体现了艺术上追求完美的精神。中国特色的文学批评话语要充分继承这份遗产,根据新的时代精神,艺术上高标准严要求,促进文学创作多出经典,快出经典。

总之,中国特色的文学批评话语,要传承民族文化、文学精神,从中国社会主义建设事业和文学发展的现实状况出发,自觉将文学批评融入"中国梦"的实践中,构建中国特色的文学批评话语表述体系和文学价值判断标准,在世界文学批评格局中彰显中国力量。

胸中有大义　笔下有乾坤

2016年11月30日,习近平总书记在中国文联十大、中国作协九大开幕式上的讲话,高度肯定文艺工作巨大成就,殷切希望文艺工作者"坚持文化自信,用文艺振奋民族精神""坚持服务人民,用积极的文艺歌颂人民""勇于创新创造,用精湛的艺术推动文化创新发展""坚守艺术理想,用高尚的文艺引领社会风尚"。习近平总书记强调"文运同国运相牵,文脉同国脉相连",要求文艺工作者"做到胸中有大义,心里有人民,肩头有责任,笔下有乾坤",这一典型的"中国话语",引发文艺界热烈反响。

"义"是中国文化的核心概念,尤其为儒家所重视。《论语》中就多次提到义:"君子喻于义,小人喻于利"(《里仁》);"见利思义,见危授命;义然后取,人不厌其取"(《宪问》);"信近乎义,言可复也;恭近于礼,远耻辱也;因不失其亲,亦可宗也。"(《学而》)孟子将"义"看作是人性之本,认为"恻隐之心,仁也;羞恶之心,义也;恭敬之心,礼也;是非之心,智也。仁义礼智,非由外铄我也,我固有之也,弗思耳矣"。在先秦儒家经典的深刻影响下,经过后代思想家不断阐发,"义"已经成为中国传统人格评价的重要标尺,并贯穿于一切"人为"活动的评判,作为中国文化核心价值观的重要内容,表现出生生不息的生命力。

作为与"利"相对应的概念,"义"首先意味着对"利"的一种超越。君子修身重义,能够超越"利"的诱惑和羁绊,不以获利作为人生目标,不计个人之得失;即使在获取利益的时候,也要以"义"为先,"义"然后"利",是为正当之利。一个作家、艺术家,如果将文学艺术创造与个人的物质欲望捆绑在一起,与个人的利害得失"休戚相关",则很难完成高质量的艺术作品。"利"有远近,"义"有大小。关乎个体修身养性,是为小义;关乎国家民族老百姓命运前途,是为大义。大义自小义而来,又能够超越个体,行之远方。"胸中有大义",就是把个人与国家、民族、人民紧紧联系在一起,急天下之所急,忧天下之所忧。

"时运交移,质文代变""歌谣文理,与世推移",在中国历史上,"胸中有大义"者代有其人。孔夫子面对"礼崩乐坏"之世,"知其不可为而为之",躬亲实践,建构秩序伦理。屈原《离骚》从个人不平到家国之忧,以生命实践"虽九死而犹未悔"。太史公发愤著书,超越个人生命悲剧,进入深邃博大的历史写作实践,"究天人之际,通古今之变,成一家之言"。韩昌黎"文起八代之衰",匡时救弊。范仲淹"先天下之忧而忧,后天下之乐而乐"。正因为"胸中有大义",他们的伟大作品是对个体、民族、国家命运最深刻把握的作品,赢得了后世的敬仰。

乾卦是六十四卦之首,乾下乾上,元亨利贞,乃为至阳,"乃统天","天行健,君子以自强不息"。坤卦为六十四卦之二,坤下坤上,乃为至阴,象征土地万物生长,"君子以厚德载物"。乾坤就是天地之间、阴阳之变,乃天地万物运转变化之两端,含蕴丰富多彩的大千世界,胸襟宽广,气象博大。"文章天下事,得失寸心知","铁臂担道义,妙手著文章",

"笔下有乾坤"，需要文学艺术家俯仰天地之间，体察万物之变，用大胸怀、大气象，书写内蕴丰富的伟大作品。《天问》问遍天地宇宙、人文始末。《前赤壁赋》由个人生命之叹，进入宇宙万物永恒的体察，在变与不变之间，实现生命超越。用张载的话说，"笔下有乾坤"就是"为天地立心，为生民立命，为往圣继绝学，为万世开太平"。

乾坤意味着博大，乾坤意味着变化，"一代有一代之文学"，古人笔下有古人之乾坤，今人当书写今人之乾坤。20世纪中国和世界经历了太多变化，面对诸多影响世界历史进程的大事件，中国文学尚缺乏"笔下有乾坤"之作。抗日战争是世界反法西斯战争的一部分，关于第二次世界大战的文学书写，欧美文学、俄罗斯文学产生了一批气派宏大、影响深远的经典巨著，而中国作家的相关书写，尚不能令人满意。相对于奥斯维辛集中营，"南京大屠杀"同样触目惊心，是人类历史上极其罕见的暴行，且日本极右势力一直企图抹杀、否认，面对这一具有深刻历史教训和现实指向的大事件，中国文学长期处于"缺席"状态，不免令人费解。我们需要敢于触碰历史重大题材的大胸怀，呼唤厚重的历史意识、深刻的现实思考和精湛的艺术表现力相结合的伟大作品。习近平总书记希望："当代中国正经历着我国历史上最为广泛的社会变革，也在进行着人类历史上最为宏大而独特的实践创新。这种伟大实践必将给文化创造提供强大动力和广阔空间。广大文艺工作者要努力创作同我们这个文明古国、我们这个蓬勃发展的国家相匹配的优秀作品。"

文学艺术是艰苦的创造性活动，是从文学艺术家个人修身开始，走向艺术表现的一个动态过程，是人格结构与艺术风格的互联互动。一个作家、艺术家的胸怀、气度、学养、才情，必然在艺术作品中体现出来。"胸中有大义"，才能"笔下有乾坤"。领略大义，追求大义、实践大义，需要有正气、浩气。孟子善养浩然之气，这种气"至大至刚""配义与道""塞于天地之间"，文天祥笃定"天地有正气"，孙中山主张"养天地正气，法古今完人"。有正气，有浩气，有大义，就不会缺乏担当意识、责任意识、为民情怀，就不难创造无愧于时代的伟大作品。

(《浙江日报》2016年12月12日)

纪实笔法·历史意识·想象空间
——宁波市文艺奖获奖作品评述

2017年5月18日,宁波市文联公布了"宁波文艺奖(2015—2016)获奖者名单",在55项获奖作品中,特别荣誉奖6项、金奖15项、银奖34项。本次评奖是文艺类奖项整合后,第一次评选"宁波文艺奖",宁波市文联高度重视、精心组织,经过个人申请、组织推荐、资格审查、小组初评、评委会终评等程序,体现公平公正公开原则。获奖作品涵盖文学、戏剧、小品、广播剧、舞蹈、音乐、书法、篆刻、工艺美术、宁波走书、民间故事、莲花落、绘画、摄影、纪录片、综合材料、文艺评论等多种艺术形式,表明宁波市文学艺术呈现整体、均衡发展态势。

一、以纪实笔法弘扬主旋律

以纪实笔法捕捉时代变化,回应社会问题,弘扬主旋律,传递正能量,是本次获奖作品的最明显特征,显示出宁波市文艺工作者的精神取向:强烈的社会责任感,高密度地融入实际生活,灵动地把握时代脉动和自觉的主旋律意识。

姚剧《浪漫村庄》讲述了海归村官张子民,带领姚江村走健康、富裕、文明之路,与乡亲一起建设"古村落科技养生保护区"的故事，融时代气息、乡村风情和地域特色于一体，在轻快、诙谐的喜剧氛围中，表现新一代村民之乐。舞蹈《阿婶合唱团》取材于一群合唱团的中老年人在练声、排练时产生的一系列"老小孩"式的诙谐趣事，刻画出一群"可爱""可笑""闹腾""较真"的中老年歌唱爱好者的形象，表现"老有所乐"的时代主题。广播剧《给大海点灯的人》取材于全国劳动模范、"五一劳动奖章"获得者叶中央一家五代，在无边大海上默默地守护灯塔的先进事迹，运用个性鲜明的配音、实地取材的音效，弘扬"爱国敬业"核心价值。摄影作品《船体构成》聚焦象山船舶业的发展，通过光影写实记录船体安装的过程，为象山船舶业发展建立了"史册"小档案。莲花落《心病》通过林大爷五十年前欠医药费所引发的一系列事件，深度思考人性良知，呼吁诚信、包容的医患关系，革除互不信任、互不理解的心病。长篇小说《女船王》以宁波帮女航运家郑李文续为原型，表现了女主人公勤勉精干、坚持民族气节、顽强不屈的宝贵品质，展现宁波商帮勇立潮头、善于经营的风范。长篇报告文学《小巷总理》以宁波江东社区书记俞复玲为主人公，叙述她将平凡的岗位做得处处精彩，带领团队，建立起一条党和政府联系群众的爱心纽带，完善了党群关系的"最后一公里"。小戏《背官》选取乡民柱子背乡长王大民过溪的小故事，表现新型干群、党群关系，揭示"老百姓是共产党的天、是共产党的地"主题。小品《清明时节》讲述一对中年农民夫妻因受到一位大姐生前馈赠的眼角膜，特地在清明时节来大姐坟前缅怀感恩，展现真善美，传递正能量。油画作品《解放鞋》采用"实物写生"手法展示七八双鞋子，通过细节刻画、对称构图、五角形光束等升华主题，纪念中国共产党成立95

周年。

　　带着强烈的社会责任感，以纪实手法捕捉普通底层生活场景，通过一个侧面、一个瞬间、一朵浪花，传达别样的温情、温馨，是纪实性作品的另一种收获。《此生有别》聚焦主流生活以外的人，呈现边缘人群的生命情状，揭示生命的激荡和起落的"另一种"模式，触摸生活的痛楚，用别样的方式关怀现实人生。散文集《梯子的眼睛》以少女的视角捕捉乡村生活，在描摹点点滴滴的细碎微小中，探索中国乡村的精神密码。摄影作品《全家总动员》捕捉富有意味的底层生活"温度"，一家三口抱着正在打点滴的孩子，与小贩讨价还价挑选卡通气球，普通生活场景经过摄像师艺术地再现，表现出撼动人心的情感力量。《吉利汽车浙江制造》的摄影师，十余年"卧底"吉利汽车，多次深入北仑、春晓、杭州湾基地，用恒心、细心、慧心收获了这册纪实性影集。《车表的景》拍摄汽车表面富有趣味的映像，建筑物在车表的映照下产生变形，形成奇特的构图，真实的世界被打乱重组，通过似真实似虚幻的图案，达到"抽象"的真实。单幅图片《携手妻儿 走出洪水》，取材于 2013 年 10 月 9 日余姚大洪水中，一对年轻夫妻用浴盆在洪水中转移宝宝，仅 3 个月大的儿子躺在塑料洗澡盆里，小手本能地抓住爸爸的右手手指，妻子则抓住了丈夫的左手，展现出了亲情之爱和人性光辉在生存中的巨大力量。宁波走书《王大力讨薪记》讲述农民工王大力在讨薪无门情况下，意外拾到巨款 20 万元，面对"意外之财"，王大力也曾经心动，但最后还是用自己的钱帮二嫂抓药，为保护 20 万元钱智斗假警察、地痞，既反映弱势群体农民工讨薪的艰难，又展现农民工勤劳、朴实、厚道、拾金不昧等优良品质。宁波走书《一只麦糕》讲述男孩阿斌在生活困顿之时,曾经得到小女孩"一只麦糕",多年后,阿斌用高超的医术挽救了生命垂危的女孩,借用这种"巧合"的故事,传递人间真情。

二、在历史书写中实现时空对话

以清醒的历史意识,钩沉历史文化的"史迹",用富有现代意味的艺术语言,重新编织历史的"碎片",让历史文化在当代语境下再一次"复活",实现跨越时空的"对话",是本次获奖作品的又一明显特征。

舞蹈《双鸟舁日》源于河姆渡文明"双鸟朝阳"的图腾,通过双人舞的形式,采用拟人的手法,展现了人类追求光明、向往自然的精神,悠远灵动的骨哨声带领人们一步步走进古渡,探寻千年文明之光。散文集《南华录》记叙了明万历后江南士人的生活雅事,出没其间的有文徵明、董其昌、项元汴、李日华、屠隆、汤显祖等致力于私人空间营建的画家、曲家、鉴赏家,有计成、张南垣、柳敬亭、苏昆生、罗龙文等来自民间草根的艺人和匠人,也有商景兰、薛素素、王微、柳如是等命运各异的传奇女子。作者选取"生活的艺术化"抑或"艺术的生活化"为编织主线,以诗性与智性融合的特有叙事方式,写出了一个时代的繁华与苍凉。越剧《明州女子尽封王》取材于民间女子救壮王的"千年民谣",设置了内奸曹子彬为掩盖罪行陷害张桂兰,威逼贾玉屏冒名顶替,壮王微服查访镇海县,解救恩人张桂兰,赐"明州女子尽封王"等情节,用传统的套路展现忠奸、善恶之分,传达正义的力量。男声演唱《石中语》聚焦于南宋石刻的"刻",结合时代梦想、大国崛起、举国安定大潮,采用现代手法创作，旋律生动优美，气势壮阔，制作精良。歌曲《山海的传说》以优美的旋律、山海的意象，勾连象山的"沧海桑田"，抒发热爱家乡之情。油画《王安石变法》取材于王安石锐意改变北宋积弊、富国强兵的一场改革，用油画的形式展示王安石的坚定性格和执着精神。油画《遍地英雄——中国共产党领导的浙江抗日根据地》追求"画述历史"，用绘画语言呈现研究地图的将军、背着枪的战士、运送粮食的群众、搀扶伤员的女护士，分别配置丹山赤水、浙西民居和雁荡山风貌，既突出抗日主题，又彰显地域特色。五集纪录片《天下宁波帮》采用文献纪录片形式，以时间为经线，以行业为纬线，将宁波帮的精神和理念落实在翔实的史实之上，故事性强，史料扎实，表现形式新颖，展现出有血有肉、有情有义的宁波帮群体。《田螺姑娘传说》整理了19个田螺姑娘的民间传说，新编7个故事，收录田螺姑娘的民间谜语，构成"田螺姑娘"的"集成"，体现保护和传承非物质文化遗产的目的。

  艺，始于学习，成于创新。学习就是师法前贤、继承传统、自我积累的过程，积累达到一定程度，师古而不泥古，以独创的作品向古人致敬，方能传承前人之艺术精髓。篆刻印屏《丹青引赠曹将军霸》选取杜甫《丹青引赠曹将军霸》中"富贵于我如浮云"句为主题，创作一组汉印印风的篆刻作品，刻制过程中略参了浙派印章的运刀，通过顿挫手法，锯齿状的线条使印章整体显得古气厚重，借用文字的部分笔画作边，印文自身组合团聚为一体，使其达到无边亦是有边的效果。篆刻印屏《静读诗书鉴古今》工稳求变，在古典与自我之间建立起一座桥梁，用情感游刃于方寸之间，让智慧凝固在一方方印石之上，体现作者对元朱文意境的追求和对汉印深邃古穆的神往。《画禅室随笔一则》录明董其昌《画禅室随笔》一则，向前贤致敬，心仪董其昌"以意背临""妙在能合"。小楷条幅《纳兰词选抄》和行书长卷《王阳明诗抄》，都表达了宁波艺术家向前贤致敬之意。

三、张扬想象扩展艺术空间

想象是艺术的翅膀。文学艺术不同于"历史叙事"，而属于一种"虚构叙事"，"虚构"是在充分尊重生活真实和艺术规律的基础上，"精骛八极，心游万仞"，不断激发想象力和创造力。与纪实性作品不同，偏重于"虚构"的作品，艺术想象空间更为广阔，人和物之形态、情态、神态，更为逼真，更为丰富。

泥金彩漆《十里红妆系列》将民间想象发挥到极致，用艳丽缤纷的色彩，和谐精美的构图，精湛细腻的工艺，传达民间"喜庆"观念，传承非物质文化遗产。《福贵齐芳》尊重竹根的自然形态，尊重传统写实与写意的技法，圆雕、浮雕、透雕、组雕相结合，天真幼童跨坐在牛背上，或手抱果盒，或手执牛绳，或手擎莲子，或头顶莲蓬，神情各异，稚态可掬，生动表现"五子戏牛"的田园图景，刀韵委婉含蓄，线条平和自然，融意境美、造型美、材质美于一体。《缠枝玲珑双耳瓶》采用填釉工艺和阴刻跳刀技艺，将缠枝这一美好的纹样连接在一起，用枝叶繁茂寓意富贵连绵不绝，整体形状挺拔，烧制通透，端庄而富有视觉感，体现越窑青瓷古朴典雅的材质釉色美、器型装饰美、工艺制作美。古典双人舞《琴·唤》借琴师的形象表达孤独与执念，琴师与琴的追逐、背弃、磨合与交融，带给观众古典审美体验和生命思考。歌曲《小镇女人》选取江南古城余姚为背景，想象跨越时空，构思连点成线，在浓郁的江南风情中塑造"小镇女人"，曲调玲珑雅致、沁人心脾。粉画作品《梦回故园》突出山水意象，通过纸、布等材料将粉笔反复揉擦，获得如水墨般的迷蒙通透、深沉苍茫的艺术效果，既有水墨的灵动，又不失粉画的浑厚。综合材料《致卡夫卡I》想象奇特，构思乖戾，试图象征"受困心灵"，释放内心淤积。25只骷髅头的排列，暗红色的甲虫如网状般整齐、均匀地散落在画面中，边缘的右上角爬出半只虫子，增添了画面转角的张力；局部铁丝网加手绘的拼贴，凝聚成一种束缚的枷锁感；麻绳土黄色的根须、手工皮纸的纤维和字符的厚度叠合，形成版画与综合材料之间的跨界。漆画作品《源·木》不拘传统，消解漆画固有的工艺性，利用木板本色与调制后大漆之间的色差，在铺设大漆后，用去除的方式完成艺术呈现，形成有别于传统漆画的语言形式。

  长篇小说《出家》叙述方泉以假和尚的身份频繁参加各类佛事活动，在佛事的高贵和日常世俗的卑微中转换角色，机缘巧合地拥有了一个做住持的机遇，但必须真正出家，方泉陷入了两难的境地。中短篇小说集《追火车的人》以"三七市"为话语场域，建立了一个复杂而多变的小说世界，《追火车的人》是关于灵魂和寻找的小说，主人公程啸执着地奔赴千里之外，用父亲所给的眼角膜寻找父亲的手。《信》通过年轻人与百岁老人用书信交流的故事，表达现代性担忧：原本功能的丧失，信任危机的降临，精神力量的瓦解，困扰着活着的人和这片土地。《告密》以孩童视角打开了一个成人世界，一个男孩偶尔"告密"，造成了生活的步步紧张和溃败，最终演变成一桩无法扭转的凶案。长篇小说《大中》

叙述了王庄三个家族的恩恩怨怨和波澜壮阔的生活，直接剖析人的灵魂，书写人性在面对历史挑战时的反拨和无奈：王德青一家承袭了中华传统文化美德，王德勋一家被人性弱点各个击破，王传本一家沉湎于人性堕落的感官享受。长篇小说《十五岁的星空》是一部治愈系少年小说，通过桀骜不驯的少女韩西汐和个性孤僻的男生方雷由最初的敌视到知心朋友的成长历程，展现少男少女走出伤痛的青春期，唤醒对生命的尊重和敬畏。

散文集《生活的序列号》致力于对无名者的考量，刻画海岸线上的人生百图，于凡人琐事里见出支撑命运的内力，既有风俗画连缀，也有夜笛声流转，在宁静的叙述里，呈现新的审美状态和生活状态。诗集《落叶志》将他者和自我生命细节融注为平等共生的视角，展现隐秘情感和生命摇曳，对落叶般的人间命运与众生肖像进行批判式呈现和智性抒写。甬剧《呆大烧香》将青年农民张永林和李秀贞的恋爱故事，放置在清代末年宁波农村背景下，追求"戏情戏理戏趣戏味样样俱好俱妙"，赞美张永林和李秀贞的善良朴实、忠诚爱情，展示老百姓对追求幸福生活的美好愿望。

四、学理思辨与田野调查表达艺术理念

学术著作和文艺评论获得首届"宁波文艺奖"，是本次颁奖的一大亮点。六部著作，研究对象、研究方法各不相同，学术观点和艺术感悟也是见仁见智，每部作品都是作者长期积累的产物，都具有明确的经典意识和个性化的艺术感觉。作者坚持学理思辨以显现学术追求，用田野调查"夯实"基础材料，体现出严谨求实的学术精神。

《心香——宁波美术馆馆藏吴永良作品赏析》对吴永良教授的风景速写、意笔线描人物画、指墨画、诗意画和儿童画所表现的生活内容、形象塑造、艺术技法和创新追求，进行了深入的理论探讨、细致的形式分析、生动的意境探寻，较为充分地挖掘了作品中所蕴含的思想高度、艺术造诣和创新自觉，为观众更好地领略宁波美术馆典藏的家乡大画家的创作成就，提供有益的帮助。文学评论集《向经典深度致敬》从不同的视角和层面，对当代文学，尤其是小说的主流、趋势作全方位、多视角的评析，并以世界文学发展为宏观背景，对当下文学创作存在问题及创作前景进行微观剖析，作者数十年创作与评论兼顾，有着丰富的创作实践和理论自觉，深知当下文学必须关注的关键要素，对文学创作实践有着很强的针对性、操作性和指导性。

《江南女性民俗的文学展演研究》选取"女性民俗"作为研究视角，对现代文学江南作家笔下的女性文学形象进行了深入的民俗批评研究，整合现代文学、文艺学、民俗学、人类学、女性学、文化学等多学科方法，又深入田野调查江南作家笔下的女性民俗物象、仪式、信仰等，保全了充实而鲜活的女性民俗资料。《中国当代文学世俗性与革命性的关系研究（1942—1965）》，引入中国当代文学的世俗性与革命性之关系视角，思辨当代文学初始阶段断裂与链接、个体与语境、局部与整体等学理性问题，以文本的互文阐释与创作心理学分析为基础，探讨二十世纪文学史序列中作家、作品与读者之间的内在关联性，通过对比革命话语与婚恋、革命仪式与社会风尚等关系因素在作品中的呈现方式，在政治与美学的链接点上探讨中国革命文学研究的可能理路与方法论问题。

《浙东民间压胜钱》收录了作者在浙东民间三十多年所收集到的260多种压胜钱实物,按十八个大类对压胜钱的民俗文化含义进行一一解读,图文并茂地全面诠释了压胜钱的社会价值和文化意义;压胜钱浸润着千百年来浙东先民的民风民情,存留着祖辈的希冀和精神寄托,包含着历史变迁中的岁月沧桑,是解读余姚乃至整个浙东地区民俗文化神秘符号的一个重要载体。《千年望族慈城冯家》以慈城冯家众子姓及家族文化为研究对象,结合政治学、社会学与民俗学,将田野调查与文献考据反复印证,梳理"金川世家"的文化脉络,"还原"一个氏族的集体记忆,从中读出的是一个个冯氏家庭在各个历史阶段的磨难和发展,读出的是一个个鲜活的人物。

(《宁波日报》2017年7月21日)

在工具理性与伦理理性之间
游走的科幻文学
——2018年宁波文学周·科幻文学研讨会发言

对于科幻文学，我的阅读经验很浅，今天主要谈谈阅读本次科幻文学征文的感受，当然不能反映科幻文学已经达到的高度，只是想对参与本次征文并获奖的作者说几句话，不一定对，请大家多包涵。

先来看看两部科幻文学作品。一本部是丹·西蒙斯的《海伯利安》，讲述星际战争的故事，拍成大片有震撼效果。按照科幻惯性思维，现存世界即将崩溃，人类需要寻找新的生存空间。于是，伯劳会，这个人类终极救赎教会，派遣了一支朝圣的小分队，前往太空寻找"光阴冢"，为人类探寻新的生存地，在寻找光阴冢的过程中，朝圣者的个人故事也随即展开，不同的价值观和性格样态也呈现出来。在高科技的星辰中，人类面临深度危机考验。西蒙斯被称为高超人工智能科幻小说家，"科技"是他的特长。然而，他依然将科技的工具理性，放置在人类发展的伦理理性规约之下，人性的复杂性和深刻性，才是作品真正魅力所在。第二部是奥森·斯科特·卡德的《安德的游戏》，也是人工智能高科技文学。为了争夺星际生存权，人类与虫类展开大战，舰队指挥官安德·维京带领人类的英雄们，向虫类发起殖民战争，当他寻找到一颗处于休眠状态中的蚁后卵,意识到人类是无情的,缺乏集体意识,缺乏对生命的应有尊重,自以为是,抱有对异族的偏见,"非我族类,其心必异"的思维深刻地影响了人类的判断和价值观。于是,这位殖民战士觉醒了,反思人性和人类的弱点。科技的巨大力量,在安德烈的反思意识面前,瞬间变得苍白无力,最后,安德烈带着蚁后卵远离战场,寻找新的星球,寻找一个人和其他生物和谐共处的生存场所。

今天,人类正面临着科技进步和工具理性的巨大挑战。随着科技进步,科技的力量给人类社会带来福音,也带来了无法想象的困境。科学技术的创造发明突破人类基本的伦理底线,最近基因编码婴儿事件掀起轩然大波,那个技术高超的医生,打开了一个潘多拉盒子,解开了封存的三十六天罡、七十二地煞,随之而来的是混乱登场。我们的人生,已经被名目繁多的科学思维和科技力量搞得表格化和科技化了,科技产品营造了一个方便的物化世界,包围着我们,无处不在。我们的人性,时时处于煎熬之中,人性原本的优秀品质,人心的底线,一再被冲击、被打破。工具理性支配了我们的人生目标,各种各样数目、考评作为"考核目标"决定了许多人的奋斗方向。当我们辛辛苦苦一年,最后只剩下几个数字的时候,我知道,所有过程中的生命体验,在数据统计和工具理性面前,等于0,人文气息日趋淡薄。当工具理性借助技术改造的力量,压抑伦理理性、抽空生命体验的时候,"科幻小说"作为文学的一个门类,应该干什么?科幻小说作家作为一个作家,应该干什么?

科幻小说的使命,是寻求人类理性与情感的融合,寻求工具欲求与伦理欲求的平衡,寻求技术与人文的统一。对于文学艺术而言,彻底的自然主义就是彻底的人道主义,彻底的人道主义也就是彻底的自然主义。在今天这个时代，处理好"道"与"器"的关系，至关重要。科技小说需要科技，需要想象力，更需要人类理想情怀，用"原道"精神驾驭器物，而不是以器损道，以气阻道。"尔曹身与名俱灭，不废江河万古流"。人之肉身属于物质化存在，总有毁灭的一天，只有"道"——精神的内核，方能流传恒久，遗响不绝。

2018年12月6日于宁波

泰华诗人曾心的"中国性"
——2017年宁波"文学的海上丝绸之路研讨会"发言

"中国性"是一个世界性的文学话题,是一个在欧美华文文学、澳洲华文文学和东南亚华文文学写作中都存在的话题。凡是有华人从事文学写作的地方,无论是用华文写作,还是用当地语言写作,都存在"中国性"的问题;而在海外华人的华文文学写作中,"中国性"更为明显,更为集中。有人说,"中国性"就像幽灵一样出没于世界华文文学中,是欧美、澳洲和东南亚等几大板块的华文文学最大的共同点。

"中国性"又翻译为"中华性"。澳大利亚悉尼大学的洪美恩在《中国性的移民》中说:"'中国性'是海外华人'想象社群'的核心,它是一个公开的能指,也是一个共同的所指,它内部的差异性、特殊性和分裂性是无法抹杀的。而它们恰恰也是统一和集体身份的基石所在。""中国性"与传统中国和现代中国有着密切的联系,但"中国性"又不是"中国",既不是传统意义上的"中国",也不是现代意义上的"中国"。"中国性"是每一个海外华文作家对"中国"的想象和理解,是从遥远的、离散的文化视野观照中国而形成的一种情感化的中国、观念形态的中国、想象世界的中国。

欧美华文文学的"中国性"与当代中国比较接近,许多华文文学家和华语文学作品依赖于中国的文学市场,近年来以严歌苓、虹影等为代表的海外华文文学作家，时常活跃于大陆，严歌苓的小说经过大陆影视传媒后，更是形成热潮。许多欧美华文文学作家长期游离于"留学生—移民—新移民"之间，在欧美无法形成相对稳定的文学市场，他们的作品在居留地并没有多少人关注，文学圈子多为当地华人，他们羡慕大陆的文学市场，渴望在大陆"火"一把，经常穿梭于大陆和欧美之间。中国改革开放后走出去的华人华侨，身上总带着"新移民"的明显印记，他们身处欧风美雨的西方现代化世界，又对西方文化（居住地文化）有一种先天性的、或隐或显的阻抗性，骨子里依然坚守着某些中国传统思维和生活习惯。他们时常从另一个文化视角重新审视中国传统文化，反思中国现代社会，他们的文学中国有一些实体中国的深刻印记，也许，这正是一些海外华文作家在中国火热的原因之一吧。

与欧美澳华文文学不同，东南亚华文文学有着更加久远的传统，当地的读者群也相对稳定，华文文学作品出版和传播，也是先在东南亚产生影响，继而引起大陆的关注。因此，相对欧美澳华文文学的"中国性"，东南亚华文文学的"中国性"更为复杂。朱文斌教授将东南亚华文诗歌分为三个基本阶段：20世纪20至50年代为"侨民文艺"时期，"中国性"作为一个非常抢眼的话语呈现于诗歌文本中；20世纪50至80年代，在排华和民族独立的浪潮下，许多华人在当地扎根，许多被迫再移民，生存环境艰难，华文诗歌呈现出主动寻根的意味，"中国性"的后现代主义意味在天狼星诗社的写作中得到充分体现；20世纪80年代以来，进入大众喧哗时代。这三个时段，基本与大陆的发展形成整体对应关系。

曾心，原名曾时新，1938年生于泰国曼谷，祖籍广东普宁。1967年毕业于厦门大学汉语言文学系，1984年返回出生地，是泰国华语诗人的代表人物，以"小诗"闻名，其小诗多为化心为物、以心观心之作，具有非常自觉的文体意识。因发言时间限制，这里只能提纲挈领式地介绍一下阅读体会。

曾心的诗传达出平淡悠远的生命体验，具有中国传统诗歌的韵味。《品位》中，"鸟在天空留下踪迹/人在大地印下足迹/我在电脑上输入心迹"，鸟的踪迹、人的印迹和我的心迹，怎样联系在一起呢？在诗人看来，"方方正正"是共同特征，他们都"跳动着生命的品位"。无论是鸟、人，还是我，都追求方方正正，这是一种生命的品格。是啊，方方正正，正是中国传统文化倡导的人格追求，是曾心诗歌"中国性"的体现。《行囊》的诗行展开方式，和蒋捷的《虞美人·听雨》类似。"年轻时/捡一囊方块文字//中年时/装一囊酸甜苦辣的果实//年老时/修一囊澄澈的宁静"。在人生三个阶段，因为年轻时学习汉语，与方块字、与中国文化建立了深深的联系，成为人生的起点。中年为了生计四处奔波，遭遇到南亚排华潮，品味人生酸甜苦辣。年老时，修心养性，追求澄澈宁静，进入一种智慧人生感悟阶段。如果参照蒋捷的《听雨》，对曾心小诗的结构会有更加明晰的认识。"少年听雨歌楼上，红烛昏罗帐。壮年听雨客舟中，江阔云低，断雁叫西风。而今听雨僧庐下，鬓已星星也，悲欢离合总无情，一任阶前，点滴到天明。"当然，曾心的小诗，也不全是宁静、柔缓，时而也流露出"金刚怒目"的一面，写作于2004年的《雷声》，不免让人惊讶："不许风说话/不许雨说话//刹那/闪电亮相/整个天地/只有一种声音。"

以心观物与以物照心的相互沟通，是曾心咏物诗的鲜明特色，也是曾心传承中国古典咏物诗精神的明证。我们来看看《牛》："稻田里/灌满/它的血汗//热锅里/炖烂/它的筋肉"。以空间串联的方式，直接把稻田和热锅连接起来，穿越了时间的束缚，截取牛一生的两个场景，将牛的命运、人的无情展示出来，表现出生态主义观念，也有对生活、对人性的不解。牛的命运如此，岂止是牛？我们真的应该反思人类中心主义立场了。曾心的诗很简单，却很深沉，很有力量，指向极远，像一把没有任何装饰的匕首，直刺我们内心。《龟》："遭受欺压/把头缩成一块硬石/过后/继续上路"。诗人从龟的身上，发掘出一种执着坚韧的人生态度：遭受欺凌压迫，历尽磨难，把头修炼成坚石，永不言败，永不屈服，不改初衷，依然前行。这让我想起了鲁迅先生所说的"韧性"。写于2009年的《珠穆朗玛》表现了诗人对中国形象的期望："忍受了风，忍受了雨/忍受了雪，忍受了冰//终于高高昂起头来/站在世界制高点的讲台//一言九鼎"。诗人期望祖国尽快强大起来，像珠穆朗玛一样站在世界之巅，拥有大国、强国的话语权。

文化寻根是海外华文诗歌的永恒主题，而曾心的文化寻根更倾向于对"诗性中国"的寻觅与体验，表达这位老华侨的中国想象。《杜甫草堂》是诗人参观时瞬间的心灵感悟："那盏油灯依然亮着/伴着《茅屋为秋风所破歌》//高瘦的身躯/扬手捋须/弯腰弄墨//都是我瞳中尊尊偶像"。透过草堂中杜甫的塑像，穿越时空，看到"那盏油灯"，而"依然亮着"，说明杜甫所建立的伟大诗歌传统仍在，曾心在杜甫草堂发现了一个"诗性中国"。写于2003年的《老井》寻找中华文化古老的根："一口古井/跌落一弯残月//抛下水桶/打上祖辈的沧桑//沉重地一拉/一条古老文化的根"。诗人的想象力是有突破性的，爆发力很足，通过一个井中取水的动作，把诗人与祖辈，与古老文化之根连接起来，古井、残月、沧桑、古老等词语选择，把老诗人文化寻根的意愿，有些沉重地传达出来。

　　用东方智慧观照世界，为世界把脉，是曾心小诗的又一个方面，既体现了这位老华侨热爱故土的拳拳之心，也体现了曾心对世界的期待与想象。《那只手》思考全球秩序，用地球旋转这个永恒的定律，反思西方与全球秩序的关系："从西半球／伸出一只手／冷不防被击倒／／在痛定思痛中觉醒／／不信那只手／能逆转地球的旋转"。诗句不复杂，然境界宏阔，一句"不信那只手"彰显诗人对强权的坚定反抗。《把脉》用中医术语和动作，为全球瞧病："圆圆的地球／被打破一个洞／流出一个民族的血／／伸出三个指尖把脉／地球阴阳失调／——病了"。诗中说中国传统医学是治疗地球阴阳失调的有效途径，彰显诗人对中国传统文化的足够自信。

是否存在"我们这个时代的文学生活"?
——在"我们这个时代的文学生活·工作坊"发言

关于"我们这个时代的文学生活",我并没有进行过认真思考,接到会议通知后,才开始思考这个问题。上午聆听了吴秀明老师、吴亮老师、程德培老师的报告,很受教益。在上午的发言中,几位学者不约而同地引用狄更斯的话,来概括我们这个时代,大家引用的多为第一句,"这是最好的时代,这是最坏的时代"。100多年前,狄更斯用这样的话概括他所处的那个时代:"这是最好的时代,这是最坏的时代;这是智慧的时代,这是愚蠢的时代;这是信仰的时期,这是怀疑的时期;这是光明的季节,这是黑暗的季节;这是希望之春,这是失望之冬;人们面前有着各种各样事物,人们面前一无所有;人们正在直登天堂,人们正在直下地狱。"这段话更多地表达了狄更斯对时代的复杂情绪,宣泄一种说不清道不明的情感直觉,有"剪不断,理还乱"的味道在其中。这说明狄更斯作为一个作家,有概括一个时代的欲望和热情,但面对那个时代,他是无奈的、无力的。实际上,不仅仅是作家,任何一个"人",都受到认知视域的限制,都不可能对一个时代进行客观的、准确的概括。狄更斯是一个作家,一个伟大的作家,他不可能成就"神"的事业,也没有成"神"的欲望,所以,他对时代的概括必然是矛盾的、无奈的、无力的。莫言也有类似狄更斯的表达:"我曾经对高密东北乡极端热爱,曾经对高密东北乡极端仇恨,高密东北乡无疑是地球上最美丽最丑陋、最超脱最世俗、最圣洁最龌龊、最英雄好汉最王八蛋、最能喝酒最能爱的地方。"由于个人认知的域限和文学语言的阻拒性,莫言面对高密东北乡纷纭复杂的"具体",只能采用矛盾两极的词汇并置,才能表达那种"极端热爱"又"极端仇恨"的情感记忆。所以,我觉得,不是狄更斯和莫言更聪明,而是他们更无奈、更无力;他们的无奈和无力,是文学面对世界的无奈和无力。也许,这种无力感,正是文学的力量所在吧。

庄子曾假托北海若告诫河伯:"井蛙不可语于海者,拘于虚也;夏虫不可以语冰者,笃于时也;曲士不可语于道者,束于教也。"时空限制,教化养成,任何一个人都看不清历史,更何况穿透"我们这个时代"?

本次会议的主题是"我们这个时代的文学生活",首先引起我注意的是"我们这个时代",似乎包含着"我们"有着关于这个时代的"共名"意识,是不是有一个公共化的时代"共名"?有没有关于这个时代的公正命名?将一个"共名"式的"我们这个时代",放在"文学生活"的前面,很值得玩味了。

从个人"存在"的角度来说,"我"只不过是被这个时代挟裹着、挟持着,以偶然的机会来到这个时间、这个空间,"它"是不是我愿意相处的时间和空间?我无能为力,我是被动地被抛入这个"时代"的芸芸众生中的一分子,"时代"对"我"这样的人完全可以忽略不计。无论我融入还是不融入这个时代,这个时代都不会是"我"的。如果我想表达,一定是"我所处的时代"。狄更斯只是表达他自己对"时代"

的纠结，莫言也只是表达他自己对高密东北乡的情感。你们的表达，他们的表达，到底与我有多大关系，有待于我的判断与认可。

"我"依然活着，既有肉身，也进行机械式思考，有思考就有痛苦。思想是痛苦之源，没有思想就没有痛苦，至少没有深层痛苦，也不会发疯。"我"深深感到处在这样一个时代，想寻找一些自己感兴趣的韵味、调调，在喧闹的氛围中觅得一分安详与静谧，阅读自己感兴趣的文学，通过个人的文学生活，给自己一个活着的理由。近些年，我遇到一些曾经叱咤文坛的作家，一些进入中国当代文学史的作家，他们以这样那样的理由离开了文学写作，有的画画，有的玩音乐，有的摆弄摄影，有的收藏古董旧物，有的搞一家茶馆时常约朋友聚聚喝茶，过着一种轻松、惬意、有滋有味的悠闲日子，什么都可以谈，就是不想要谈文学。也许，有的人曾经被文学深深地伤害过；也许，有的人觉得自己曾经深深伤害过文学，有一种"往事并不如烟"的感觉，不愿提及。但我知道，还有更多的人，尝试着各种路径进入"文坛"，进入"文学史"。这两部分人，我都很佩服，我不觉得大家之间存在一个共同的"文学生活"，每个人都有自己的选择，只存在文学的个人品位，或者说"一个人的文学生活"。假若谁还没有"一个人的文学生活"，只有这个时代共名性的文学生活，那就只有一种可能：他还不是一个文学"人"。

既然存在"我的文学生活"，我便对所谓"文学的时代精神"产生了怀疑。当别林斯基用时代精神评论文学的时候，这个时代精神打上了鲜明的别林斯基印记。陀思妥耶夫斯基曾经在很长一段时间内，被当成俄罗斯精神的表达者，不久就被另外一些学者攻破，陀思妥耶夫斯基也许根本没有想过要传达时代精神,他要书写的是"人",一个一个活生生的人,包括"地下室的人"。文学不是时代的装饰品,作家也不只是时代的记录员。罗兰·巴特提倡"零度写作",像纪德那样无功利的写作。余华谈到《活着》写作时,强调"聆听人物的声音"。在我的文学生活中,无论对文学批评还是对文学写作,我都希望听到人物的"真声",如果要唱歌,就用真声唱,哪怕是破锣嗓子,也不要用各种技术美化声音。

许多人对八十年代的文学生活进行理想化建构,希望"重返八十年代"。我想,作为"时代"的文学生活肯定回不去了,但作为个人的文学生活,也许能够回去,关键是要找到回去的路径和时机。罗兰·巴特在就职演说中,认为但丁的诗句"在人生中途",是通过一次"主体的宣示"(作家,等于"我不压制我所是的主体")开启了世界上最伟大的作品。他提醒我们注意两点:第一,年龄是写作主体的组成部分;第二,中途显然不是数学上的,它指示着被体验为极其重要而庄严的一个事件、一个时刻、一种变化、一种"良知"全体的震撼。"在人生中途"意味着动摇一种内容、一种规则,尝试一种"新生"。对于从事写作的人而言,这种新生就是去体验快乐,写作的快乐,阅读的快乐,回味那"最初的快乐"。

这就是我的文学生活。文学曾给予我痛苦的体验,我要用这种痛苦去寻找快乐。

狂人：一个世纪的进化与循环
——浙江大学纪念《狂人日记》发表100周年学术研讨会发言

《狂人日记》将"进化论历史观"所得出的结论，包含在"循环论历史观"的叙事框架中，表明鲁迅在写作《狂人日记》的时候，依然在中国传统小说"循环论"历史叙述和现代小说"进化论"历史讲述之间犹豫、彷徨。一方面，中国传统小说"分久必合，合久必分""善恶因果"的循环性叙事，已经形成惯性思维，对于长期浸淫于中国传统小说和历史叙述的鲁迅而言，驾轻就熟，他可以不着痕迹地叙述狂人病好以后"赴某地候补"的结局。另一方面，受到进化论的影响，革旧布新式单线进化历史观，又给鲁迅以新的思维力量，让他看到破毁"铁屋子"的希望，给他一种"将来是容不得吃人的人"的自信。这两种讲史方式（或者说两种历史观）在《狂人日记》里纠缠撕扯，也许鲁迅不愿意、不忍心让病愈后的"狂人"再写日记。于是，"狂人"在癫狂地喊出"救救孩子"后，戛然而"逝"，终于陷入历史循环轨道中，赴某地候补去了。进化论给狂人一种决断历史的眼光，发现了中国传统社会"吃人"的本质；循环论却决定着"狂人"的宿命，让他回到"原点"。

"狂人"由大病到病愈。既然某君昆仲偕余昔日中学良友，为何只见到一人，而且是哥哥，不是弟弟，由哥哥转述弟弟的情况。哥哥告知弟弟大病，然已早愈，却没有告诉我是什么病。我阅读日记，见其"语颇错杂无伦次，又多荒唐之言，亦不著月日"，知其为"迫害狂"之类病也。"已早愈"与"赴某地后补"之间，到底发生了什么，哥哥没有说。"狂人"正常的时候与兄长一样；大病的时候发现"吃人"，与兄长全然不同；病愈之后，又恢复到与兄长一样的状态。我奇怪的是，为什么发出"救救孩子"的呐喊，难道大人就不用救了？这里留下了很大的叙述空白："狂人"如何病愈的？是自愈？还是被治愈？如果是前者，"狂人"是如何进行自我修复、自我驯化？如果是后者，"狂人"如何被治愈、被驯化？

《狂人日记》的隐性结构（叙述人"七年四月二日识"）与显性结构（狂人的日记），"狂人"尽管很"狂"，却被"余"掌控，隐性结构补充、延展、框定显性结构。中国传统小说基本是一种循环论讲述，治乱循环、分久必合、合久必分、因果报应、善恶轮回、一阴一阳、一文一武，历史事实不断上演循环往复，道德、人生、政治、文化等等，何尝不在循环之中。19世纪末20世纪初，进化论来了，一种直线进化或螺旋式上升的历史逻辑，迅速取代了循环论历史观念，一种变革的力量滋生出来。颠覆古典，告别传统，也就成为叙事的必然。"狂人"也在进化的"大病"中，生出激进的反叛力量来，并且充满自信地设定了一个光明、干净的世界，一个没有"吃人"的未来。也许，有这个未来，可惜他看不到了，因为"狂人"必然会牺牲在旧时代，他的憧憬、梦想只能在大病中昙花一现。到了"候补"任上，他就会以正常人的面目出现，也许会去治愈其他"狂人"，像梁山英雄一样，替天行道了。也不知道他是否有不甘和消沉情绪，像魏连夂一样。

"狂人"的循环是否有一种历史必然性？由"大病"到"病愈"之间，到底发生了什么？"狂人"能否突破这种历史的循环？反讽在于，曾经受"狂人"启发、影响的人，奋起毁坏铁屋子的时候，"狂人"却去候补了。细思极恐啊。

回归民族文化原本,探究中国悲剧精神
——"传承与创新:中国现代文艺批评与传统理论资源研讨会"上发言

从20世纪初开始,学术界曾经进行过一场"中国有无悲剧"问题讨论,王国维、胡适、朱光潜、熊佛西、钱钟书、王季思、张庚、陈瘦竹等学者,都以不同的方式介入了这场讨论。这场讨论,讨论各方没有剑拔弩张的意见交锋,但在戏剧理论和传统美学研究领域影响深远,讨论所涉及的文化态度、学术观点、研究方法、论说方式等,依然值得反思。

一、问题的提出:近代"戏剧改良"话语

1904年,留居日本的蒋观云看到日本报中"屡诋诮中国之演剧界",遂发表《中国之演剧界》一文,以为日报所论"中国之演剧也,有喜剧,无悲剧。每有男女相慕悦一出,其博人之喝彩者多在此,是尤可谓卑鄙恶俗者也","固深中我国剧界之弊也"。在他看来,悲剧是"能委屈百折,慷慨悱恻,写贤臣孝子仁人志士困顿流离,泣风雨动鬼神之精诚者",而中国竟然未曾"见有一剧",而世界"剧界佳作,皆为悲剧,无喜剧者",因为剧界多悲剧"能为社会造福",剧界多喜剧"能为社会造孽"。所以,"欲保存剧界,必以有益

于人心为主,而欲有益于人心,必以悲剧为主"。

1903年,无涯生(欧榘甲)在旧金山观看广东戏,有感于"红粉佳人,风流才子,伤风之事,亡国之音","不忍卒观",主张以悲剧激发民众,推进社会改革之力,遂成《观戏记》。提出"欲善国政,莫若先善风俗。欲善风俗,莫如先善曲本",欧榘甲看到法国人在德法战争失败后,用悲剧激励民众,众志成城改革国政,终于成就"欧洲一大国";日本"所演之剧,无非追绘维新初年情事","悲歌慷慨,欲捐躯流血以挽之","日本人乃有今日自由之乐,与地球六大强国并立"。因此,欧榘甲疾呼:"中国不欲振兴则已,欲振兴可不于演戏加之意乎?"

蒋观云、欧榘甲等人从社会变革需求和功用层面,提出戏剧改良主张,认为中国无悲剧不利于社会变革,无法实现强国梦。与此不同,王国维在《红楼梦评论》中,更多地从"悲剧人生观"层面,肯定悲剧的美学价值,辨析中国有无悲剧的问题。

二、"大团圆"结构导致中国无悲剧

深受叔本华哲学思想影响的王国维,首先从"生活本质"的哲学层面探讨人生的悲剧性,由人生痛苦和厌倦之困境,进入对美术(美学)问题的深入思考,并运用这种思考评论《红楼梦》。"生活之本质何?'欲'而已矣。欲之为性无厌,而其原生于不足。不足之状态,'苦痛'是也。既偿一欲,则此欲以终。然欲之被偿者一,而不偿者什百;一欲既终,他欲随之。故究竟之慰藉,终不可得也。即使吾人之欲悉偿,而更为所欲之对象,倦厌之情,即起而乘之。于是吾人之生活，若负之而不胜其重。故人生者如钟表之摆，实往复于苦痛与倦厌之间者也。"而"吾国人之精神，世间也的，乐天也的，故代表其精神之戏曲小说，无往而不著此乐天之色彩；始于悲者终于欢，始于离者终于合，始于困者终于亨；非是而欲厌阅者之心，难矣"。在王国维看来，人生的本质就是痛苦和厌倦的二重交替，文学艺术要揭示人生的本质，就必须表现此种痛苦与厌倦，并为人生"尝试"解脱之道。但中国人的精神，却是乐天的，导致文学艺术"无不著此乐天之色彩"，失去了对生活苦痛和厌倦的应有表现，缺乏悲剧精神，仅有《红楼梦》"与一切喜剧相反，彻头彻尾之悲剧也"，属于"第三种之悲剧"，"可谓悲剧中之悲剧也"。

鲁迅则从国民性视角看到中国文学缺乏悲剧精神，发现中国人"是很喜欢团圆的"："中国人的心理，是很喜欢团圆的，所以必至于如此，大概人生现实的缺陷，中国人也很知道，但不愿意说出来；因为一说出来，就要发生'怎样补救这缺点'的问题，或者免不了要烦闷，要改良，事情就麻烦了。而中国人不大喜欢麻烦和烦闷，现在倘在小说里叙了人生底缺陷，便要读者感到不快。所以凡是历史上不团圆的，在小说里往往给他团圆；没有报应的，给他报应，互相骗骗。——这实在是关于国民性底问题。"几乎与鲁迅发现中国小说"大团圆"的同时，胡适提出"文学进化观念与戏剧改良"，主张"扫除旧日的种种'遗形物'，采用西洋最近百年来继续发达的新观念、新方法、新形式，如此方才可使中国戏剧有改良进步的希望"，鉴于"中国文学最缺乏的是悲剧的观念。无论是小说，是戏剧，总有一个美满的团圆。……有一两个例外的文学家，要想打破这种团圆的迷信，如《石头记》的林黛玉不与贾宝玉团圆，与《桃花扇》的侯朝宗不与李香君团圆。……这种'团圆的迷信'乃是中国人思想薄弱的铁证"。胡适强调"悲剧观念,故能发生各种思力深沉,意味深长,感人最烈,发人猛省的文学。这种观念乃是医治我们中国那种说谎作伪思想浅薄的文学的绝妙圣药"。胡适主张用西方的悲剧来改造中国文学,用悲剧文学达到改造国民、改革社会的目的。

1933年,在尼采的《悲剧的诞生》中的酒神精神和日神精神的深刻影响下,朱光潜先生检讨中国戏剧:"戏剧在中国几乎就是喜剧的同义词,中国的剧作家总是喜欢善得善报、恶得恶报的大团圆结尾。……中国戏剧的关键往往在亚里士多德所谓'突变'的地方,很少在最后的结尾。剧本给人的总印象很少是阴郁的。仅仅元代(即不到一百年时间)就有五百多部剧作,但其中没有一部可以真正算得悲剧。"从悲剧美学理论的整体性层面,否定中国古典悲剧的存在,对以后的中国戏剧理论、美学理论研究产生了深远的影响。1933年11月,熊佛西在《写剧原理》中介绍:"现代人认为世界最悲痛的事情是内心的隐痛,所以现代伟大的悲剧往往是描写人生的矛盾,特种性格的分析,采用的方式是'杀人不见血',其结局虽不是死,然与观众悲痛之情感较之于死,实有过之而无不及。"批评"中国古代将悲惨的事情往往理解为"杀人流血",提倡不团圆主义,认为"大团圆"导致"中国没有伟大的悲剧,《桃花扇》《琵琶记》以及《赵氏孤儿》《窦娥冤》等剧都是因为作者崇尚团圆主义,损失了不少艺术价值"。1935年8月,钱钟书在《天下月刊》第1卷第1期发表了英文写作的《中国古代戏曲中的悲剧》一文,依照西方经典悲剧和悲剧理论的标准,衡量中国古代戏剧,不仅断言"中国古代没有成功的悲剧作家",而且,连王国维所称的"最有悲剧之性质"的作品,也一并否定了,比王国维走得还要远。

从王国维开始,诸多著名学者从"中国人的精神""国民性"、悲剧心理、哲学思维等方面,均得出中国古代无悲剧的结论,其主要原因在于中国戏剧"大团圆"。这些学者,基本受到西方近现代美学思想的深刻影响,用西方悲剧理论的"剪刀","裁剪"中国古代戏剧小说,审视中国古典审美心理,发现中国古典戏剧小说缺乏西方式的悲剧精神和悲剧结构,从而断言中国没有"严格意义""典型意义"的悲剧。由于近现代中国的社会语境和学术语境,他们始终站在西方悲剧"严格意义"的立场上,而不是平等地对待中西悲剧艺术,进而发掘中华悲剧美学的独特品质,而是更多地基于"启蒙"立场,抱着社会改革之功用目的,消解、遮蔽中国古典悲剧的历史"合理性"。

三、中国古代悲剧美学特征之发现

"中国无悲剧论"经过蒋观云、王国维、鲁迅、胡适、朱光潜、钱钟书等学者的持续"发酵",逐渐成为中国古典悲剧美学研究的主流声音,其中的西方权威话语深刻地影响了近现代中国戏剧美学研究。尽管在中国现代史上,也有一些学者试图站在中国历史语境或东方文化背景中,研究中国古典悲剧和悲剧精神,但由于声音寥寥,几乎被遮蔽了。进入当代中国阶段,特别是经历了20世纪80年代新一轮的"中西文化"大讨论,有更多的学者意识到"中国的戏曲,是在东方特定的自然环境和文化背景下发展起来的,适应着中华民族的文化背景和审美情趣"。学术话语逐渐转向民族文艺本土话语,发掘中国古代独特的悲剧美学和悲剧精神。

1982年,王季思主编的《中国十大古典悲剧集》出版,明确地将《窦娥冤》《汉宫秋》《赵氏孤儿》《琵琶记》《精忠旗》《娇红记》《清忠谱》《长生殿》《桃花扇》《雷峰塔》等视为"古典悲剧"。王季思先生认为"在我国丰富多彩的古典戏剧中,悲剧是其中最能扣人心弦、动人肺腑的剧目。它是我们民族创造的艺术珍品之一",不能仅仅"拿欧洲文学史上出现的悲剧名著以及从这些名著中概括出来的理论著作来衡量中国的悲剧",应该根据"悲剧作品在不同的民族、国家各自产生、发展时,由于历史条件的不同,民族性格的各异,在思想倾向、人物性格、情节结构等各个方面,又各自形成不同的艺术特征",通过与西方悲剧发展的历史比较,发现中国古典悲剧独特的艺术风貌。1990年,王季思先生又发表《悲喜相乘——中国古典悲、喜剧的艺术特征和审美意蕴》一文,进一步明确指出:"我们需要西方的悲、喜剧理论作为参照,但不能用西方的观念硬套中国戏曲,更要避免只在理论上兜圈子,而应当从具体作品出发,通过深入的理解、阐释,再提高到理论上来概述、来评价。"认为中国戏剧受到《乐记》"安乐""怨乐""哀乐"的深刻影响,故事情节悲欢离合,既包含了喜剧的因素,也包含了悲剧的因素,达成悲喜相乘的艺术效果,"大可不必为中国戏曲中悲、喜剧的这种'不纯'而妄自菲薄"。在王季思先生的影响下,黄天骥、吴国钦、焦文彬、黄仕忠、杨建文、谢柏梁等相继发表中国古典戏剧研究成果,充分肯定中国古代悲剧独特的民族性审美意蕴,扭转了"中国无悲剧"的判断。

张庚先生一直致力于发掘民族戏曲艺术特征,并在现代中国语境下对传统戏曲进行现代化激活和应用,践行"剧诗说",主张"以中国人的审美标准和方式,表现现代生活与现代意识",在"完整保存旧剧"最优美的东西基础上,激活传统戏曲,用以表现现代生活与现代意识,体现了"古为今用"的务实态度。在尊重传统戏曲、激活旧剧中"最优美的东西"的文化态度主导下,张庚先生带领"前海学派"学人深入发掘中国传统悲剧资源,站在民族文化本位肯定中国传统悲剧的价值,揭示中国传统悲剧的审美特征,提炼出"崇高毕竟是中国悲剧的主调",用阴柔之美、中和之美、道德之美概括中国古典悲剧的审美特征,强调"壮丽的审美感受"。

20世纪初,王国维受叔本华哲学思想影响,从悲剧人生观观照中国古代文学艺术,得出中国无悲剧的结论。几十年后,陈瘦竹同样从悲剧人生观出来,却更看重人生的积极意义,并进而回归中国历史文化语境,参证西方悲剧美学观念,一扫悲剧美学研究中"以中证西""以西裁中"的积弊,揭示中国古典悲剧"悲愤"的审美特质。王国维在《红楼梦评论》中,认为人生是悲剧的,人生陷入欲望痛苦与厌倦困境而无法解脱,构成"生活的本质"。1947年,陈瘦竹发表《论悲剧人生观》,辩明"悲剧的人生观,不是消极的否定的听天由命的人生观,而是积极的肯定的奋发有为的人生观"。悲剧人生观有三个特征:第一,肯定人生的意义与价值;第二,相信人类具有自由意志;第三,怀抱高超理想,努力奋斗到底。陈先生立足于"我们这个时代"的现实语境,既看到特殊时代"怎能不流于悲观"现实状况,又看到这是"一个悲壮的时代",这种从悲剧中悟出的积极奋进人生观,是陈先生"正道直行"(田本相语)人生观和学术理念的完整表达,并贯穿陈先生一生的生命实践和学术研究。

1983 年，陈先生发表了《当代欧美悲剧理论述评》，立足学术思想史和世界当代悲剧理论，通过辨析尤纳缪诺、西华尔、阿达莫夫、柯列根等人的悲剧理论，进一步阐述积极的悲剧人生观。陈瘦竹肯定"悲剧性"与个人生存意义的深刻联系，主张"悲剧人生观既是一种世界观，又是一种艺术观，两者虽有联系又有区别"。他不认同柯列根"神秘莫测的悲剧感"，而是将悲剧观念始终纳入"人"——存在于历史与现实中具体的人的语境中，展开戏剧美学探究，赋予了悲剧美学更加深厚的现实主义品格和本土化内涵，建构富有中国特色的悲剧精神和悲剧范畴。

　　在《论悲剧精神》一文中，陈瘦竹指出《窦娥冤》塑造了一个贫苦低微妇女为主角的悲剧形象，突破了欧洲悲剧主角为帝王将相的传统观念，显示出中国古代悲剧的独特的审美价值——"悲愤"。"悲愤"有两个方面的审美效果：一方面，对善良正义却遭受迫害的悲剧主角感到同情；另一方面，对敌对恶势力表示憎恶。在爱与憎的相互交织中营造悲剧的强烈气氛，随着"善恶有报"的结局出现，观众的"悲愤"之情终于借由戏剧发泄出来，恶人得到恶报可谓大快人心。陈先生认为，中国的"悲剧精神"植根于中国传统文化中，在女娲补天、精卫填海、愚公移山等遥远的神话故事中，早慧的中国人就意识到了天人之间的矛盾，意识到了人生在世的苦难，勤劳勇敢的先人还是在与命运，与灾难做着不屈不挠的斗争。道家的"天人合一"提倡人顺应天道自然，不要与自然作正面的冲突，可是"悲剧意识"却永远不安地扰动着中国人脆弱的神经。儒家以"纲常伦理"来维护社会的有序运行，避免社会动乱的痛苦，可是苦难却不会因此结束。有苦难就有抗争，中国人的悲剧精神从来不曾泯灭。

"大团圆"一直是诸多学者否认中国悲剧的关键因素。陈先生认为"大团圆"正是中国古代悲剧的特点,"大团圆的结局"符合中国人的审美趣味,观众在"大团圆"的戏剧中笑着收场,却经受了一番彻骨的痛苦体验,"团圆"只是为不堪重荷的命运添上一笔温柔的色彩,在抗争中灭亡,在灭亡中彰显正义与崇高,在"团圆"中得以肯定。"悲剧"与"大团圆"并不冲突,"大团圆"激起"悲愤"的情绪体验,从而进入到审美情感领域。

"悲愤说"从悲剧的本质意义肯定中国古典悲剧,其对"大团圆"悲剧快感的揭示,过滤了王国维"悲剧人生观"的消沉与沮丧,也突破了朱光潜悲剧命运感和纯粹无功利的精神快感,融道德与审美为一体,深刻地揭示中国古典悲剧审美意识和教育功能相统一的艺术特征。

蒋观云、欧榘甲最早提出"中国无悲剧"的问题,他们从近代"戏剧改良"的视角,重视悲剧"能为社会造福",能够改良社会、振兴中华民族,带着鲜明的近代启蒙色彩,其言辞颇类于梁启超《论小说与群治之关系》中"欲新一国之民,必先新一国之小说",更加偏向于近代社会话语,而不是学术话语。王国维第一次把"中国无悲剧"问题带进学术话语,他从叔本华的悲剧人生观出发,论及国人缺乏悲剧精神,着眼于"大团圆"而断言中国没有悲剧。鲁迅、胡适受到王国维的影响,从"国民性"角度理论,延伸了王国维的观点。熊佛西、朱光潜、钱钟书则更多依据西方经典悲剧作品和西方经典悲剧理论,用西方的"绳墨",量度中国古代戏剧,或从戏剧原理,或从悲剧心理学,或从戏剧结构等,其着眼点仍然集中于"大团圆",认为中国古代没有严格意义的悲剧。从王国维到钱钟书，在"中国有无悲剧"研究中，西方经典悲剧话语占据了学术主流，以西化中的话语倾向非常明显。20世纪30年代以后，戏剧理论研究中的民族话语逐渐觉醒，20世纪80年代开始引起更多学术关注，王季思、张庚、陈瘦竹等学者从学术史、戏剧改革、悲剧美学等层面，回归本民族文化立场，基于中国戏剧发展实践，参证西方悲剧美学成果，揭示中国古代悲剧"悲喜相乘""崇高""悲愤"等美学特征，肯定中国古代悲剧的美学价值和社会教育价值。

"中国有无悲剧"问题的讨论，经历了近代启蒙话语、现代启蒙—西方话语和民族本土话语三个阶段的三种不同话语形态。而真正能够揭示中国悲剧美学特征和社会价值、圆满回答"中国有无悲剧"问题的，无疑是回归民族本土话语的研究成果。研究中国古代文学艺术，应该基于中华民族数千年来的文艺实践，将"悲剧"放置在中华民族长期的社会变迁中，放置在中国剧作家的文艺创造心理机制中，放置在中国观众长期养成的文艺欣赏心理机制中，参证西方经典悲剧作品和悲剧美学，才能真正揭示中国古代悲剧独特的艺术特征和美学价值。这，也许不仅仅限于"中国有无悲剧"讨论，对中国传统文学艺术的研究也有整体性启迪意义。

2018年11月24日于宁波

（说明：此稿为会议发言稿，所引文献皆没说明。修改稿《从王国维到陈瘦竹》，发表于《光明日报》2019年3月18日文学遗产版；《回归民族文化原本 探究中国悲剧精神》以南志刚、王佳佳名义发表于《宁波大学学报》人文科学版2019年第4期，注明文献出处。）

让我听懂你的语言：一片乡土一首歌
——西双版纳采风记之一

来到西双版纳，听到最多的歌曲就是《让我听懂你的语言》，餐厅里、景区里、表演场（无论是乡村表演还是剧场表演），当这首歌的旋律响起的时候，西双版纳当地的汉人、傣家人、哈尼人、佤族人……都会歌唱，来自全国各地的游客也会跟着吟唱。一首歌在一个地方有这么大影响，甚至压过广场舞，的确不简单。

《让我听懂你的语言》是一首爱情歌曲，歌词简洁纯净，旋律轻缓抒情，浓郁的民族风情寓于其中。感觉上，歌词模拟外来游客作为叙述人（抒情主人公），表达来到西双版纳的心理，水、竹楼、傣家姑娘、阳光、绿叶等元素，代表了西双版纳的自然、人文符号，与简单而鲜明的音乐符号相结合，传达出这块土地独特的韵味。

作为一首爱情歌曲，能够成为"市歌"，不仅因为其韵味独特，更因为西双版纳人民淳朴、纯情。歌曲既成功地表达了西双版纳人民对美丽爱情的坚守和向往，也成功地传递了西双版纳人民对幸福生活的独特阐释，当选市歌当之无愧。在我看来，这首歌之所以成功，就在于没有僵硬地解释正能量、主旋律，避免用历史宏大场面和民俗宏大叙事"抢占"人们的心灵，而是紧扣民族特色和地域风貌，采用接地气的叙述和抒情方式，抓住一个切入点，用润人心田的语词，拨动人们心灵中最美好而柔软的琴弦，再用葫芦丝伴奏，将历史传承、民俗文化和当下生活理想巧妙地融合在一起。我很感谢西双版纳政府有关机构，他们没有过多地"宣传"，实际达到了最大的宣传效果。西双版纳已经非常有名了，这首市歌，会让西双版纳乘上飞翔的翅膀，飞得更远、更高。

社会发展到今天，人们的眼界开阔了，价值观多元了，欲望的表达方式更普遍、更直接了，在过多地渲染实现个人价值、提倡个人奋斗的同时，人们的道德自律意识和责任担当意识或多或少淡薄了，一些人感觉到纯真爱情成为"生命中不能承受之轻"，出现了肆意妄为的"爱"，没有底线的"爱"，不负责任的"爱"。我想，人类进化到今天这样的程度，无论爱情的方式有多少，无论人们的心灵多么复杂，那种执子之手、与子偕老的纯真与执着，那种相濡以沫、共渡难关的扶持与互助，那种举案齐眉、相敬如宾的尊重与欣赏，不会退场，也不应该退场。就此而言，《让我听懂你的语言》具有毋庸置疑的意义，它对永久、纯情的一咏三叹，已经超出西双版纳的域限，进入更为广阔的生活空间。

"让我听懂你的语言"是一句走向世界的宣言。西双版纳是一个多民族聚居地区，二十六个民族、多种语言并存。众多语言之间，不免有些差异，一定程度上阻碍了人们之间的交流，而交流不畅对一个地区社会经济文化发展的制约性很大。让西双版纳各民族人民相互听懂对方的语言，听懂对方的心声，是促进西双版纳民族团结、社会进步、经济发展必不可少的重要环节。这首歌正是抓住了这一点，用祈愿、倾听的积极性姿态，介入人们的日常生活，正在发挥巨大作用，也必将发挥更大作用。

西双版纳位于祖国西南边陲，由于长期交通不便，大部分西双版纳民众对祖国内地缺乏深入了解，而内地许多人对西双版纳也停留在"概念性"认知层面，缺乏有效的沟通与体验。西双版纳与内地双重"浅表性"想象，更不用说西双版纳偏远乡村人与内地欠发达地区人民之间的相互沟通。只有到达这里的人们，才能真正感受到西双版纳，走入西双版纳人民的生活中。我走进西双版纳，聆听他们的语言，听懂西双版纳各民族人民的心声，不仅是傣族、哈尼族，更想听到多民族人民的"合声"。这，绝不仅仅是我一个人的想法，有这种诉求的，在内地大有人在。"让我听懂你的语言"，通过听懂语言，达到无障碍交流，吸引更多的人来到西双版纳，参与西双版纳社会经济文化建设，也促成更多西双版纳人民走出去，获得更为广阔的生活空间，积累更多的生活经验，创造更多的精神财富和物质财富。

"让我听懂你的语言"是一种倾心聆听，一种相互尊重，一种诚恳交流方式，这是西双版纳人民对中国、对世界的一个贡献。在当今世界，"单极化"思维日益被淘汰，双向交流、多方共赢、协商解决争端、求同存异，已经成为世界大势，人与人之间通过交流消除隔阂、取得理解、共谋发展，聆听与尊重是一个基本前提。如果我们每一个人都能够听懂对方的语言，都能够保持一份纯真态度对待对方，人与人之间还有什么不能沟通呢？

我期待全世界人民都来唱这首歌：《让我听懂你的语言》。

2016 年 11 月 17 日于景洪

后 记

作为个人第一部文学评论集,《及物的批评》所收录的文章集中于宁波作家作品的评论,有一部分是作品研讨会和改稿会的发言稿,写作时间比较匆忙,视野不够宽阔,行文也不够"精致"。但我保证,每一篇评论,都是"用心"写作的,对文本用心,对作者用心,站在一个普通读者的立场上,保持着平等交流的心态,和作者交流,与同行交流。如果有冒犯作者和文本的地方,也是出于批评者"苛求"的习惯,并非有意为难。借用哈姆莱特曾经说过的话:"我承认我在无心中射出的箭,误伤了我的兄弟;我现在向他请求大度包涵,宽恕我的不是出于故意的罪恶。"如果存在文本阐释不到位,甚至有偏差的地方,属于个人水平有限、眼光不到所致,也有"言不尽意,意不称心"之嫌,于作者及其文本无伤。

庄子在《秋水》中曾借北海若的口对河伯说:"井蛙不可以语于海者,拘于虚也;夏虫不可以语于冰者,笃于时也;曲士不可以语于道者,束于教也。"作为文学批评者,解文心,释雕龙,寻幽探微,激浊扬清,以文交友,乃快意、惬意之事也。人生天地间,能贯通者凡几?如太史公"究天人之际,通古今之变,成一家之言"者,诚天地宇宙之大才。我本俗人,"拘于虚""笃于时""束于教"在所难免,为文之道，博大精深，文论渊薮，浩如烟海，焉得一笔一口道出？庄子又云：吾生也有涯，而知也无涯。《及物的批评》中，倘存未探之幽微、未解之文心，庶几在"有涯"之生，可以弥补。

《及物的批评》得以顺利出版，要感谢中共宁波市委宣传部和宁波市文联大力支持，2018年市委宣传部将《及物的批评》列入宁波市文艺人才工程基金项目，宁波市文联将其列入文艺精品培育项目，不仅提供足够的资金，而且提供方向性指导和技术性帮助，在此深表谢意。《及物的批评》能够集文成书，要感谢《文学港》杂志社为我提供一个评论专栏，当诗人荣荣女士和小说家雷默先生向我提及写作评论专栏时，我根本没想到能够坚持这么长时间，甚至能够结成一本评论集，赵挺每个月耐心而热切地催稿，也是《及物的批评》能够成形的"必要"条件。更令我感动的是，《文学港》从主编到编辑，从来没有"干涉"我粗浅的文章，几乎都是"来文照登"，这份绝对的信任，甚至"放任"，让我感铭于怀，小生这厢有礼了！在《及物的批评》出版之际，感谢评论文章中所涉及的诸位作家，你们的辛勤写作，不仅为我的批评提供了理性分析的"话语场"，更重要的是你们虚心包容了我的"胡言乱语"。《及物的批评》有相当一部分文章是在研讨会、改稿会上完成的，会议组织者搭建了文学创作和文学批评对话交流的平台，诸多与会专家的真知灼见启发了我的思路，开拓了我的批评视野，谢谢大家！文学批评和文学创作一样，需要读者的阅读和批评才能不断成长，读者也是文学批评的"护花使者"，感谢您在百忙之中阅读这些不成熟的文字！《及物的批评》得以出版，凝聚着长江文艺出版社诸位编辑的辛勤劳动，特别是责任编辑谈骁先生，认真、细致、耐心,令我感动。在此致以诚挚感谢。

  就我个人而言,《及物的批评》是一段记录,记录尝试写作文学批评的"初级阶段",记录两年来文学批评和文学创作一起"蹒跚学步"的足迹。常言道:写鬼神易,画犬马难。从"海阔天空"的理论研讨,到针对具体作品的文本解读,从抽象到具象,从一般到个别的焦距调整,调整是否到位,期待广大读者的研判和批评。

南志刚
2019 年 2 月 25 日于宁波大学